砚园学术

肇庆学院学术著作出版资助金资助

思想政治教育研究文库

—

现代德育

——对"恶"的认知及教育

韩永红 著

光明日报出版社

图书在版编目（CIP）数据

现代德育：对"恶"的认知及教育 / 韩永红著 . --
北京：光明日报出版社，2021.6
ISBN 978 - 7 - 5194 - 6048 - 8

Ⅰ.①现… Ⅱ.①韩… Ⅲ.①德育—研究 Ⅳ.
①G41

中国版本图书馆 CIP 数据核字（2021）第 083226 号

现代德育：对"恶"的认知及教育
XIANDAI DEYU: DUI "E" DE RENZHI JI JIAOYU

著　　者：韩永红

责任编辑：郭思齐　　　　　　　　责任校对：傅泉泽
封面设计：中联华文　　　　　　　责任印制：曹　净

出版发行：光明日报出版社
地　　址：北京市西城区永安路 106 号，100050
电　　话：010 - 63169890（咨询），010 - 63131930（邮购）
传　　真：010 - 63131930
网　　址：http://book. gmw. cn
E - mail: guosiqi @ gmw. cn
法律顾问：北京德恒律师事务所龚柳方律师

印　　刷：三河市华东印刷有限公司
装　　订：三河市华东印刷有限公司
本书如有破损、缺页、装订错误，请与本社联系调换，电话：010 - 63131930

开　　本：170mm×240mm
字　　数：200 千字　　　　　　　　印　　张：14.5
版　　次：2021 年 6 月第 1 版　　　印　　次：2021 年 6 月第 1 次印刷
书　　号：ISBN 978 - 7 - 5194 - 6048 - 8
定　　价：95.00 元

序　言

　　1975年，当周恩来总理在四届人大向全国人民提出，在20世纪末实现工业、农业、国防、科技四个现代化时，我正值壮年，弹指一挥间，近半个世纪过去了，国家日益繁荣昌盛，四个现代化的目标也在逐一实现着，尤其是改革开放之后，老百姓生活更是蒸蒸日上，甚至过上了过去想都不敢想的生活。但是一种遗憾总是萦绕在心头，挥之不去，那就是人与人的关系发生了如此翻天覆地的变化，人们的道德水平并没有随着生活水平的提高而提高。我是经历了新中国所有时期的过来人，从20世纪50年代到80年代初，正是我求学、工作的人生鼎盛时期，用大道之行、路不拾遗、夜不闭户来形容那时候的社会风气，可能有些夸张，但是市无二价、风清弊绝、助人为乐、童叟无欺，应该是那时候人与人打交道的常态，不能让国家吃亏、不能让集体吃亏是我们那时候普遍的心态，以私为耻，以私为羞，指责一个人是一个自私的人，就是对他最大的批评，会令他有一种无地自容的感觉。而大公无私的英雄人物每天都出现在我们生活的周围，人们争先恐后地向他们看齐，向他们学习，充满热情地投身于朝气蓬勃的社会主义建设。

　　时光荏苒，今天的中国社会有一种恍若隔世的感觉。记得亚当·斯密在《国富论》里有一段话："成熟的现代社会的发达，都是以从个人出发的私心为动力的，而任何无私的推动力都显得那么造作，因此对于成熟的现代社会的到来，人们是准备要付出代价的，而道德是其中最突出的一个。"我大致浏览了一下韩永红博士的大作《现代德育：对"恶"的认知及教育》，有了一些启发。

中国上千年的历史是一部无所不在地倡导善的历史，实际人类整个历史都是如此。孔孟自不必说，墨、法、道等各家都在自己合目的性的意欲中倡导着善，明清理学更是对善进行了发扬光大，形成了天地之善与气质之善的辩证关系。中华人民共和国成立以来，集体主义的"至善"成了社会主义事业得以胜利的最大保证，广泛主导了社会各阶层、各领域、各民族的思想意识，尤其是学校。一般历史认为，中国自五四运动以来就进入了现代中国，我认为中国真正进入现代化是从邓小平的改革开放开始的，至今不到50年，很多方面还很幼稚，这个幼稚病到底是什么呢？就是人性的规置问题，善与恶的规置问题，自私与无私的规置问题，正如亚当·斯密说的，中国的现代化之路一定有一个私心的巨大推动过程，由此无所不在的私欲表现可能是无法避免的，再由此，无所不在的恶的表现也可能是无法避免的，那么今天的中国人，就有个如何面对无所不在的私欲问题，如何面对无所不在的恶的问题，这里的私欲既有别人的私欲，也有自己的私欲，这里的恶既有别人的恶，也有自己的恶。生活的提高意味的是器物的提高，但器物的提高伴随的一定是人内在道德的提高，没有后者的良性迁善，人们不能用理性处理自己的私欲，那么前者取得的成就都将毁于一旦。

从这一点说，韩永红博士撰写此书是下了功夫的，是进行了深入思考的。他提出了一个比较醒目的问题，那就是，四个现代化的实现一定要以人的现代化的实现为根本归宿。没有这个归宿，前面四个现代化都将归为零，都将功亏一篑。什么是人的现代化，就是人的理性化、理智化，这一点韩永红博士进行了比较充分的论证，虽然有着一些不足，但基本可以说服人。

　　韩博士在西北师大求学期间，我作为他的导师，给过他一些建议。回到原来工作岗位之后，他进一步努力专研，有此成果，我甚感欣慰，希望他一如既往，不断耕耘，取得更骄人的成绩。

胡德海

2019 年 10 月 13 日于西北师大

目 录
CONTENTS

导　论

关于人性的善恶问题，两千多年以来人们一直众说纷纭。但是，中国的农耕文明造就了对"善"的特殊的人文情怀。贫瘠的土地上，人们必须辛勤劳作才有收获，知晓收获之艰难，所以要时时注意节俭，因此善心就产生了。这种善性，不仅是自然经济条件下的消费伦理，也是落后生产力条件下的生产伦理，并逐渐成为指导中国古代社会生活的道德准则，不仅成为修身养性的伦理根源，也普遍化为一种无处不在的社会舆论，监督评判着人们的品质德性。人们不得不将天理内化为一种道德信念机制，生成以"善良情感"——耻感为基础的良心机制，这一机制强大到足以扼杀一切个人利益的冲动。这就是孔子认为的在德礼教化中形成的"有耻且格"的耻感底线，这是国家安泰、社会和谐的基石和根本。古代中国在善的德育之耻感文化的浸淫下，在民内心有"耻"、人格有荣、集体有誉、国家有尊的递进序列中，获得了长治久安的应然性情感保障机制。

进入现代社会，善的对立面恶获得了确认，实则荀子在两千年前已然对这种确认做了详细阐述，如果说孟子是善的德育的开创者，那么荀子就是"恶"的德育的开创者。但是在农耕文明不可阻挡的善的德育中，"恶"的德育始终处于不断被终止和被边缘化中，就是说，它在中国农耕文明中没有获得成长和发展，到了现代社会，"恶"的德育才开始发展。

马克思认为，人类社会的发展就是，除了自己的劳动力之外，一无所有的人为物的所有者做奴隶的过程。现代社会的这个物就是资本和机器。

在资本的逻辑下，现代人的私性、私欲、私心为了追求利益，具有一种无止境的，为了价值最大化突破一切极限的倾向性，形成了一股"贪""欲""恶"三位一体的信仰体系，而机器彻底使这种信仰体系成了压抑、束缚和否定人性的本质力量，于是人类的高级需求渐渐丧失，只剩下围绕私欲的一系列低级需要。这些低级需要形成了一个以努力扩张自己私欲为目的的市民社会，它把个人主义原则奉为圭臬，把个人的存在奉为最终目的，从此，在追逐利益的快感中，完全屈服于、臣服于世俗化、对象化的存在物——金钱，并把它们当成了主体本质。于是人们有了尽情释放自己的独特性——恶的物质基础，谓之"人应享有人该享有的一切"，这几乎成了现代人的集体意识。现代人必然地出现了双重异化，一方面，人将用机器节省下来的精力，在及时行乐中尽情释放，成了丧失理性和意志的"快乐的机器人"；另一方面，人的独特性——恶，也被源源不断地释放出来。

这种恶分为三种类型：根本恶、歹毒恶、平庸恶。

"根本恶"存在着强大的自然品性，作为一种禀赋包含在本能的无意识中，它是人精神生活的永久特征，人们可以暂时克制、压抑它，却不可能根除它，而且要对它负责。

"歹毒恶"，是根本恶与国家极权主义或个人极权主义相结合的产物。它把其他人看成一种所谓的材料，所以也就顺理成章地可以被任意处理了。从人类可理解的动机来看，它超出了人类文化传统对邪恶的理解，无法再恶化了。

"平庸恶"在根本上无作恶动机、无伤害他人之愿意、无侵犯他人的企图，因在某一时刻、某一事上的不知、无思、乱思的平庸特性，造成的鲁莽、粗心犯下的恶，又可称为"恶的平庸性"。

在资本、机器为代表的科技理性的推动下，现代社会成了一个根本恶、歹毒恶、平庸恶无所不在的有恶世界，那么由农耕文明传承下来的"善"去了哪里？被现代人选择性地遗忘了。然而没有善，人类社会的崩溃是迟早的、必然的，如何唤起现代社会有恶世界中的善？黑格尔明确强调，只有一条路，那就是用法律、法权等公意理性强制性地唤起现代人"假装遗忘"的善，把市民强制性改造为公民，这就是"恶"的德育的起点。它发生在现代社会的公共生活中，按照孟子的说法，人的一切私欲都是可以满足的。而善恶的泾渭分明就在于满足方式不同，一般来讲，私欲以非理性方式满足就是恶，以理性方式满足就是善，由此，"恶"的德育的基本过程，就是人的私性、私欲、私心追求理性满足的过程，这是"恶"的德育的根本，也是现代德育的根本。因此，在现代社会公共生活中，"恶"的德育所要做的就集中在一点，就是想方设法"箍住"被现代人不断合理化的，从私性出发的，由根本恶、歹毒恶、平庸恶透出的"恶性"。涂尔干认为，人类法律分为两种：其一，压制性法律，以刑法等为代表；其二，恢复性法律，以民法等为代表。现代人对因违反刑法产生的罪行带来的惩罚的恐惧生成的法权罪感，就产生了"恶"的德育的第一阶段——底线德育。刑法使现代人意识到，别人同自己一样，是活着的、有血有肉的实在生命，维护别人的生命权就是维护自己的生命权，这就是康德说的"对他人的完全的法权义务"，即"不害人""不应做什么""不能……否则……"的底线道德，反映的是刑法对歹毒恶的遏制，对初善的张扬。进一步地，现代人对因违反民法等恢复性法律产生的罪行带来的惩罚的恐惧生成的法权罪感，就产生了"恶"的德育的第二阶段——陌生人德育。现代社会通过底线道德实现了陌生人的共在和共存，接下来就要在公共平台上实现共生、共享，要做的关键就是通过民法等恢复性法律克制平庸恶，打破这种陌生性。通过民法等恢复性法律使现代人明白，别人同自己一样也是一个充满了价值、尊严，具有自我意识的个体，帮助、维护别人的价值、尊严就是维护自己的价值、尊严，这就是康德说的"对他人的不完全的法权义务"，即"公平、正义、合作、助人"的陌生人道德，其反映的是现代社会的一般善。最后，经过刑法长期稳定的压制，现代人形成了对于自己以及别人生命的神圣不可侵犯的永恒意识。经过民法等恢复性法律的长期熏陶，现代人形成了对自己以及别人利益的神圣不可侵犯的永恒意识。这两种永恒意识整合形成了对于根本恶进行掩蔽的自动化、无意识的法权罪感，就产生了"恶"的德育的第三阶段——超越性德育。这意味着现代人从自我立法向普遍立法的自由意识被唤醒，从而实现了康德说的，"对他人纯粹的不完全的法权义务"，即爱人如己、舍己为人的超越性道德，反映的是现代社会的至善。

整个过程的成果是现代羞耻感的确立，这是现代社会耻德确立的标志，也是在长期法制训练中，通过对罪感这种否定性情感的理性提炼，现代人强制性获得的一种自主"抑恶"情感，康德称之为"理悟"下的理智德性。

现代性观点认为，人的任何私欲都可以被满足，只要这种满足是理性的。因此，培养现代人基于理性的道德品质就是"恶"的德育的核心任务。它是在家庭教育、学校教育、社会教育，尤其是在学校教育的课程中展开的，从唤起现代人的启蒙理性开始。从此，现代人的生存发展再无权威可依靠，更不要幻想有什么神圣的东西会来帮助、拯救你，一切都要靠自己，靠自己的理性。于是现代人不得不在敢于运用自己的理性中，独立面向他者，面向群体，面向整个世界。在自己的理性思考中，把普遍规则投入特殊情境，在自己的利益、他人的利益、群体的利益、第三方的利益之间，反复分析、判断、比较，深思熟虑、再三思考，把特殊情境、普遍规则、个人情趣有机地结合起来，找到三者整合中，对自己最有利，又是合法、合理、合情，关键是合法的那种形态，在对他人产生了共情理解的基础上，生成一套理智的、有道理的、"识恶辨恶发善扬善"的选择机制，从而进行明智的符合中道的判断，最后付诸行动，这就是"恶"的德育的发生机理。其实质就是，在对违反法律法规带来的惩罚所产生的恐惧伴随的罪感中，不断地识恶、抑恶、化恶，逐渐理解、掌握、践行现代道德规则，学会理性地表现自己私性、私欲、私心的实践过程。它使现代人在理性思考、理智实践中，做出明智的选择，使自己成为自己所是的好人，一个在公共利益面前使个人私欲得到自觉约束、妥协和让步的现代人。这必然唤起的是个体对群体的责任感，拥有理智德性的现代人虽然也是从自身角度和立场来解释通行的各种规则，但是其中渗透着强烈的普遍立场。即我们所有人都栖居在一个共同世界中，所以我们能够彼此理解，更应该遵守我们共同的普遍规则，我们每个人在坚持从个人独特的视角做出独特的选择时，切记不能走向道德相对主义，打着道德的旗号作恶，只有这样，现代人才能将自己的行为置于规则指导之下，真正完成与"类"的统一，现代人也获得了自觉的理智德性，真正成为一个心存敬畏的人，一个讲道理的人。

第一部分

始于耻感的传统"善"的德育

第一节 "善"的德育的文化脉络

一、中西方文化传统中"善"的历史寻踪

（一）中国文化传统中的"善"

从善（譱）的字形上来看，善从羊，从言。本义：像羊一样说话，才不会吵架、打架，才会有进一步合作的可能。"羊"最大的特点是羊角内弯，它们打架不会杀死对方，总体很温驯。故此许慎在《说文解字》中，又把"吉"解释为善，吉就是把武器放到盛放武器的器具中，不去使用，意味着不起争端，没有战争。那么，善就意味着个体在享用好东西（羊）的时候，不会跟他人产生纠纷，引发争斗，也就是说，善即是和谐，祥也。"祥"从字面上表示，用羊祭祀其先人，以求其保佑后世子孙吉祥好运。因此许慎又说："祥，福也。"而"福"进一步解释为："福，备也。从示，畐声。"段玉裁注曰："福者，备也。备者，百顺之名也。无所不顺者谓之备。"① 由此看出，"羊"从最初满足人们衣食的需要，演变为好

---

① 贾玉洁. 中西方古代"性善论"比较研究 [J]. 管子学刊，2009（1）.

运、祥和、安康的代名词"善"，但是这种善的安康的生活，必定是个体间社会交往的产物，而个体间社会交往能够顺利、和谐、通畅地进行，必定是在宽容、包容、理解、认同他人的前提下进行的。由此，宽容、包容、理解、认同等被称为"善性"。也就是"善"表达的对象是影响人类群体生命存续的自由意志，只有有利于人类群体生命力强大的社会意识和行为，可称为善；反之，凡是阻碍人类群体生命力强大的社会意识和行为，可称为恶。

先秦儒家中最早提出人性命题的是孔子。他没有直接论述"性善"，但他从"十五志于学"直至"五十知天命"的伦理实践中体悟到，"苟志于仁矣"（《论语·里仁》）且"道之以德，齐之以礼"（《论语·为政》），人的德性就会朝着"无恶也"的方向集中。孟子进一步阐发了"性善""好德"的人性观，奠定了传统"善"的德育的基石。他从人的社会属性，确认了人性以"善"为本，并称"可欲之谓善"，即合生命主体生存目的，满足生命存在意欲的就是善，并把这确定为道德本原。他认为，"人性之善也，犹水之就下也。人无有不善，水无有不下"（《孟子·告子章句上》），进而把人的善性概括为"恻隐之心""羞恶之心""辞让之心""是非之心"，亦即"仁""义""礼""智"四种善端，人之善的本性是先天固有的，且为人所独有，后天会舍生取之。而老子从自然属性出发，认为"上善若水，水善利万物而不争"，是一种具有绝对自由境界的、近乎纯粹的直觉活动。墨家主张"仁本于内，义本于外"，性无善恶，但总体朝着"交相爱、兼相利"目的性"推善"，一切有利于"群"高度团结的就是善，不利于的就是恶。

自汉推尊儒术以来，"性善论"始终占据主流。董仲舒认为"善"虽来自天道，但须向现实环境转换。魏晋时期儒、释、道多元并举，然而普遍认为三教虽特，同归于善，且劝善、习善、养善皆以儒家为宗。王弼认为，性善既然是人的天性，人就不应该再受教育和政策的强制，而应予以

自然生长为主。① 颜之推进一步认为，性善的天性完全自然生长亦不可，
要进行以"风化"方式为主的潜移默化，以唤起性善天性的天成。② 隋统
一后，随着政府的各种"重振""求诏""尊崇"儒学，"性善"说获得了
祗定权威、夯实基石的统治局面。这一过程虽然从根本巩固了孟子的性善
主旨，但人们对教育作用的有限性有了比较深刻的认识。韩愈强调，性善
虽然为天性，但因人有"情""欲"的影响，所以教育对不同的人所起的
作用不同。所谓"上中下之性就学而各异"③。进一步地，柳宗元把性善
之"性""情"进行了有机融合，认为"性以情为助，情以性为本"，"顺
天致性即顺情致性，情之所到，性之所到，善之所到"。④ 在此基础上，性
被分为"天地之性"和"气质之性"，宋明理学对此进行了细致入微、鞭
辟入里的阐述，认为"天地之性"禀受天理之"至善"，在现实人生中顺
利而完全展开，就是气质之善；不能顺利而完全展开，就是气质之恶。由
此可知，孟子"性善论"在两宋的继承中，出现了本体意义的反动，善出
现了"源善""流善"的区别，恶对应的反面应该是"流善"，孟子所说
的性善是"源善"，就指"天地之性"。

　　明代启蒙思想家在对理学教育批判时，进一步放大了"性善论"的现
实性。他们认为，气质之性就是渗透在人们日常生产、生活中的能够满足
人生存的各种需要的合理性。如黄宗羲认为，"天命之善不务经世，不务
适用，不务时政，此绝学亦该绝"⑤；颜元则完全颠覆了天地之性善的人皆

---

① 单振涛，孙廷兰. 论中国传统儒家德育中的人文精神及其启示 [J]. 教育理论与实
　践，1996 (6).
② 单振涛，孙廷兰. 论中国传统儒家德育中的人文精神及其启示 [J]. 教育理论与实
　践，1996 (6).
③ 孙培青. 中国教育思想史：第 2 卷 [M]. 上海：华东师范大学出版社，1995：150-
　152.
④ 孙培青. 中国教育思想史：第 2 卷 [M]. 上海：华东师范大学出版社，1995：150-
　152.
⑤ 孙培青. 中国教育思想史：第 2 卷 [M]. 上海：华东师范大学出版社，1995：150-
　152.

相同，强调善有"等差"的气质性差异，而人要做的是从人自身去挖掘潜力，弥补"等差"，实现每个人的充分发展，从而摆脱天命束缚，达到自己认为的个性善。① 至清鸦片战争之后，康梁维新提出培养"新民"的教育目的观，认为性善义理是旧学的产物，是在培养奴性，迎合时代必须化"私人性善"为"公共性善"，生成"人人相善而群"的公德观念，以开启"民智"，化"独善其身"为具公共心、民主性、自治力的"新民"。② 这时传承了上千年，基于人伦理性的孟子"性善论"，开始出现了重大的转向，即出现了近现代公民教育的萌芽。

中国共产党成立之后，历来都是践行"性善论"的。但是这里有一个区分，"革命的善"和"反革命的善"的问题，也就是毛泽东所说的"谁是我们的朋友，谁是我们的敌人"，强调这两种善的不可调和性。任何接受了"革命的善"的人，都必须全身心、无私地为这种善所代表的"至善"价值——社会主义、共产主义奉献一切，包括生命，这是党的事业得以胜利的最大保证，也是谋求个人解放的基本前提。中华人民共和国成立以后，代表"至善"价值的社会主义、共产主义被理所当然地升级为意识形态，广泛主导了社会各阶层、各领域、各民族的思想意识，尤其是学校，"我们的教育方针，应该使受教育者在德育、智育、体育几方面都得到发展，成为有社会主义觉悟的有文化的劳动者"。这就明确提出了培养全面发展的社会主义建设人才的要求，并从根本上说明了代表"至善"价值的社会主义、共产主义学校德育在青年学生道德塑造中处于核心地位。

先秦各家都对"性善"与"好德"的人性观进行了不同视角的阐释，但是在历史的必然性中，儒家最终脱颖而出。正如钱穆说的："孟子道性善，其实不外二义，启迪吾人向上之自信，一也。鞭促吾人向上之努力，

---

① 孙培青. 中国教育思想史：第 2 卷［M］. 上海：华东师范大学出版社，1995：154-155.

② 孙培青. 中国教育思想史：第 2 卷［M］. 上海：华东师范大学出版社，1995：170-172.

二也。"① 显然，先秦儒家崇尚"性善"与"好德"的人性观，不是为了建构基于人性的纯粹理性道德认知体系，对性善做形而上的构建，更不是为了创造一个宏伟的理论体系，这从来都不是儒者所追求的目标。他们不是没有看到现实生活中人的欲望，而一味强调性善。儒家学者的努力在于，没有把人性断定为固化的善，而只是视作一种"好德"的内在根据与可能性，不是一蹴而就的，而是永远走在主体对自我"善"性的自觉扩充的道路上。这样，在人肉体的欲望与基于性善的德性两者之间，人不是以欲望作为其行为和选择的主导，而是在高扬人基于性善的德性，肯定人德性发展的主体性和能动性；将外在于人的孝、悌、忠、信、仁、义等伦理原则，通过"反求诸己"的方法，进行主体的理解和确认，进而成为主体自觉自愿的行动。这就从根本上，将欲望和冲动置于基于性善的德性之下，以德性来约束、规范肉体的自然倾向。这不仅体现着人对人的尊严、价值及自我实现的憧憬，而且不断将个人的憧憬融合到人类文明与进步的发展中，使人从动物群体中升华出来，保证了人作为高贵生命的高层次价值，不致向动物的低层次价值沉沦，从心灵深处保证了人之所以为人的文化根基。

（二）西方文化传统中的"善"

"善"的概念是西方文化思想中一个基本概念。要特别指出的是，西方人所说的"善"，与中国人所说的"善"是两个很不相同的概念。西方人的"善"是一个有关客观对象的认知、认识的理性化概念，即客观事物各部分非常和谐、非常融洽、非常兼容，一句话，完美无缺，称之为"善"。Good 一词源自拉丁文 gout，原意是"适合"，在希腊文中则是 αγαθον。而当人类心理出现了自我意识，即把人自己也看作一个认识的客观对象时，那种反映出来的和谐、融洽、和睦透出的完满，称为"善"。而一个个自我意识之间，相互适合、相互有用、相互有益，就是人类伦理

---

① 钱穆. 孟子研究 [M]. 天津：开明书店，1948：80.

上的善。西方文化传统经过古罗马新柏拉图主义和斯多亚派，到中世纪基督教直至近代，无论是客体的完满、主体的满足还是主客体间的和谐，都始终在善的三大特质，"合目的性""幸福"和"至善"的三重关系的相互统筹中不断演进。

　　古希腊三贤都认同人性本善。苏格拉底认为，认识自我先要区分"善恶"，那么什么是善？就是内在于人心的合乎理性的东西。具体就是在自然中，合于一个由低级到高级、由简单到复杂的神圣的目的系统，在服从上一级的过程中，每一事物被用于上一级事物的存在，就是完成了它"善"的使命，最后全都被人所用，而这一过程，就是人获得知识、利用知识的过程，所以苏格拉底说"善即知识"。而柏拉图特别推崇"至善"。他认为，人的心灵先天以潜在的方式存在着"至善"，这就是善的理念，只是被肉体玷污而被人忘却了，因此善就是对理念世界的回忆。只有抛弃感官享受，才能想起"至善"，才能获得最高的幸福。① 亚里士多德强调"至善"应该是内外共同作用的结果。第一，在外在的日常生活中，以知识满足欲望，追求幸福；第二，在内在理性思辨活动中，追求和谐、通畅、高尚，以超越自身有限的本性，而争取达到"至善"。可以看出，从亚里士多德开始，西方文化传统中的善把追求基于欲望满足的幸福作为伦理道德的起点，没有欲望满足的善是不可想象的。问题在于追求什么样的幸福。从伊壁鸠鲁（Epicurus）的"享乐主义"到近代边沁"功利主义"的伦理学，它被发展成了"合理利己主义"的幸福观。其代表人物如洛克（John Locke）、爱尔维修（Claude Adrien Helvetius）、穆勒（John Stuart Mill）、费尔巴哈（Ludwig Andreas Feuerbach）等等认为，人为了利己必须利他，人有了利己心，才知道别人需要什么，才能真正地利他。② 因此，因此，"善"和如何"行善"是一门可从逻辑上和技术上加以规定的科学，它研究一个能给所有人带来最大幸福的，社会所应有的合理结构，进一步

---

① 邓晓芒. 西方伦理中的善 [J]. 社会科学战线，2001（5）.
② 邓晓芒. 西方伦理中的善 [J]. 社会科学战线，2001（5）.

确证这些结构合乎规律的、相互和谐的幸福关系，而"至善"就降为了追求世俗幸福关系。

但是中世纪基督教通过新柏拉图主义，基本剔除了善中肉体欲望的成分，其认为，终极信仰"至善"的实现，必须通过坚持律己和禁欲，达到"心善而身不动"，所谓"最高的善在于精神上的无动于衷"，① 这里肉体幸福成了"至善"的最顽固障碍。尽管中世纪的禁欲主义很严酷，但仍然给个人幸福留下了希望。托马斯·阿奎那（Thomas Aquinas）主张只要人们不耽于享乐，同时不放弃围绕基督教三主德"信、望、爱"，不断追求更高的善，这样也完全可以达到一种"至善"的幸福生活。② 近代以来，康德（Immanuel Kant）也并没有像以往禁欲主义那样，完全否定人的幸福。他指出，现实生活中人自身的合目的性才应该是善的归宿，那些来自神圣意志的善目的性都是没有着落、没有根据的。③ 有着落、有根据的善的目的性，应该是来自我们自身的一种"反思判断力"，这种"反思判断力"以"合目的性"的眼光来看待自然，才发现自然中似乎有某种善的目的。这个目的就是人的生物学存在，以及建立在此基础上的文化和精神存在，最后都被归结为人的道德性存在。一旦世界与人的完善被归结为人的道德上的自我完善，自然目的论就成了道德目的论，外在目的论就成了内在目的论，于是，现代西方善的非理性主义就在新康德主义价值哲学中全面展开了。

新康德主义将康德"人是目的而非手段"的原则，进行了较大的发挥。它在更深层次上揭示了现代科学背后所隐藏的个人主义根基：科学只是实现个人幸福，实现"私人善"的工具。这些"私人善"在现实社会中被提升为基于个人主义的"至善"，生成了日常生活中各类实用价值、功利价值、世俗价值等。在形式主义伦理学向实质伦理学转型的过程中，使

① 邓晓芒. 西方伦理中的善 [J]. 社会科学战线，2001（5）.
② 邓晓芒. 西方伦理中的善 [J]. 社会科学战线，2001（5）.
③ 邓晓芒. 西方伦理中的善 [J]. 社会科学战线，2001（5）.

人的私性、私欲、私心更加不受外在束缚，完成了私人善的多元化、相对化、自由化，充分张扬着一系列合内在目的论的境遇伦理、相对主义伦理、直觉主义伦理，于是，现代人开始摆脱理性的束缚，把"私人善"的观点发挥到极致，走向了非理性主义。他们比以往任何时候都更遵从实用主义和享乐主义，逐渐淡漠了公共"至善"的终极性问题，以罗尔斯（John Bordley Rawls）的正义论最为典型。此外，尼采（Friedrich Wilhelm Nietzsche）的酒神伦理、柏格森（Henri Bergson）的生命哲学、海德格尔（Martin Heidegger）的"此在"诗意、弗洛伊德（Sigmund Freud）的力比多、马斯洛（Abraham H Maslow）的高峰体验，都为现代人想当然的"私人善"提供了更为深刻有力的根基。有人曾经设想进行一场意识形态的"文化革命"纠正神圣的终极"至善"被异化的状态，然而这必然陷入一场现代"乌托邦"运动。因为西方文化传统的终极"至善"已全面陷入了与现代社会格格不入的困境中不能自拔，且沦为了现代人的私人消费品。而"私人善"同时成了现代人自我解放的工具、对自身私欲直接肯定的道德利器、把握现代社会本质最内在的一把钥匙，更是西方现代社会的一种自我保护机制。

综上可以看出，性善说在中国文化传统中是一统天下的，但是在西方文化传统进入中世纪以后，一转成为基于私欲的性恶说，而且性恶说对于西方人的影响超过了性善说，黑格尔的"恶是历史进步的杠杆"① 就是明证。这种观点在中国文化传统中是绝无仅有的，尤为关键的是，西方文化传统对善的核心认识是基于个人快乐之上的，这两点与中国传统善的概念形成了鲜明的对照。中国传统讲的善是排除个人幸福的，是讲群体幸福的，个人欲望是善的大忌，更不要说"至善"了。由此可知，中国文化传统从人伦关系发源的儒家"性本善"，比起西方文化传统，个人—村坊—城邦发展出来的"理性善"，具有更深厚的至诚、敬畏、忠信的"至善"文化底蕴。

---

① ［德］康德. 历史理性批判文集［M］. 北京：商务印书馆，1990：235.

二、儒家德育之善的德育

（一）儒家德育之"传统德育"

一般来说，传统德育与德育传统是不一样的。后者是指，过去流传下来并在现实德育实践中还有影响的某种根本性、超稳定的东西，诸如矢志不渝的理想追求、始终一贯的核心价值观等。它更像一个静态的凝固体，构成了一个民族德育的内核，并不随时间、区域、阶级的变换而更迭，具有一种贯穿时代的通透性和不可替代性。而传统德育是指，过去历史上流传过的且在当时占统治地位，并对今天都有所渗透、影响的德育思想、观点和方法等。它更像一个动态的自流体，流遍了一个民族各个时期历史文化的精神旅程，覆盖了一个民族不同阶级、阶层、区域进化的文明选择。两者融汇交互，德育传统作为传统德育的抽象概念，是内含在传统德育中具有绝对性的恒定特质。而传统德育作为德育传统的载体，只有通过对传统德育中具体理论、观点和方法以至于实践等的研究整合，才有可能科学地汇成德育传统。

在夏、商、西周时期，我国德育传统已开始初步形成，那就是德育与政治融为一体，把德育与政治紧密结合起来，是我国德育的一个突出传统。进入春秋战国时期，儒家对西周传统道德从形式到内容进行了极大的继承，标志着我国德育传统的真正形成。尤其是这时的儒家正处于前权力型时期，在很大程度上彰显出了儒家的"仁道"精神，而不是封建权力意识形态的专制精神。通过对性善、仁心、天命、中庸的深刻阐释、解读，倡导仁、义、礼、智、信等品质的培养，从而广泛和深刻地论述了德育与政治、德育与人性、德育与天地以及各种人伦关系的必然联系。但是春秋时期百家争鸣，墨、道、法三家各自从不同角度、不同视野，也开创了各自的德育传统，而儒家德育传统从众多德育传统中脱颖而出，成为我国上千年的传统德育，无疑有赖于公元前134年，汉武帝采纳董仲舒的建议。但原始儒家如何变成为政治所转化的政治化的儒家，确实是一个大课题，简单讲应该是三种需要共同作用的产物。

第一，政府的需要。强调"道之以德，齐之以礼"，强行嵌入老百姓生活中，形成无形的约束力。

第二，儒家自身需要。一场"焚书坑儒"之后，儒家知识分子意识到，再不去寻求专制权力的保护，那么儒家将面临覆灭的危险。因此，儒家德育的"专制权力化""意识形态化"成为当时社会背景下的一种必然选择。

第三，民间民众的需要。以家族为本位的价值观念，非常符合当时中国人在那样一种情况下，形成社会秩序、树立道德规范、进行有效社会整合的需要。

儒学在经过汉儒的改造，建立了以"三纲五常"为核心的德育体系后，宋明理学又提出了"天理"的道德本原，在对以往儒家的人性论、义利观、修养论等思想进行总结和发展中，不断将儒家与道、法、墨、阴阳家相交融。整个过程又必然是许多次王朝更迭中"第二次立宪"的产物。秦制之短命给了儒家以实践机会，汉初儒家抓住这个机会，证明了孔子治理之道之可行。由于儒家士人的阐发和坚持，历史上每个王朝几乎都要经历西汉初中期发生的"第二次立宪"，即王朝新建立，通常沿用暴力打天下之逻辑，建立国家权力统治架构。而后，经过儒家努力。思想学术上的阐发，教育上的耕耘，社会自治的构建，以及自下而上的政治推动，一般在王朝建立六七十年时，会有一次从统治到治理的转型，此即"第二次立宪"。否则，该王朝会比较短命。所以在中国古代历史上，是否尊儒，决定着统治是否稳定长久。也因此，儒家德育传统就彻底进入权力型的儒家德育。两汉以来直到明清，这种权力型的儒家德育传统获得了专制性意识形态特权，代表意识形态开始以制度化形式成为官方唯一合法德育模式。《诗》《书》《礼》《易》《春秋》正式成为学校唯一真理性德育文本，"至善"的孔子、孟子被神圣化、崇高化，"六艺"内含的道德文本被奉为"至善"的人生终极归宿。

从此，儒家德育传统介入现实政治、经济、文化等的生成发展中，有意识地控制、主宰着人们的心态、道德、风俗、艺术等精神存在，使它们脱离一切与儒家德育传统相背离的元素，甚至使它们脱离原本的含义，而只具有与儒家德育传统相一致的意蕴，一切离经叛道地质疑儒家特殊身份的人，都会受惩罚甚至处于生命危险中。这种权力型儒家德育使得儒家德育传统以权力辩护者和代言人的身份存在，并不会因为王朝的更迭而淡化或消失。而无论在古典含义中，还是在现代意义上，儒家思想都被理解为中国历史上形成、延续并积淀下来的，而且对过去、现在以至于未来都有深刻影响的，某种流变着的、根本性的"中华遗传因子"。这种儒家德育传统的权力，一方面来自官方认定的显性权力推崇，另一方面来自民间民众隐性权力推崇，即所谓儒家的"人伦日用"，就是指在传统生活中，老百姓自觉地将儒家道德观念和道德规范贯彻、内化于日常生活的方方面面，使之成为指引自身生存发展的主导思想。而性善是儒家人伦日用的核心，礼是儒家人伦日用的前提。于是，百姓在将性善贯彻于日常生活的一切过程，将礼贯穿于日常生活的万事万物中，确证了个人在社会生活中的自我定位，以此作为自身生存的基本价值保障。性善就成为传统社会中，规制百姓有限生命存在的基本方式，将普通百姓的理想置于追求至善、超越有限生命的无限中，使其获得属于自己的终极归宿。如此，性善论的礼教运行越久，越深入百姓的脑髓，越成为他们生活的自觉，内化为他们的心理世界，成为他们最基本的行为、观念，并使之成为自动维持社会和谐的力量，这种力量不在于身外的权利，而在于身内的"性本善"。

就这样，在两种力量的交互提携下，儒家德育传统嬗变为中国社会的传统德育。它以儒家德育传统为主体，融合道、法、墨、阴阳等各家德育传统，形成了一个体系庞大的伦理道德教化体系，儒家德育传统的"性善"就嬗变为传统德育的"性善"，并被升华成了传统德育中的"至善价值"，在儒家政治伦理的催化下，提炼成了社会控制、社会教化的主流工具。由此可以说，中国传统德育就是经过长期的历史积淀而形成的，具有一定特色的儒家"善的德育"体系。

（二）传统善的德育

"至善"有两种内涵：其一，作为名词，指一种道德至高、至圣的境界，所谓体认"至善"；其二，作为动词，指对善的契合、获得的路径与方法，所谓达到"至善"。"性善论"是中国传统善的德育的圭臬，它是直接通过儒家伦理的内在立法形成的。国内有学者把善的德育又称为"迷恋同一性解放的道德教育"。这种德育内含这样一种宿命：存在着一种超验的或先验的美善生活，这种生活内含一种来自圣贤的至善价值，人们追求这种生活、实现这种价值就必定获得幸福。① 它告诫受教育者，一切从自我出发的利己行为，都是"恶"的代名词，个人没有权利只为自己活着，要忽视内心所想，通过放弃"个体我在"的"去个人化"行为自觉地限制自己，从而使自我投身圣贤的至善价值中，把个人"小我"与公共"大我"整合起来，无条件地自我牺牲，自觉地为实现这种至善价值而奋斗。在马克思主义看来，那个被预设的"至善"的本体世界，体现的不仅是一股保持生命自由的力量，也是构成生命本身的一部分，更是整个社会日渐增强的进化性生命力。② 并且个体生活的外延有多大，这种善的德育的外延就有多大，就有多大的自由被它实现了。它完全彰显了人与客观事物关系中农耕生产力凝聚出的人类公意，其内含的按照心灵本性培育心灵的活动，使社会在心智层面、制度的架构层面、行为的强化层面表现出了强大的现实同化能力，也最大限度地围绕权威的正当性构成了社会与人相互依赖的等级秩序，更构成了个体日常生活的规定性。

应该说，"至善"内涵的生成早在先秦就有了。先秦儒学在对人类社会根深蒂固的黑暗势力产生的"忧患意识"中，发现了实然与应然、"实恶"与"至善"之间惊人的隔绝，并意识到要实现人世秩序应然的"至善"状态，就必须站在"人之所以为人"的高度来思考，并大胆践行，使

---

① 颜峰. 论耻 [D]. 长沙：中南大学，2012：59-62.
② 薛秀军. 分工与自由：马克思分工理论的逻辑进路初探 [J]. 哲学研究，2013 (4).

个人道德转化为社会道德的应然性。

首先，确认有道德的"成人"是人世间一切"至善"价值实现的基础。

其次，人完成了成人之后，仅仅是获得基本善。必须向外辐射，完成个人"基本善"与社会"普遍善"的无缝对接，推动"成人"向"成才"、普通人向君子的迈进。

最后，君子之"普遍善"与最高政治权力相结合，整个社会生活才能达到应然的"至善"状态，君子升华为了圣人。

由此看出，"至善"是归于圣人的。但是孔子说："圣人，吾不得而见之矣；得见君子者，斯可矣。"[1] 在孔子看来，成为圣人是一种遥不可及的理想和目标，其标准是，"它既要你入世，又要你不属于这个世界；既要你牵扯到复杂的凡俗世界之中，又要你表现出很高的理想性，要你在最坏的环境中达到最高的自觉"[2]。它表达了，先秦儒家希望通过政治权力，将一种宗教式的彼岸世界的至善状态，拉进此岸的现实世界，构建出终极价值在此岸世界的实现目标。就这一点来看，先秦儒家善的德育就是在未来的此岸世界，将个人道德的至善、社会生活的至善与人类终极价值的至善一并实现，并在其中寻找人生归宿的过程。

后来心性儒学将先秦儒学的政治至善进行了细致入微的心理刻画，其认为，至善作为道德意义上最高的善，是不与具体经验处境中的善恶相对应的善。[3] 孟子说"可欲之谓善"，即值得去追求的东西都是善，那么心性儒学的至善，就是最值得追求的、可欲至极的东西。这个东西是什么呢？就是天理。所谓"存天理，去人欲"，达到天理就是至善，无一丝人欲就是至善。何谓天理？就是自然之道，自然生万物而无一分持有，养万物而无一分怨气，天道运行，悠远久长，无私、无欲，成人之美，尽人之

① 冯铁山，栗洪武. 论先秦儒家的诗意德育 [J]. 教育研究，2009（8）.
② 冯铁山，栗洪武. 论先秦儒家的诗意德育 [J]. 教育研究，2009（8）.
③ 冯铁山，栗洪武. 论先秦儒家的诗意德育 [J]. 教育研究，2009（8）.

可，是故巍巍然不朽、不灭，恒久之至，绵长之至，其间运行之节奏，通行之韵律，推行之规律，即是天理。人孕育于自然，生于天地之间，天理即天生藏于人的心间深处，也就是"至善"天生藏于人的心间深处，所谓"至善是心之本体"，这是王阳明关于至善的一个根本观点。天地之性之谓至善，气质之性之谓人欲，孟子"人皆可为尧舜"，就是层层剥皮，去人欲，宋代心性儒学善的德育就是在这一过程中，最后露出藏于人心间深处的天生至善，并且止于至善，也就达到至善了。

简单来讲，先秦至隋唐善的德育是塑造一种政治至善，宋明清善的德育是塑造一种心性至善。具体如何达到至善？《中庸》说得很明白，"天命之谓性，率性之谓道，修道之谓教"。而教分为他人教育和自我教育。

他人教育来自三个方面。

第一，政府政策、法律的奖励与惩罚。这些制度化的成文规则，以奖惩形式强制善的个人形成，为培养获得基本善的成人做准备。

第二，民间舆论的无意识群体压力推动着个人的善的醒悟、觉悟，为培养获得普遍善的君子做准备。

第三，学校教育。在小学阶段，学校对少年儿童进行善的道德观念的教育，并多从应对、进退的小节入手，培养他们儒家道德行为习惯。然后再逐步上升到对道德原则抽象善的认识，为至善的获得做理性准备。

关于自我教育，从儒家传统德育诞生起，始终彰显着一种基于自我意识的、关涉人生发展的人文精神。它推动个体自觉地在一系列博学、审问、慎思中，身体力行地先学"事"之殊样，进至"礼"之形式，以至"理"之深得，最后达到"心"之定成，完成由内隐的至善天地之性向外显的至善气质之性的自我显露和自我复归，达到处处体现天理的一种个性化道德的自由境界。所以，儒家传统德育"止于至善"，认为教育者的教并不起主要作用，而个体主动地自求、自得、自授，才是至善获得的关键所在。这种自求、自得、自授的核心，就是"不告以得之之妙，而告之以求之之方"。它贯穿在人们最普通的日常生活中，对事物获得的知觉、思考、体悟中，以耻感推动着存理去欲层面的道德选择，保证着每个人获得道德行为上的个性绝对自由，最终进入本心通透、无处不是至善的境界。

儒家发展大致经历了三期：第一期先秦儒学，追求政治至善；第二期宋明理学，追求心性至善；第三期现代新儒学，追求科学至善。近现代以来的新儒学，一直致力于将传统儒学与现代科学内在地联系起来，试图从传统儒学中开出现代科学的现代道德观，应该说，这方面做得最好的是中国共产党。

毛泽东认为，要完成建设一个人民当家做主的新中国的艰巨任务，首先要对共产党员干部，即带领中国人实现伟大理想的团队，实行献身于人民“至善”事业的君子教育。① 这些君子应该具备什么样的品格？“共产党员无论何时何地都不应把个人利益放在第一位，而应以个人利益服从于民族的和人民群众的利益。因此，我们大家要学习他（白求恩）毫无自私自利之心的精神。从这点出发，就可以变为大有利于人民的人。一个共产党员，应该是襟怀坦白，忠实，积极，以革命利益为第一生命，以个人利益服从革命利益，无论何时何地，坚持正确的原则，巩固党和群众的联系；关心党和群众比关心个人为重，关心他人比关心自己为重。这样才算得一个共产党员。”② 毛泽东的要求非常鲜明，为实现大众的利益，所有共产党员不仅要以人民“至善”的整体利益为重，还要尽量地压抑、消除、灭绝那些根植于本性之中的私欲，以及由此而来的个人利益追求。中国传统善的德育提倡的就是义务论：人人都负有对家族、对宗族、对中华民族的义务。而毛泽东思想把马克思主义与中国实际相结合，开创了中国特色的革命之路，很好地结合了传统儒学兴理、灭欲、明善、诚身的治心之道，把服务于、忠诚于、献身于党的事业通过传统德育，全方位沁入、渗透、植入了每一个参加革命事业的人的心灵深处，使之变为信念，升为信仰，成为至善，以刘少奇的《论共产党员的修养》最为典型。从而中国共

---

① 王宝贵. 个人主义在中国的道德境遇 [M]. 兰州：甘肃人民出版社，2014：34-35.
② 王宝贵. 个人主义在中国的道德境遇 [M]. 兰州：甘肃人民出版社，2014：34-35.

产党在真正意义上把一个殖民地半殖民地的封建中国带入了现代化的行列，这应该说是近现代以来最成功的"新儒学"，实现了真正的科学至善。也因此，这种"新儒学"在新中国，成为所有领域的指导方针，成为每一个新中国公民都要深刻理解、努力熟记、贯彻执行于生活每个层面的生活哲学，以学校教育尤甚。

第二节　耻感辨析

一、中国传统耻文化的根源轨迹

尼采认为，善表达的是人生命存续的自由意志，一切有利于个体生命力强大的社会意识和行为可称为善，反之，凡是阻碍个体生命力强大的社会意识和行为可称为恶。① 笔者认为，这个界定非常契合人类道德起源中"良心"的产生机制。美国文化人类学家克里斯托弗·博姆（Christopher Boehm）确证，人类早期在自然选择中，原始的生命能量在一系列亲缘利他和互惠利他行为的整合下，演化出了"良心"，这是人类道德的源头，也是善的源头。② 而"良心"就成了储存原始生命能量的场所，用马克思的话就是，"人的意识代替了人的本能"。博姆进一步认为，善与其说是一切有利于个体生命力发展、强大的，不如说是有利于群体生命力发展、强大的社会意识和行为的总和。③ 自人类进入文明社会以来，农耕生产力不断追求有效生存的层级性扩张。其中原本非常有限的利他主义倾向获得了

---

① 何兰芳. 罪感的起源与生命的解放——尼采对希腊悲剧精神与基督教原罪意识的比较剖析［J］. 江汉大学学报（人文科学版），2008（4）.
② ［德］克里斯托弗·博姆. 道德的起源：美德、利他、羞耻的演化［M］. 贾拥民，译. 杭州：浙江大学出版，2015：68-71.
③ ［德］克里斯托弗·博姆. 道德的起源：美德、利他、羞耻的演化［M］. 贾拥民，译. 杭州：浙江大学出版社，2015：87-89.

大面积拓展，形成了适应群体层面共存、合作、互助的，具有高度契合优势的政治共同体、经济共同体、文化共同体等，以这些共同体为基石，人类进入了自为控制的，属于自己的独特社会形态。于是，生成这些共同体特有的包容、理解、认同等善性，乃至无私奉献、大义牺牲、毫不利己等至善品性，升华为了整个社会意识形态化的正当性，融入了人类传统道德的道德传统中，这是传统善的德育的根源。如果个体在社会生活中，用这些包容、理解、认同等善性，乃至无私奉献、大义牺牲、毫不利己等至善品性衡量自己的行为意识，发现与其有着不小的差距，甚至很大的差距时，就会产生一种羞愧、羞辱的否定性情感，这就是"耻感"，由此，耻感是保证传统善的德育发生、发展的根本动力。

在词源学上，"耻"本义为耻辱，古作"恥"。《说文解字》曰："恥，辱也，从心，耳声。"《六书总要》中释义为："恥，从心耳，会意，取闻过自惭之意。凡人心惭，则耳热面赤是其验也。"可见，"恥"是一个会意词，人们闻过而心有所惭。由此，《辞海》把"耻"解释为"羞愧之心"，这说明了"耻"是与"辱"和"羞"相关的情感现象。它就是经过他人或自我判断，发现在行为意识方面不符合某种道德要求，而产生的羞愧、羞辱等自我否定的心理体验。在中国文化传统中，小至人的日常行为，大至国家民族，人不能无耻，"无耻"是对恶行的极致谴责表达。因此，耻感是与善恶直接相关联的，在善、恶、自我三方面互动中，以否定性方式把握了善乃至至善生成的自觉的扬善意识。

究耻感的根源在于中国农耕文明的两种社会背景。

第一，家族集体生产的生存背景。作为一项复杂的生产活动，中国农耕文明需要集体合作。于是基于血缘分化而成的家族，就成为基本生产单位，导致每个人都是所属家族的派生物。个人必须服从于家族，要对家族负责，受家族监督和评价（嘲笑和赞许）。从而自己的人生价值、人生意义就在于，在家族中获得赞许，并使家族感到荣耀。不在家族中获得赞许而是嘲笑，不使所处的家族感到荣耀而是羞愧，就是耻辱。因为，个体的耻辱就是家族的耻辱，只有避免这些耻辱，自己才能获得在家族中的肯定地位，才能产生作为高贵生命的尊严感。

第二，基于父母"原债"产生的宗法文化背景。中国人一出生，就欠有"原债"，父母为了新生命的成长，做出了巨大的牺牲，因此要还这笔"债"。如何还？高级境界是光宗耀祖，最低要求是不能光宗耀祖，也要避免让父母受辱、使祖先蒙羞，这就是中国人以耻感文化为根基的祖先崇拜。人们崇拜祖先，在避免耻辱中，强化祖先权威的观念也随之形成。于是，形成了以"家—族—宗—国"的宗法制度为基本框架的耻感生活的基本圈子，用血缘亲属的网络结构，通过耻感把个体凝聚成组织严密的家族共同体的一分子。

耻感产生于基于家族的集体中。一个人感到羞耻，是因为他在集体中受到了某种讥笑、排斥，所以耻感要求有外人在场，至少要感觉到有外人在场，故此它只能产生于高度集中的集体组成的社会。早在夏商周时期，人们就已经有了用耻来制约行为的意识。如《诗经·小雅·蓼莪》的记载："瓶之罄矣，维罍之耻。"意思是周人认为酒瓶空了，人们变穷了，这是统治者的耻辱。到了春秋战国，经诸子百家对耻文化进行阐述，最后由儒家千锤百炼成一种雕刻在中国人民族性基底处的文化基因。几千年来，它深深地影响着中国人心灵深处向善的良心机制，或者说，它就是中国人心灵深处向善的良心机制。

孔子认为，君子应"行己有耻"，才能"善其群"，小到人自治，大到国自治，皆如此。其中天地自然之道是根本，把自己的生命价值建立在这个根本上，并将其转化为内在的"仁"，体现出恭、宽、信、敏、惠五种优良品质。而"恭"居其首，表明个体对人性有洞察，对社会有觉悟，对制度有遵从。因而无论何时，都能做到"行己有耻"、进退自如。这样普通人人际交往则克己复礼，齐之以礼，有耻且格，进而达到"宽""信""忠""恕"，"躬自厚而薄责于人，则远耻矣"，做到至善于人。而士大夫更应该对民施行德礼教化，把个人富贵贫贱与国家兴衰存亡结合起来，做

"志道"和"弘道"的表率。所谓"邦有道，不能有为，邦无道，不能独善，而但知食禄，皆可耻也"，只有这样，才能"行己有耻，使于四方，不辱君命"，做到至善于国。孟子把"耻感"当作人与生俱来的内在规定性，所谓"羞惭之心，人皆有之"，这也是人成其为人的根本。孟子认为，人先天性善的具体表现是人的仁义礼智信之"五心"，人的言论行为违背这"五心"，就会感到羞耻。那么获得耻感的根据和途径是什么？就是在集体中不被他人认同，难以成为集体中一员。人由于不愿自绝于群体之外，就会在行为中谨言慎行，自我珍重，不违背共同体要求。之后，将这种害怕逾越共同体准则的心理扩而充之，运用于日常生活，于是"五心"就无处不在，则耻感随之无处不在，于是善心也无处不在。所谓"不耻不若人，何若人有"，"人不可以无耻，无耻之耻，无耻矣"，即耻感对个体而言极其重要，没有耻感是一个人最大的羞耻。而这只是德性的基础和源头，也是成人的基本，表达的是认知层面的耻，还有实践层面的耻。就是要有所作为，敢于指引、担当天下苍生的生存发展，所谓"居天下之广居，立天下之正位，行天下之大道，得志与民由之，不得志独行其道。富贵不能淫，贫贱不能移，威武不能屈，此之谓大丈夫。"① 这些主张深刻彰显了孟子对至善的诉求。

除此之外，道家、法家、墨家各有自己的"耻"思想。②

道家主张清虚无为。它的耻思想表现出超脱性，即人们在社会交往中，不要与别人争荣辱高下，不仅不应争荣辱，而且还要甘于守辱，而守辱即是善。道家之所以强调知荣守辱，是因为在他们的观念中，宠辱由己不由人，因而世间就无所谓侮辱。法家基本上"务法不务德"，更多是将耻作为一种政治手段，强调用重刑治理国家，"以刑去刑"，耻辱刑就是运

---

① 高春花，刘俊娥. 论耻感的道德价值——以中国传统道德文化为例 [J]. 河北大学学报（哲学社会科学版），2007（4）.
② 高春花，刘俊娥. 论耻感的道德价值——以中国传统道德文化为例 [J]. 河北大学学报（哲学社会科学版），2007（4）.

用耻心理，对国家进行管理的有效手段。其目的在于激活罪犯的耻感，使其感受到耻辱罪恶，进而对自身行为感到懊悔并寻求宽恕、愿意补偿，同时，对其他人起到警示作用。墨家强调不强则耻，重名节、以荣为耻是墨者的人格特征，重博爱，以攻为耻；尚贤，尚勤，以不赖其力为耻；等等。

宋明理学后，耻感首先被确证为人之为人的最基本的伦理道德底线，也是守住基本善的最后防线。朱熹指出："耻存之进于圣贤，失之则入于禽兽。"① 陆九渊强调："人而无耻，果何以为人哉？"② 清代的一大批学者自始至终都把耻感上升到"人格本体"的高度，认为没有羞耻心的人就没有独立的人格。顾炎武认为，"人之不廉而至于悖礼犯义，其原皆生于无耻"，"士而不先言耻，则为无本之人"。③ 其次，耻感是道德教化的前提，也是善性唤起的前提。周敦颐说："人之生，不幸不闻过，大不幸无耻，必有耻，则可教；闻过，则可贤。""人不知所贵者何？其所耻之事，必不为'耻'。"④ 同时，所耻又是所贵的基础，知所耻往往会进一步强化和巩固行为主体对自己"所贵之物"的理解和向往，因此知耻就是向善的前提。知耻可以激发行为主体的向善追求，促使其自觉地涵育德性，主动地接受道德教化。再次，耻感是个人品德形成的基础，也是善人格生成的基石。行为主体在实践中，一旦耻感决口，恶便会横行，人们就会无视道德规范，善即不知所终，人性便丧失殆尽，以至于无所不为，无恶不作，所以耻感构建了个人品德塑造的一道坚固阀门。复次，耻感是涵育社会风气的关键，孕育普遍善的动力。对于个人，应从知耻做起，涵育德性；对于

① 郭聪惠. 论中国传统耻感文化的当代道德教育价值 [J]. 河南大学学报（社会科学版），2008（6）.
② 郭聪惠. 论中国传统耻感文化的当代道德教育价值 [J]. 河南大学学报（社会科学版），2008（6）.
③ 郭聪惠. 论中国传统耻感文化的当代道德教育价值 [J]. 河南大学学报（社会科学版），2008（6）.
④ 郭聪惠. 论中国传统耻感文化的当代道德教育价值 [J]. 河南大学学报（社会科学版），2008·（6）.

国家、社会，则应把涵育耻感作为纯化风俗的关键，在知耻教育中美化公序良俗。最后，耻感集中表征为中国文化传统中特有的"面子""脸""人情"等属性。中国人是在人际关系的人伦理性中，获得自己作为人的终极归宿的价值感的，因此在人际关系中丢了脸面，就意味着做人的尊严、价值受到了伤害，会产生深刻的耻感。随着社会生活的不断深入，"面子"逐渐与声誉、威信、权力、财富、才学等社会成就连接起来，形成了一种盘根错节的、耻感无处不在的、浓厚的社会性人际象征。它构成了中国人为人的道德底线，使每个中国人在基于耻感的脸面的防护中，保证了自己的脸面，他的道德人格便合于礼，便保证了他习惯性的文化向善行为。

二、耻感的本体性价值

"耻感"是传统善的德育塑造向善品性的基石，"道"和"仁"是"耻感"的文化根源，"礼"和"义"是"耻感"的伦理根源。它们共同解决的核心问题是，如何在现实的伦理秩序中塑造一个社会理想的、期望的善人，一个"有脸""有面"的善人。这种善人一旦做了不道德的事，便会感到"羞耻"，一定具有"知耻近乎勇"的自悔能力。舍勒（Max Scheler）把耻感称作"灵魂的天然罩衣"。① 而对于中国人来说，耻感被看作在他人面前对自我天然的羞。它使人不断摆脱那种单纯以感官刺激的作用代替精神经历的自我欺骗，使个体在耻感推动下，注意力不断发生转移，使生命能量随着血液被不断重新分配，促使感官冲动被排除在注意力构成的"关注"之外，充分分散了人对于生殖器官的过分关注，充分分散了人对于低级需要的过分关注。从而有效地平抑了生理过程低级需要的自动运行，使我们的高级需要通达"我们自身"。用人的精神意向和目光关照我们自己，回到我们自身属人的精神生命，以此构成了一个人向善的必

---

① 高兆明. 耻感与存在 [J]. 伦理学研究，2006（5）.

需情感和动力，维护着人类身心的基本健康，同时特别维护着属人精神世界的善、尊重和爱。

从社会心理的角度说，耻感是中国人在人际中，以"返回自身"作为"原动力"，获取各种生存资源、得到群体认同、产生群体共情的一种群体化的功能性焦虑。透出的是两种"法规"的整合，既是一部道德存在的"主观意志法"，表达的是自律，又是一部伦理存在的"客观意志法"，表达的是他律。但从根源上，耻感是他律的，这股外在强制力就是"礼"。作为一个伦理实体，礼是直接促使中国人自为向善的根源，它从特定性伦理原则出发，推动、支配、强迫中国人在"礼制化"道路上，回归自我的天性之善，以及在此过程中，获得基于耻感的他律性伦理教养。美国哲学家费格里特（Herbert Fingarette）认为，"虽然，耻是一个道德的概念，但它是以礼为中心取向善的"①。它是面对至善时，个体"小我"被赋予超越性，并深刻体认自我的渺小与局限所产生的自我保护的必要性感觉，归根结底，这种自我保护感是对自我尊严的呵护，是实然人向应然人跃迁，达到"单一物与普遍物的统一"，从而"成为一个人，并尊敬他人为人"的一种伦理机制与道德驱力。其实质就是，通过礼产生的个人敬畏，使个体得以摆脱生命本能的冲动，在生活世界和意义世界两种不同伦理样态中朝向至善②；使"我"作为一个生命个体，在对高贵生命追求中唤起了自觉意识，这种意识越自觉，耻感就越强烈。

本尼迪克特（Ruth Benedict）认为，耻感文化是他人监视自己的产物，罪感文化是自己监视自己的产物。③ 传统善的德育就是耻感文化运作的典型，它以否定的形式规定了"何为人""为何人"这一类具有终极意义的人的肯定性存在，是人对以儒家文化至善价值为代表的普遍性伦理实体的

---

① 高兆明. 耻感与存在 [J]. 伦理学研究，2006 (5).
② 张自慧. 论耻感与耻感教育 [J]. 辽宁大学学报（哲学社会科学版），2008 (6).
③ 庄严. 罪感文化与耻感文化的差异——《菊与刀——日本文化类型》读后 [J]. 黑龙江社会科学，2005 (4).

认同和皈依，表达的是生活在世俗世界的人对于自身本质存在之不足的一种"转回自我"的自觉意识。其强烈的自我觉察力透出的反思是：我羞愧难当因远离了对至善价值的追求，羞愧难当因正失却作为真正人的存在本质……这系列的自耻心理反应，保证了人作为高贵生命的高层次价值，不致向动物生命的低层次价值沉沦。由此可以说，耻感在传统善的德育中，以至善价值为无限的、普遍的应然本体，每个人在与社会互动中，在以舆论风气为代表的他人注视下，随时把自身有限的实然自我与这个至善价值进行比较、评判，发现实然自我与至善价值的要求之间存在着差距、不足，于是自己潜意识里突然萌发了一种"非人"的深陷动物式局限与贫乏中的自我意向，伴随产生了一系列自我羞愧、自我羞辱的否定性情感。用黑格尔的话就是，有限性个体追求无限性，感觉自己"低微"时产生的否定性情感。而孟子更直接，"人若成人必负以耻"，它的根源就是，害怕自己不能成为至善价值所期望的真正的人。

因此，耻感在善的德育中是作为至善价值的防御性情感机制而发挥作用的。它揭示了儒家在追求至善过程中，人通过"向心用力"，致"诚"、明"道"的伦理训练的根本，而且它本身即是人不可摆脱的存在本体论宿命。但是耻感作为一种特殊的自我意识，核心问题不是认知问题，而是通过情感使认知摆脱纯粹识智性，具有实践冲动性品格。它所要解决的是，如何在人伦社会使个体成为一个大家看在眼里的善良人，一个社会所期望的体面人，一个左邻右舍期望的好人。整个实践由两个维度的过程构成："向外看—寻找差距"的现实情境实践，"向内看—知耻改过"的现象学实践，具体而言就是他律实践和自律实践的整合。

尤其是自律实践中生成的自律耻感，以及其产生的自主能力，以驱恶向善、趋荣避辱的意志体现，强烈抗拒着德性世界的不断衰亡，努力探索着人超越本体世界的生活意义，追寻着人作为人的存在本质，并把被至善价值所肯定的，有尊严、有责任的人的积极存在，完全纳入自由意志对存在意义的追问中，从而在一系列耻动机、耻意念的唤醒中，彻底否定了个体活着的虚无性。也正是在这一点上，耻感最直接地排除了人的生物本能与动物生物本能相混合的可能性，也彻底在自身"发乎情，止乎礼"的立法中，打开了通往宏大叙事的至善之路。也正如孔子认为的，德礼教化形成的"有耻且格"的耻感，是国家安泰、社会和谐的基石和根本。它以耻感的教化为先导，把传统善的德育之至善价值，通过切身感受和体会的默化、濡化、涵化模式，融入每个人，于是一批具有耻德的自我诞生了，这标志着耻感文化的成形和成熟。因此，在传统善的德育之耻感的浸淫下，在民内心有"耻"、人格有荣、集体有誉中，国家就此获得了长治久安的应然性情感保障机制。

第三节　传统善的德育之知耻德育

一、古代善的德育之"知耻"

所谓知耻，就是个体违背道德规范后，耻感的唤起、认知和践行过程。知耻德育就是通过营造一定的社会价值环境，使这一过程不断地被生成、建构，从而生成耻德的教育活动。古代善的德育之知耻德育有四种途径：道德教化、自我省察、社会风尚、亲历践行。

（一）道德教化

孔子认为君子全都是教化的结果。教化有两种方式：一是见知，二是闻知。具体包括法制教化、学校教化、科举教化、礼乐教化。

1. 法制教化。国家通过对法令的明确划分，详细阐释各种行为的惩罚界限。表明各种行为与耻感的强度关系，诸如大罪之于至耻，小罪之于微耻。其中至耻之罚的条例、微耻之罚的根据，都是通过严刑峻法之赏罚分明，强化了耻感慎微防萌的阀门意识，"虽使之不可致理，然非以耻成人之先"①。尤其是自然耻感的强迫生成，是最适宜通过法教而形成的。之后，便是法之案例的广泛宣传，更好地促使先耻感的迅速生成，并在教训成耻中，断其邪，而民心不得不纯正。

2. 学校教化。自汉代起，官学得到了恢复和发展。到明清时期，教化被视为为政之本，而学校乃是教化之源，因而广设官学，教育内容则皆以程朱理学为主。国家大力培育精英的先耻感，率先倡导儒学天理之荣辱、人伦之明耻，以彰显儒学作为显学的"人若成人必负以耻"的主流价值观。民间则通过专司教化的官员和机构创办社学、村塾、义塾等途径，对底层民众进行教化，所谓"教化乡里"即是。非官办学校也通过讲学、祭祀活动，在民间广泛教化民众，改善民风乡俗，以传播儒家耻感的至善之道。

3. 科举教化。隋唐以来，中国的社会结构、政治制度等，无不受到科举文化影响。尤其儒家耻感文化得到了制度化包装和传播，形成了基于耻感的主流人文思想。从此在中国民众内心产生了深刻而影响久远的，基于权力掌控的耻感思想观念。耻感文化也跻身于公共文化信息传播系统，成为具有意识形态教化功能的王道化民思想。

4. 礼乐教化。孔子说："兴于诗，立于礼，成于乐。"乐可以张扬民心之善，其途径移风易俗，最为便捷，植入肺腑，其感人之深，而使耻感入其心田并不觉。使历朝历代导之以礼乐，而民和睦，成为"知荣辱，兴人善"的首选。

（二）自我省察

儒家自我省察的全过程，包含自我反省、自我反思两个环节。首先，自我反省是自我省察的基础。它强调的是，自己对自己要客观评价，要经常辨察自我言行中的善恶是非，自觉地开展思想解析，找出自己的不足和

---

① 李海龙. 耻感文化：我国法治建设不可或缺的伦理支撑 [J]. 内蒙古农业大学学报（社会科学版），2009（4）.

差距,"见贤思齐焉,见不贤而内自省"。当达不到标准时,内生羞耻之心,于是"反求诸己""反其仁",以一种宽以待人、严于律己,凡事先从自己身上找原因的求善精神,从自己的主观动机上寻找根源,自觉自愿地担当。孟子把"反身而诚"看成人生最大的快乐。因为,因不足而生的羞耻心,通过自己的反身自问和忠诚踏实而有所淡化,有所体认,有所觉悟,开始了追寻至善的成长之路。可知,自我反省乃是意识耻、感知耻的基本功。其次,通过自我反思,进行分析耻、辨别耻的耻认知提升。它强调的是,对自己产生的耻进行归因,找出造成自己耻辱的理性原因,对自身违背道德规范有一个较深刻的理性认识,从而对自我在心理上、行为上和认知层面上的耻感进行深刻的思考,要触及自己的灵魂世界,不能触及心灵深处,就不能找到产生耻的真正的原因,正如孟子言:"爱人不亲,反其仁;治人不治,反其智;礼人不答,反其敬。行有不得,皆反求诸己,其身正而天下归之。"自我反思相对于自我反省,在对耻的认识程度上,是更加深入的理性分析,是比自我反省更高一级的耻感提炼层次,是传统善的德育自我修养的必修课。

第一,自我反思是对自我修养的一种考量。在考量中,自然之耻向道德之耻提升,通过人的不断反复思索,达到了耻感道德萌发的自觉状态。

第二,自我反思是对自我修养的一种透视。在自耻感与他耻感的反复比较、判断中,个体对自我德性人格的关注陡然上升,必然促进个体对他人、社会的主动、积极的关注与关怀。

第三,自我反思是对自我修养的一种远瞻。它不断强化明耻意识,推动个体在剔除私欲之恶中,养浩然之气以集义,使行后之耻转化为行前之耻。它深入地将精神的价值功能与生命的基本本能之间的对立,转化为了和谐共融,为一个具有自觉"知耻明礼"的道德人的诞生奠定了基石。

(三)社会风尚

以切身体会的默化、濡化、涵化模式生成的社会风气,浸润着每个人的心理世界,使一批具有耻德的自我潜移默化地诞生。有以下几种途径:乡规民约、神道设教、旌表激励、帝王圣谕。

1. 乡规民约。它是传统乡土社会中，由德高望重的乡绅乡贤主持制定的社会行为规范。乡绅乡贤之表率模范作用，以及他们具备的基层权力的权威性与号召性，使"立约""立规"即为地方立"耻"之界限，其依据既有儒家的道德浸淫，又有地方的公序良俗。于是，"耻"之地方特色结合儒家的道德浸淫形成的风俗，使耻感潜移默化地进入人们日常生活的点点滴滴，成为自觉的生活指南。

2. 神道设教。统治者利用天命、鬼神对百姓进行教化，使民众因畏惧而认同君王统治的合法性和神圣性。儒家道德借用鬼神的神秘力量，使人们相信伦理纲常是天命所定。在人们对天命的敬畏中，意识到违背道德后，必须产生羞耻、耻辱感，才能求得天命的原谅，得到好报，也使祖先在自己努力避耻、追求荣誉中，得到荣耀。

3. 旌表激励。秦汉以后，历代王朝都对所谓义夫、节妇、孝子等，大加颂扬和推崇。其方式通常是由地方官申报朝廷，获准后则赐以匾额或立牌坊，以彰显其名声气节。作为扬善、彰善的制度化方式，它划定了耻的范围、标准、底线，从而唤起了导民向善、淳化风气、役人知耻的强烈气象，使君王的意志在耻感自觉的内化中，有效地渗透到民间，有效促进了百姓对统治意图的认可和认同。

4. 帝王圣谕。皇帝通过发圣谕来教化民众，是明清时期官方采取的一种重要教化方式。其内容非常广泛，几乎涵盖了社会生活的方方面面，包括百姓家庭孝悌观念、重农务本勤俭的品行、崇正黜异明礼的风气、交纳钱粮的自觉性等诸多方面。凭借皇帝在民众中的崇高威望，设定社会生活方方面面的成善、向善的渠道和路径，鲜明地诠释和阐发了耻评价的理政依据。

（四）亲历践行

努力实践善行，竭力而行善道，是孕育耻意志、确立耻德的直接利器。所谓"知行合一"以"致良知"，它不仅需要实践，而且需要有坚强的意志品质。在人们主动深入地"致良知"的过程中，实践善行，不断发现自己的过错，以耻为先导，无论口过、身过、行过等，皆不隐瞒、不文饰、不贰过，以"闻过则喜"的积极态度，力争于萌芽状态消灭恶念，使耻感成为人主动的、持久的道德实践的催化剂，使耻阈立于不善难以企及的高度，成为耻德生成的第一原动力。

综上可知，古代善的德育以"礼之所许，律亦不禁，礼之所禁，律亦不容"的礼治所产生的无处不在的社会感受性，强迫个体发现与至善价值的差距，使个体在他人注视下，产生了精神与本能对立的高度紧张关系，从而唤醒他"本不该如此"的自我懊悔之耻意识。这种意识保证了"何以为耻"的善方向，以此促成了一种善的理想主义的存在，并作为个体可能的存在方式出现在眼前。于是，个体逐渐地知"道"、欲"明"、致"诚"，而知耻，生成了主动限制私欲的"自我规训"意识。这样，行为懊悔就转化为了存在懊悔，个体的德性世界就出现了围绕着"去自我中心化"的强大的自我再生。这种应对外在社会情境的"实践性向善"模式孕育了一系列理性的耻觉、耻概念、耻理念，以及有"耻"与无"耻"、"耻"于此与"耻"于彼及"耻"之敏的耻思维，建构成了一部向"善"、成"善"的，为个体所绝对确信的"主观意志法"，它就是个体的"良心"。"良心"的生成意味着他律耻感彻底升华为了自律耻感，彻底夯实了耻德的人格底蕴。由此，耻感也完成了它在古代社会的历史使命，成为古代人日常生活的无所不在的道德阀门。

二、现当代善的德育之"知耻"

（一）社会知耻德育

在中华人民共和国成立之初，毛泽东就预言："中国人被认为不文明的时代已经过去了，我们将以一个具有高度文化的民族出现于世界。"[1] 所谓"高度文化"，就是用新民主主义、社会主义、共产主义的政治、经济、文化观念、思想，荡除一切封建主义、资本主义等剥削阶级的观念、思

---

① 刘少杰. 当代中国意识形态变迁 ［M］. 北京：中央编译出版社，2012：62.

想，建立人民当家做主的社会主义、共产主义的新型文化。这个文化一开始就围绕着"公"字展开。一切偏离、不符合"公"的言行和心态，都会让人产生耻感，一切满足、符合"公"的言行和心态，就会给人带来荣耀。它起始于1950年，基于"五爱"——爱祖国、爱人民、爱劳动、爱科学、爱护公共财物，以及1957年"全心全意为人民服务"的社会主义公德的确立，明确宣示，社会主义新中国新型文化的核心价值就是个人贯穿始终的、对中国共产党领导的基于国家、民族之上的人民群众利益的绝对捍卫，就是对由各级人民群众构成的党团组织的毫不动摇的绝对忠诚。一句话，个人利益必须服从集体利益，暂时利益必须服从长远利益，局部利益必须服从全局利益，那些做个人打算，计较个人得失，妨碍国家建设，妨碍党和人民事业发展进步的一切都是耻辱的，都是为整个社会所不齿的。

这一目标，通过一系列全社会政治运动的形式，全面地、广泛地渗透进新中国各个阶层老百姓的心田。概括起来可以分为两类：其一，全党全民范围内，持续的大规模社会主义教育；其二，工农兵群众学习哲学运动。

前者以矛盾分析的方法，详尽阐释了社会主义的性质、特点以及功能，重要的是详尽解析了社会主义与资本主义泾渭分明的阶级本质区别。而最重要的是要把这些向城市工厂、机关、学校、街道的一切党支部及人民群众进行宣读讲解，对城市中的资产阶级，更要讲得清清楚楚。总之，要使全国都家喻户晓，所有人都受到什么叫"社会主义"的教育。进一步使他们明白，社会主义道德不是高悬在空中的抽象观念，它不仅仅是党和国家进行理论阐发、思想宣传、品德教育的成果，也是中国人民百年来反抗外来侵略，争取国家独立和主权完整的必然归宿，也是中国人民争取民族解放、个人解放的唯一出路，更是中华民族空前的追求现代光明的必由之路。

后者就是一个从中国实际出发，如何让中国最广泛的群体用辩证唯物主义和历史唯物主义的观点，观察、分析建设社会主义的各类问题。

第一，从哲学解放的高度，对广大群众进行辩证唯物主义认识论的普及，使其掌握党在各个阶段、各个历史时期的思想路线、政治路线，从而更好地认识社会主义建设的客观规律。

第二，从哲学的普遍高度，对广大群众进行马克思主义辩证法的普及，使其掌握科学的思想方法和工作方法，在进行社会主义建设实践中，充分发挥主观能动性。

第三，从通俗化、大众化的角度，阐明使哲学变为群众手里的尖锐武器的途径和方法，做到建设中有根据，探索中有方向，发展中有指南。

要让新中国的建设者从根本上消除封建主义、资本主义遗留的客观唯心主义和主观唯心主义的认识论，用马克思主义指导一切社会主义建设中的问题，使他们在建设中，获得以产生、使用封建主义、资本主义遗留的客观唯心主义和主观唯心主义观念为耻的耻思维，获得以产生、使用封建主义、资本主义遗留的客观唯心主义和主观唯心主义想法为羞的耻人格，形成主动的、积极的、大量的应用辩证唯物主义和历史唯物主义的观点进行建设生产的社会主义、共产主义价值观，彻底从心灵深处奠定社会主义建设的马克思主义价值地位。

改革开放之后，基于经济利益的社会道德生活日渐增强。一方面人们依然奉行"大公无私"的集体主义价值观，另一方面也认可了个人主义的功利原则，并且人们追求个人利益的正当性进一步得到肯定，从此不再"谈利色变"。相反，集体主义成为对个人利益进行否定的禁欲主义。这时，新中国社会道德生活陷入了强调个人利益还是强调集体利益的矛盾变化之际。同时社会主义道德的视角由政治本位转向社会本位，从服务政治的话语导向转变为服务社会的价值导向，进一步导向了个人利益的全面合理化，个人站在了社会主义道德的显要位置。随之"为人民服务"的"至善"，滑落为了"为每个人服务"的"至善"，也就是每个人自己的小"至善"越来越清楚，"为人民服务"的大"至善"越来越模糊，并开始瓦解。相对的价值与道德越来越盛行，有多少种人就有多少种生活态度，同时就有多少种个人小"至善"。这样，人们不再对肆无忌惮的逐利感到羞耻。"私""利"堂而皇之地成了几乎所有公共平台竞相鼓吹的内容，以此个人主义道德观完全确立。从此，利己行为打着人性解放的旗号，变成了当前中国多元社会不同的人从事的共同的道德实践活动。而从事这些活动的耻阈值直线下降，耻感快速进入了被边缘化的轨道，在其中善非其善，恶非其恶，人们陷入了一系列"善是其所善，又是其所不善；恶是其所恶，又是其所不恶"的困境中。

（二）学校知耻德育

涂尔干（Émile Durkheim）强调，任何学校道德的源泉都来自社会。①因此，随着社会主义、共产主义道德在全社会盛行，它全面占领新中国学校德育阵地是自然而然的。当代中国学校德育分为前后两段：前一段为1950—1980年，可称为"至善"的超越性德育阶段；后一段为1981年至今，可称为"善"的适应性德育阶段。

前一段时期，集体主义教育在中国学校德育中具有压倒性优势，它的基本内涵如下。

1. 学校生活之班级生活就是集体主义的生活，在集体以外没有真正人的生活，若有，也是让人感到羞耻的不合群行为。

2. 个人利益和集体利益不是矛盾的，而是一致的，只有集体利益不受侵害时，个人利益才有保障。在大多数情况下，个人利益应服从于集体利益，只看到个人利益，是会被班集体严厉批评的一种可耻的思维。

3. 集体中所有成员都有共同目的、统一意志和行动。个人只有通过集体行动达到集体目的，个人目的才能达到。因此，每个人应从集体观点考虑一切问题，没有集体目的实现的个人目的，会给个人带来高度的耻感。

4. 集体要求每个成员有坚强的组织性和纪律性，由此才能有战斗的力

---

① ［法］埃米尔·涂尔干. 道德教育［M］. 陈光金，沈杰，朱谐汉，译. 上海：上海人民出版社，2001：50-51.

量。因此，集体中每一个成员都必须有对某一级领导服从的必要性，对于领导分配任务绝对完成的必要性，完不成任务的耻感会成为个人成长的很大障碍。

5. 集体意志的实现、集体利益的获得，是靠集体中每一个成员服从集体的意志和利益而奋斗的结果。因此，每个人对于集体要有高度的责任感，缺乏责任感的集体成员，会遭受一系列负面评价。

6. 集体中的成员相互之间应具有高度的团结友爱精神。这种团结友爱的情感是从对集体的热爱出发的，它是阶级的友爱。

这些内涵首先体现在1950—1980年中国学校德育方针政策中。

1954年4月，政务院发布了《关于改进和发展中学教育的指示》，指出：政治思想教育应根据学生现有的思想情况，继续努力培养"爱祖国、爱人民、爱劳动、爱科学、爱护公共财物"的国民公德，并特别注意培养集体主义精神。

1955年全国中学教育会议在谈到对学生进行思想政治教育和提高学生社会主义觉悟时指出，当前学校教育的任务，是以国家过渡时期的总路线精神教育学生，并确定应以加强学生的爱国主义教育、劳动教育、集体主义教育和纪律教育为重点。

1955年5月—1963年1月，教育部连续发布了《中学生守则》《小学生守则》，反复强调，正确认识集体主义和个性发展、纪律和自由民主、严格要求和启发自学等范畴的辩证关系，严厉要求各地学校坚决刹住不敢严格要求学生，以致部分学生不守纪律、不关心国内外大事，学生课外活动陷于自流等情况。明确指示：第一，在任何时候、任何情况下，不能放松集体主义教育工作，要把严格要求与发挥学生主动精神结合起来。第二，加强学校的时事政策教育并经常化。

其次，集体主义体现在1950—1980年我国学校课程中。

中华人民共和国成立初期的各类学科教材中，围绕"五爱"教育的集体主义教育始终贯穿始终，共产主义道德教育内容更是必修的。一系列典型的集体主义教育贯彻在课程当中的普遍例子是，为了公社、为了生产队、为了军属王奶奶、为了解放军叔叔，等等。而基于《中学生守则》《小学生守则》的各级各类德育课程，诸如语文、时政讲义、主题班会，涌现着钢铁工人孟泰、纺织女工陈爱娥、知青邢燕子，以及焦裕禄、王进喜、雷锋等各个领域的先进楷模。他们以自身内心一点点私心为耻，成为青年学生竞相模仿的标兵。

再次，集体主义体现在新中国班集体管理原则中。

第一，培养学生爱集体的感情，是产生集体主义的直接动力。通过创造集体的光荣事迹，培养学生爱集体的情感，如组织球队、合唱小组等。每个学生都感到，自己与其他同学在共同的目标下友爱互助，任何不为集体荣誉而奉献的小自我，都会承受班集体的群体压力。

第二，培养学生在集体中生活学习的能力，是实施集体主义的根本目标。苏霍姆林斯基提出：集体主义首先是在与学生利益密切相关的集体中，使青年学生尽情释放自己的才情，以此使他们明白，只有集体才是他们的起点和他们的归宿。①

第三，通过学校党、团、少先队，推动学生对集体主义的向往。学校的党组织进行着组织工作和思想教育工作，它们在自己举行的各种公开的有价值、有意义的集体活动中，以丰富多彩的形式、充实高尚的内容、寓意深刻的内涵，不断唤起学生对自身小我的羞耻心，唤起他们投身集体的强烈冲动。

第四，高年级学生集体对低年级学生集体起榜样示范作用。高年级学生会以各种形式帮助低年级同学。在这些集体里，孩子们受到集体主义者"无我"品质的熏陶，建立了长期性的学习小组，小组由不同年级的学生组成，他们在课后及假期以小组形式学习、游戏，在这个过程中，体会了集体生活的真正含义。

---

① ［苏联］B. A. 苏霍姆林斯基. 给教师的一百条建议［M］. 杜殿坤，编译. 北京：教育科学出版社，1995：77-78.

最后，集体主义体现在新中国班集体教育方法中。

第一，班级教学的形式本身就是青少年集体主义的实体表现，每一堂课都是训练集体生活习惯的好机会。学校通过集体活动塑造每个学生的课堂纪律和规则，为他们以"我"为耻、以"我们"为荣的集体主义观念，以及同学间平等友爱关系提供最有利的条件。从教学的角度来看，这看似手段，但从道德教育、培养集体主义的角度来看，这又是目的。通常说的"教书又教人"，其基本含义就是，要求教育者把任何教学看成培养远离集体主义的耻思维、耻认知的过程。

第二，有益的课外活动和校外活动是班级教学的集体主义教育的有力补充。社会公益劳动、文艺表演、体育竞赛、参观、主题报告会、班会、座谈会等，都可以对学生进行生活化集体主义的耻觉升华教育。

第三，确立好班集体的发展方向，选拔得力的学生班委会，使之运行高效。向班集体提出共同的荣辱目的，并且注意学生的年龄特点、知识水平。荣辱目的的提出，必须要简单、明确、有力，要有思想性、鼓动性，并富有趣味；要适合学生的年龄和思想水平，所提目标必须是经过努力可以实现的。选拔得力的学生班委会，抓住班级存在的主要问题并解决。

第四，同青少年的组织紧密配合，进行全方位的"小我"升华教育。使少先队、共青团成为班主任的有力助手，实施有效的提炼、促进和指导。

1950—1980 年中国学校"知耻"德育，以集体主义为中介，实施了广泛的，向着社会主义、共产主义迈进的超越性德育。它是当时中国现实的政治经济状况的产物，也是当时中国所处的国际国内严峻的复杂形势的产物。它为新中国革命事业的承接、延续打造了一大批具有潜在奉献型人格特征的继承者。这些继承者形成了深厚的、理性的，背离集体主义的自律耻感，初步奠定了新中国革命事业薪火传承的主体性人脉规模。改革开放至今，中国学校德育集体主义和个人主义并行。青年学生的合理的"私心""私性"得到了普遍的承认和尊重，以合理的利己主义的表征形式，从多种角度进入当代学校德育中，形成了具有支配地位的转型时期的新型道德。就连意识形态中的德育，都已经不再提倡为了共产主义的"至善"鼓励青年学生做出牺牲，而是提倡以适应性德育作为学校新型德育的核心。一句话，适应性德育取代了超越性德育，基本的"善"的德育，成为今天中国学校德育的主旋律。

当代中国，无论是社会"知耻"德育，还是学校"知耻"德育，它们都是秉承先秦儒家善的德育的衣钵，承袭宋明心性儒学善的德育的变法，结合中国近现代最现实的国情，开出的近现代中华民族解放、人民追求幸福的新儒学。它始终彰显着，传统儒家文化在国家民族危亡之时，积淀在每一个中华儿女内心深处的深深的羞耻感。这种羞耻感曾经使每一个中国人在"行己有耻"中，感觉到自己是一个人，也正是这种羞耻感使每一个中国人在国家民族危亡之时，"知耻而后勇"，毅然舍生取义，形成了基于儒家的中国传统德育最直接地向"善"、达"善"、成"善"的荣辱机制。但是随着中国逐步进入现代化，"私"的正当性被接受，整个社会善恶的应然性界限趋于多元化。而学校更是在善的德育中，陷入了前所未有的行为、心理等的一系列困境。一句话，当代中国并没有做好代表现代性的"恶"的私性全面爆发后的道德应对措施。也就是说，"私"被全面正当化就意味着"恶"被全面正当化了，"善"了上千年的中国社会一下子渗透进这么多合理、合法的正当"恶"，其从人们心理世界的最深处到社会政治经济领域，势必陷入无处不在的现代困境中，其实质就是"耻"的现代困境。

第二部分

现代性与“恶”

第一节　现代性之主体性

一、现代性的原发根源

一般讲，“现代”一词在西方最早出现在公元5世纪，而现代性是西方文化中专指与“神”的传统社会相对立的“人”的现代社会形态。“神”的传统社会是一个附魅的社会，现代社会是一个祛魅的社会，去掉了一切笼罩在传统社会“神”头上的神奇、神秘、神圣的光环，把人在“神”面前跪着的身子直了起来，有了属于自己的尊严、价值和荣耀。现代性也是一个非常纷繁复杂的概念，可以从哲学、文学、艺术、审美等多种角度进行本质界定。但是共通的特质是，它以追求自由、进步和幸福为目的，通过主体意识和理性意识，为传统社会祛除了巫魅，使得人类社会在现代性的形态中回归了世俗社会，成为真正意义上“属人”的社会。从而也彻底颠覆了千年以来基于“神”的世界观、价值观与思维范式，确证了“属人”的世界观、价值观与思维范式，这是现代性的根本特征。整个过程是在两大发见中逐步完成的，一为人之发见；二为世界之发见。①

怀特海（Alfred North Whitehead）说，现代社会的原发动力就是基于科学技术的科技理性，它是现代社会最根本的东西，不仅是根本动力，而且是根本源泉。② 海德格尔（Martin Heidegger）进一步认为，现代科技理性的源头是古希腊的"爱智慧"，而且现代科学的生成过程就是古希腊智慧精致化的过程。③ 可以说，古希腊智慧几乎囊括了现代科技理性的一切元素。首先，古希腊诸神体系就是大自然万物的原始象征，在"爱智慧"中，以归纳、推理形成概念、定理乃至普遍原理探究这个原始象征，成为人们的一种生存使命感。其次，这种探索是在两条路线中展开的，一条是以物为对象的物理学路线，一条是以形为对象的数学路线。前者通过不断的实验，初步地培育了科技理性必备的实证精神、怀疑精神、批判精神；后者在人与万物之间生成了以数字符号的逻辑思维形式为中介的理性关系，正是这种理性关系孕育了现代性的萌芽。最后，在两条路线的结合中，初步建构了一整套有说服力的公理式认识论——数理逻辑。而进入中世纪之后，为了宗教需要，经院哲学进一步加深了数学思维的抽象概括性，并极大促进了理性思维分析、判断的纯熟性。哈贝马斯（Jürgen Habermas）指出，"现代"的真正开始无疑始于文艺复兴。④ 因为这一时期，人文主义者在古希腊著作里，找到了人的自由、尊严和荣耀，深刻发现了人自身的伟大、价值、意义，从而醒悟了，来自古希腊的理性不应该仅仅用来追求虚无缥缈的"神"，而应该"经世致用"，服务于有自由、有尊严、有价值的人自身。如何服务？通过理性让人的自然本能都获得满足，在满足中感到生活的快乐和幸福，这样科技理性就开始了从价值理性向工具理

---

① 刘同舫，黄漫. 科学技术的发展与人类解放的进程——基于恩格斯《自然辩证法》的新思考 [J]. 华南师范大学学报（社会科学版），2009（6）.
② 马琳. 海德格尔论现代性纪元中科学与技术逆转的关系 [J]. 学术月刊，2006（1）.
③ 马琳. 海德格尔论现代性纪元中科学与技术逆转的关系 [J]. 学术月刊，2006（1）.
④ 汤德森，江丽. 哈贝马斯科学技术生产力观的现代审视 [J]. 马克思主义研究，2010（2）.

性的嬗变，朝着追求幸福的功利主义方向大踏步地迈进。这种迈进最直接的成果就是，以航海探险为代表的探索发现了世界。在地理大发现中，大量现代学科——天文、地理、地图、气象、海洋等纷纷诞生，人的世界观、价值观与思维范式不断地从对"神"的崇拜中解放出来，生成了从实际经验出发而不迷信传统教条的科学实证精神。更为关键的是，这一过程极大唤起了人类征服自然、改造自然的主观能动性，同时极大增强了人类改造自然的信心和勇气，初步确证了人在自然面前的主体地位。

到17、18世纪，从哥白尼、伽利略、培根、笛卡尔到牛顿，尤其是笛卡尔的数学理性，以数学的精确性、可靠性、自明性，确立了人是自然立法者的地位，第一次理智地规划了人是自然主宰的主人意识，明确提出将自然由"在者"变为经过"我思"而"科学化了"的自然，① 实质就是要将自然"数学化"，这方面做得最好的是牛顿。他将实验观察与数学演绎完美地结合起来，彻底完成了自然界物性的广延性，即可度量性。其在理论上，完成了自然界物性向人性转化最清晰的逻辑体系；在功能上，完成了自然界物性向人性转化超乎想象的确定性；在根本上，完成了自然界物性向人性转化坚实的本体性前提，从而为自然界物性被人类所控制、转化、改造奠定了无与伦比的理性基石。围绕目的论的消失、物理世界的还原论、自然界的数学化，现代性得以根本确立。

目的论的消失：彻底放弃了"神"的终极目的，认为科学的任务在于通过分类和计量对自然做出精确的数学描述，获得关于大自然的实际因果关系，而不是寻求目的论的解释。

物理世界的还原论：自然界不同事物都是由完全同一的微粒所构成，微粒的数量和空间排列不同决定了不同事物之间的差别，科学认识事物，就是把事物进行微粒还原。

自然界的数学化：认为数学是反映自然本质的唯一语言。掌握了数

---

① 王腾."主体性""自由"与"理性"：笛卡尔道德哲学形态的建构逻辑 [J]. 深圳大学学报（人文社会科学版），2014（6）.

学，自然就可以像客体一样被精确测量，被微粒还原，以至于完全控制。一切自然中的事物都可以转化为精确观察和测量的数学问题，包括人。于是科学研究就变成了数学研究，对自然可运算的各种力量一股脑显现出来。

这种认为只要掌握了物理世界的可度量的关系，就可以无往不利地认识和控制自然的机械自然观，到了19、20世纪如脱缰的野马飞速发展。数学全面接管了现代科学，成了科学成熟的标志，而人的心理世界随着自然的数学化，也开始与理性相结合。因为现代自然科学任何一门学科，任何高大上的理念，都是从人感官的感知觉开始的，必然使得现代科学任何一门学科都可以通向人感官的欲望，服务于人感官的欲望，正如马克思所指出的，"科学技术是一本打开了的关于人的本质力量的书，这个本质的基础必须是感性"①。在当今，科技理性以物理学为代表，已经达到高度完善和相当成熟的地步，现代性看似也到达了完美境地，实质却陷入了某种溢满盈亏的危机状态，有学者认为，这意味着新的理性又要破茧而出了。

今天，我们把现代性等同于理性，应该说是基于科技理性的现代性等同于基于数理逻辑的数理理性。那么什么是理性？康德说："在人们自身之内确实存在着把他们和其他物件区别开，以至把他们和被对象所作用的自我区别开的能力，这种能力就是理性。"② 简单讲，理性就是把人与物拉开距离，同时又在距离中产生普遍联系的能力，其关键是如何在距离中产生普遍联系，人类找到了基于符号的数理逻辑，所以现代性的萌芽、生成、发展，就是在寻找一种不变的数学秩序。海德格尔认为，"数学秩序"是事先在人大脑里就有的，关于自然而又不是，从自然那里获得的，对自然的一种公理性筹划。③ 凡是进入这一筹划的自然，就被架置起来，进行

---

① 符海平. 论马克思的道德批判及其伦理旨趣［J］. 云南师范大学学报（哲学社会科学版），2018（7）.

② ［德］康德. 道德形而上学原理［M］. 苗力田，译. 上海：上海人民出版社，2005：17.

③ 马琳. 海德格尔论现代性纪元中科学与技术逆转的关系［J］. 学术月刊，2006（1）.

数学运算、演算。算的内容就是自然界中存在的必然性,一切数学象征和表征都是自然界中存在的必然性的必然反映,这一过程被称为对自然的解蔽。在解蔽中,自然被当成了可被度量的、可加运算的客观性,同时思维被约简为"从事运算的技工"。于是,自然内含的能源与物质就在运算中被分割、存储、控制,从遮蔽进入揭蔽状态,自然就在遮蔽、解蔽、揭蔽的转型中变成了源源不断被生产出来的为人所利用的东西。这样,2000年前被亚里士多德有意圈禁的科技理性,被充分释放了出来,同时人类自身也以"主体性"的形式被挑衅出来,变成"人力资源",逐步把世界作为图像去征服,成为自然的主人与占有者。正是在这一点上,现代性是人类存在史上一个独特的、大写的纪元。自我成为主体、物成为客体的"现代性"观念随之形成了,从此人类开始了人的现代化的过程,也就是把"彼岸的圣经信仰已经彻底此岸化"的过程。

二、主体性—私欲—恶

人类不断发展的过程,实质就是不断逃离自然的过程。但是每次逃离都很不彻底,因为人类的生产力太低下了,不得不与自然保持很近的距离,以更方便地从自然直接索取生存的一切物质资料。于是,人类的发展一直在不得不对自然的屈服中、妥协中,继续依附于、依赖于自然。如马克思强调的,这种依赖必然经历了"人对人的依赖""人对群的依赖"两个阶段。①

"人对人的依赖"阶段:人完全受制于自然,但人的社会性开始有所萌芽,个人完全没有独立性、自主性,那种在自然面前人与人之间的互助合作、完全依赖异常严重。

"人对群的依赖"阶段:人的社会性在体力劳动与脑力劳动的分工、城乡之间的分离中显著提高并有了质的飞越。由此,人类获得了基本的认

---

① 张鹏. 马克思关于"现代性"的批判与超越 [D]. 长春:吉林大学,2018:79-80.

识自然、改造世界的自为性，个体也获得了基本的独立性、自主性。

这两个阶段共同反映了人作为一个存在者非常虚化和虚幻的存在感。无论作为个体的人，还是作为群体的人，总体表现都是被动适应，始终处于自然"神性"控制之下的奴性中，而大大摆脱这种奴性的，就是基于数学运算的现代性。现代性通过科技理性，把自然作为图像进行控制、掌握，使人作为一个主体性存在者在自然面前凸显出来。应该说，这种凸显是现代科技带来的人在自然面前的绝对凸显，凸显的是一种在自然面前，具有绝对自主和创造的主人性格的主体意识。这意味着，人成了那种存在者，一切存在者都把自身的存在和真理建立在这种存在者之上，人作为主体性存在者对周围的一切具有表象、制造、绘图的权利，反过来，周围一切只有在人作为主体性存在者的表象、制造、绘图中，才能获得价值、意义。于是，世界被控制、掌握得越深入，自然则越客观，主体则越主观，现代性也就越变成一种关于人的主体性学说，关于如何让人作为主体，追求幸福、活得更好的学说。所谓主体，就是个体心理世界主动的、独立的、自主的全部精神面貌的总和。而任何主体精神的彰显，就是以"自我"为中心，全面展开自己绝对自由的过程。现代心理学认为，"自我"就是源自动物本能基质的，意识到和能意识到的欲望冲动的总和。关于这一过程，尼采强调，就是个体以"私欲"为中介，追求自身社会完满的过程，同时带来的是自我生成、自我塑造和自我完善的，"为我而存在"的社会总体文化的过程。① 于是可以认为，现代性释放、表达、运用主体性的同时，必然是在释放私欲，以及基于私欲之上的各种文化价值的随处蔓延。

用人本主义的说法，自我内含的生命能量中最基本的趋向，就是基于自我生存的"自利"趋向，用康德的话就是，每个人都有一种与生俱来

---

① 何兰芳. 罪感的起源与生命的解放——尼采对希腊悲剧精神与基督教原罪意识的比较剖析 [J]. 江汉大学学报（人文科学版），2008（4）.

的，如"婴儿追求哺乳"所无法谴责的极端自私性。① 这种生命能量在人身上，有两种表征方式：本能与欲望。当处于原始的"人对人的依赖"阶段时，人完全与自然融合在一起，生存完全依赖于自然中的物质资料，这时人"自利"的生命能量被称为本能，在这一点上，人与动物没有区别。当人处于文明的"人对群的依赖"阶段时，人与自然拉开了距离，这时人的生存开始依赖人类社会，也就是依赖人类社会中的他人，这时人"自利"的生命能量被称为欲望。像马克思讲的，"当人开始生产自己的生活资料的时候……人本身就开始把自己和动物区别开来"②，因此可以说，本能与欲望的区别，就是人与动物的根本区别。当人离自然越近，本能越来越多，欲望越来越少；当人离自然越远，本能越来越少，欲望越来越多。那么什么是欲望？欧洲古典哲学把"对缺乏的抱"称为欲望，现代心理学认为，以"快感"为核心内存于人体的一套生物刺激系统为基础，由缺乏引起的个体内驱力唤起状态称为欲望，简单讲，有缺乏的地方就有欲望。在"人对人的依赖"阶段，大自然无处不在地，随时满足着人的各种缺乏，这种满足具有一种条件反射性，因此这时的缺乏就叫本能。在"人对群的依赖"阶段，正是人类农业文明时代，自成一体的小农经济使得许多缺乏，诸如衣食住行等，基本保持着自给自足的即时满足性，这时的缺乏叫需要。但是还有一部分缺乏，自己满足不了，必须依靠他人供给，这部分缺乏不得不延迟满足，不得不在长期的被唤起状态中，保持比较强烈的具有动力和驱力作用的身心渴求感，这部分缺乏就转变为欲望。因为只有少部分缺乏转化为了欲望，所以"人对群的依赖"的农业文明阶段，被称为"低欲望时代"。

进入现代社会，基于科技理性的现代性，以脱缰野马般的强力速度，将人远远地拉离了自然，这是一种大大的拉开，巨大的拉开，极大的拉

① 胥博. 康德：启蒙与理性的公共运用 [J]. 浙江社会科学，2014（6）.
② 韩喜平，王立新. 马克思主义"经济道德"何以可能——基于康德理性主义道德学原理的论证 [J]. 南京师范大学学报（社会科学版），2015（2）.

开。在拉康（Jacques Lacan）看来，是一种本体论层面的绝对拉开，甚至拉开到了对立状态，也就是人在与自然的二元绝对对立中的绝对拉开。这时人类几乎所有的缺乏，不仅自然满足不了，自己也满足不了，都必须且一定要靠他人来供给满足，小到衣食住行，大到人生理想、价值尊严，等等。马克思主义认为，这些缺乏在现代机器大工业带来的社会分工的推动下，在流水线上日夜被生产出来，及至遍布于现代社会的每一个角落。①

首先，社会分工导致片面发展。人的某部分机能在有意识生产中被充分地、彻底地展开，相反，其他大部分机能处于闲置状态，形成了大规模的萎缩、退化，这样一种功能性的机能缺乏感被大量生产出来。

其次，社会分工带来了效率，必然节省了大量身体本源性能量，这些能量不仅没有更丰富的劳动进行"填充"，而且为更加细化、专业化的资本主义奴役性"死劳动"所堵塞，彻底丧失了作为个人自由创造而应有的功能价值，一种被压抑的主观能动性缺乏感被大规模生产出来。

最后，也是最为根本的，人作为自然的产物，其根基和灵魂始终在自然之中。但是社会分工通过科学技术，几乎使人类彻底逃离了自然，也就是将人与自然之间最后一条依赖性纽带彻底连根拔起。用齐美尔（Georg Simmel）货币哲学的描述就是，现代社会通过货币客体文化形式，无所不用其极地物化着人的心理世界，② 直到人的灵魂都要被物化了，一种无家可归的、更为根本的归属性缺乏感必然渗透在现代人的内心深处。拉康说，这是人的本质性存在的决定性缺乏。③

除此之外，现代科技还蓄意制造了一系列人为缺乏。用生产中精心策划的"贫困"为背景，以合乎市场规范的广告、宣传，引诱及唤起大众一系列"虚幻性缺乏"，一种"似乎缺""觉得缺""好像缺"，甚至"臆想

---

① 韩喜平，王立新. 马克思主义"经济道德"何以可能——基于康德理性主义道德学原理的论证 [J]. 南京师范大学学报（社会科学版），2015（2）.
② 王佳鹏. 羞耻、自我与现代社会——从齐美尔到埃利亚斯、戈夫曼 [J]. 社会学研究，2017（4）.
③ 李宏利，张雷. 进化观点下的幸福研究 [J]. 心理科学进展，2010（7）.

缺"的异己性心理被同化为真实心理，使大众存在于随时感知到"缺乏"的恐慌生活中，不能自拔，进而使他们在谋划自己虚假缺乏的满足中，生出人生终极意义的归宿感。霍克海默（M. Max Horkheimer）认为，这种对"缺乏"的大规模生产，是整个资本主义被固定下来的社会关系符码，其中现代性的"主体性"就是填补这些"缺乏"贯穿始终的工具与手段。①

因此，现代人无所不在地感到缺乏，这是现代性带来的必然产物，现代社会也进入高欲望时代，其必然导致现代人每时每刻都处在被唤起的强烈的驱动力状态，于是，现代社会进入了私欲的"全熵"结构中。拉康认为，现代科技带给人类的缺乏是本体论层面的，是在与自然的二元绝对对立中形成的。② 如庄子认为的，原始状态的人，是"以为未始有物"，物我不分、与物一体的，之后"察乎宇宙、内觉一身"，开始有"我"，"我"之意识到有物质世界，以"我"为中心对物的世界做分割、再分割，做好恶判断，最后陷溺于偏私爱欲不能拔。③ 直到进入现代社会，现代科技使之彻底地陷于"外察乎宇宙，内不觉其一身"的人—自然完全分离，甚至对立。也由此拉康认为，现代社会无所不在的欲望，是人的本质性存在的决定性的缺乏，④ 也就是荣格（Carl Gustav Jung）说的"缺乏灵魂的现代人"。于是，不得不开启一种"经济人"模式，把自我意识中内含的意识和能意识到的欲望冲动的总和，进行立体式的解码和去疆域化，全面展开通过私欲追逐，寻找灵魂的生活形态。

这种生活形态的文化流程是：主体—自我—私欲—幸福。

整个过程就是现代性促使主体，不断对自我"放权"，从而无休止地强化自我，对"生活领域自治权"掌控的过程。它强烈推动着享乐主义、

---

① 崔永杰."科学技术即意识形态"——从霍克海默到马尔库塞再到哈贝马斯 [J].
山东师范大学学报（人文社会科学版），2007（6）.
② 李宏利，张雷. 进化观点下的幸福研究 [J]. 心理科学进展，2010（7）.
③ 庄穆，王丹. 人性的生态复归、科技生态化与环境问题的消解 [J]. 自然辩证法研究，2012（11）.
④ 李宏利，张雷. 进化观点下的幸福研究 [J]. 心理科学进展，2010（7）.

个人主义、功利主义形成了互为因果"三位一体"的超稳定结构，那种"没有规则、只有选择"的诉求就成了自然而然的现代价值追求。把每个自我带入了对私欲追求的无限渲染中，所谓"己尽为物役"，一切过去连贯性的历史责任，在享乐主义的现代性宿命中统统没有了。人生的终极意义仿佛在当下更新、更快的感官快乐建构的私欲体系中得以实现，并以此似乎找到了自己的灵魂，却发现这是一个不可能存在的"空无"。尽管如此，现代社会还是通过消费主义、大众审美主义的社会意志，驱使私欲成为现代社会一种意识形态化的责任，"满足私欲"——让人的私欲通过自我对象化活动，恣肆地展开，成为现代人生存幸福、价值归属、精神支撑的信念，列奥·施特劳斯说，这就是"彼岸的圣经信仰已经彻底此岸化了。不再希望天堂生活，而是凭借纯粹人类的手段在尘世建立天堂"①。这个信念如此强烈，以致急速加剧了现代社会欲望"全熵"结构中正在发生的由"有序"向"无序"转化的熵增进程，很快达到了全面混乱程度，混乱到彻底扭转了"善"与"恶"基本的正统伦理观念，所谓人对物性的理解逐渐淹没了人性的自我理解。于是，无条件地追逐私欲满足成为一种"善"，节俭、节制反而成为一种"恶"。也就是马基雅维利（Niccolò Machiavelli）、霍布斯（Thomas Hobbes）等人开创的现代性，奠定了现代社会的基础，但是他们在选择"利益"的同时，却摒弃了更为重要的"善"，以此为导向滑向了涂尔干称为"失范"的状态。这种状态表征的是，"合理的利己主义""正当的利己主义"唤起了现代人，妄图以自我为中心，以贪婪、竞争的形式，将他人置于自己的控制之下，将群置于自己的控制之下，甚至将社会置于自己的控制之下，从而激发了大众一种本体论意义上的纵欲感，使每个现代人身上，以私欲为中介，积聚出了一种人格般的心理特质——"恶质"，现代性同时必然地走到了善的对立面——恶。从此，现代社会到处充斥着"合理的恶""正当的恶"，现代社会变成了"有恶世界"，它大规模促发了现代社会普通人基于"恶性"的非理性

---

① 李方红. 现代性视野中的列奥·施特劳斯［J］. 社会科学，2012（2）.

对抗,"有恶世界"于是成为现代道德真实感受的源头。

第二节 "恶"的正当性与有效性

一、"恶"的发源正当性

可以说,自奥斯威辛之后,"恶"成为现代道德的热点,其不可根除的本体论意义的正当性越来越受到广泛关注。《广韵》是谓不善也,形声。从心,从亚,亚亦声。"亚"意为"内部的闭锁圈","亚"和"心"联合起来,表示"心情被禁锢","恶"本义:心里憋闷、憋屈。《说文解字》和《尔雅·释诂》都认为:"恶,害也";"坏,败也";"坏,毁也"。在感知觉层面,一个东西"有害于"人们的生存,人们就觉得反感,"想要"去除它,它就是恶的。在中外思想史上,这样的阐释很多。《墨子·经上》主张"利,所得而喜也……害,所得而恶也",朱熹强调"天下之理,其善者必可欲,其恶者必可恶"(《孟子集注·尽心下注》)。霍布斯指出:"善和恶是表示我们意欲和厌恶的语词。"① 休谟(David Hume)认为:"意欲来自单纯的善,厌恶则起源于多重的恶。"② 因此,如果"善"字的核心语义在于"有益—可欲—快乐—赞许"的四位一体,那么"恶"字的核心语义就在于"有害—讨厌—痛苦—责难"的四位一体。与"善"保全个体相对,凡是有碍于人们满足需要,阻碍个体生命力生存、发展、强大,对人的生存发展有着"破坏和毁灭"作用的社会意识和行为,都会被人们视为"有害之坏",即"恶",也即"可恶之谓恶"。虽然儒家向来认为性善,但是同样也肯定了人先天不可避免地带有性恶的属性,这属性就来自人先天的生理欲望。钱穆指出,孔子所谓"血气方刚",其实就是

---

① [英]霍布斯.利维坦 [M].黎思复,等译.北京:商务印书馆,1985:121-122.
② 洪谦.现代西方哲学论著选集(上册)[M].北京:商务印书馆,1993:297.

"人之生理能量积聚"的结果，理学认为："血气，形之所待以持者，情之所处以藏者，人欲之所由生者也"① 可见"血气"不仅是人私欲的发祥地，也是人私欲的动力表征，更是人私欲的储存库。其内含着大量极端自私的本能冲动，象马克思说的："人来源于动物的事实已经决定，人永远也不可能摆脱兽性，所以问题永远只能在于摆脱的多一些或少一些，在于人性与兽性的差异"。② 这些自私的本能冲动在文明社会，阻碍着个体生命力生存、发展、强大的进程，对人的理性存在发挥着"破坏和毁灭"的作用，因此它们是恶的。然而，这些恶却是根本无法消除的，因为它代表着，人活着的一种物质存在基础，也就是恩格斯说的："人们首先必须吃、喝、住、穿，然后才能从事政治、哲学、艺术、宗教等"。③ 康德认为，人先天生理欲望构成了人先验的直觉模式，这些先验直觉模式与周围万物相互作用，建构出了各种客观现象。④ 这些客观现象必然带有先天生理欲望的自私性，由此，它们都蕴含着基于自私的"恶质"。在中国古代道德中，现象就是利，"利"，古汉语的意思是刀刃的锋利。然而利还是不利，取决于两个方面：其一，客观事物之间的关系；其二，人们对这种关系的觉察。⑤ 也就是社会生活中的客观现象是否有利，是由一系列条件规定的，在这些条件中，最关键的是两个：时间、空间。因为任何现象是否有利，都是在一定时间、空间中被规定的，所谓获利，就是对某种时空关系的打破、转变和重建。一般地，客观事物之间的存在必然都有一定界限，有界限就一定有差异，"我的存在与他人的存在形成差异，形成一种距离。"⑥

---

① 邬昆如. 人生哲学 ［M］. 北京：中国人民大学出版社，2005：111-112.
② 韩喜平，王立新. 马克思主义"经济道德"何以可能——基于康德理性主义道德学原理的论证 ［J］. 南京师范大学学报（社会科学版），2015（2）.
③ 韩喜平，王立新. 马克思主义"经济道德"何以可能——基于康德理性主义道德学原理的论证 ［J］. 南京师范大学学报（社会科学版），2015（2）.
④ ［德］康德. 道德形而上学原理 ［M］. 苗力田，译. 上海：上海人民出版社，2005：23-24.
⑤ 中国大百科全书（哲学）［M］. 北京：中国大百科全书出版社，1987：542.
⑥ 张彦，孙帅. 论有机马克思主义的"共同善"［J］. 贵州社会科学，2017（1）.

紧接着，差异必然带来的是事物与事物之间的分析、比较、判断：孰多孰少，孰富孰贫，孰优孰劣。最后付诸实践，客观事物之间的时空关系就被打破、转变和重建，于是或盈利，或损利，恶随之在此过程中被唤起，被彰显。问题是：人为什么一定要进行分析、比较、判断呢？物与物之间的差异只是表层原因，更深刻的原因是，人都是在时空的二维中生存的，但是这是人的此在现象世界。无论中西方文化都认为，人在现象世界中始终都在追求人自身的完满性、物自身的完满性、人物交融的完满性，也就是在追求彼岸世界的终极归宿。

这种归宿是什么呢？就是一种不死、不朽的永恒状态，这种状态存在于三维、四维、五维甚至更多维的时空中。换句话说，就是人们对死亡充满了恐惧，每时每刻内心深处都有逃避死亡、脱离死亡、追求永生的潜意识，它几乎控制着人一切的日常言行。人在与他人的比较中，得知自身的不完善、不完满，就是追求这种永恒状态的开始。于是在分析、比较、判断后，产生的弥合、超越差异的推动下，每时每刻都在发生人与人之间，利与利的紧张、矛盾、对峙，甚至冲突等，都是自然而然发生的，给他人生存必然带来"有害—讨厌—痛苦"，这就是莱布尼茨所说的"物理的恶""伦理的恶""形而上学的恶"的融合。[1] 可以说，这种融合经常性地、随时地从先验直觉模式出发，发生在人类社会普遍的日常生活中，是一种具有深层动因性质的根本恶，黑格尔说，"是人就有这样的恶，是一种人具有人性的同时具有的恶"[2]。但是，这种恶正是人意志存在的前提。世界万物有两种意志：其一，自由意志；其二，普遍意志。前者被称为人心，后者被称为道心，前者来源于后者，后者统摄前者。而人的自由意志具有如下特点：其一，是自我起源的能力前提；其二，是一种能够脱离某种普遍性东西的否定性自由；其三，又是一种趋向于某种特质的肯定性自由；其

---

① 王强. 论伪善：从"宗教罪"到"道德恶"[J]. 道德与文明, 2011 (4).
② [德] 黑格尔. 精神现象学（下卷）[M]. 贺麟，王玖兴，译. 北京：商务印书馆，1979：47.

四，既是束缚、支配自己感性的虚假自由，又是尽情释放自己理性，对自己进行自我规定的真正自由。

谢林（Friedrich Wilhelm Joseph Schelling）认为，实在而有生命的人的自由意志，提供了善恶分界的可能性，更提供了一种天生倾向于恶的权利，必然伴随的是实在恶的生成，反映在如下"恶的形而上学"的流程中。①

自由意志首先带来的是，推动人作为一种有限性的存在朝向无限性的义无反顾的应当性。而人的有限性表征在三个方面：感官的有限、反思的有限、精神的有限。这使人可以感、可以知、可以思，就是不可能达到无限的感、知、思，也就不可能知道无限的东西，这超出了人有限的能力范畴。但是什么是无限性？就是普遍意志，就是天道，而天养万物，天载万物，是谓绝对善。由此可知，无限即善，那么有限即恶，人作为一种有限性的存在者，"天生即恶"就是顺理成章的。人的自由意志脱胎于普遍意志，即有限脱胎于无限，也就是恶脱胎于善。那么有限的恶为什么要从无限的善中脱胎出来？黑格尔认为，作为自由意志载体的自我，不仅是个自然的存在物，而且是一个能够进行纯粹思考的精神存在者，不仅能够思考眼前的知性，而且能够思考并以概念形式把握"永恒真理"，于是，自我就成了一个把有限与无限融为一体的统一体。② 但是，在这个统一体中，有限与无限经常发生对立，伴随的必然是有限与无限的分裂、破裂，于是有限被阻挡了，朝向无限前进发展的道路，有限就会产生憋闷、讨厌、痛苦等，这时恶就产生了，因此可以说，恶就发生在自我意识里，有限与无限分裂、破裂的过程中。黑格尔强调，正是分裂、破裂产生的"恶"，使自我隔绝开、隔离开了，与自然天道为代表的绝对善的内在联系，从而产

① ［美］理查德·伯恩斯坦. 根本恶［M］. 王钦，朱康，译. 南京：译林出版社，2015：92.

② ［美］理查德·伯恩斯坦. 根本恶［M］. 王钦，朱康，译. 南京：译林出版社，2015：59.

54

生了一种在自然面前欲弥合、弥补这种分裂、破裂的积极、主动的自为生存力，而人要从自然界的动物自在状态提升出来，获得一种自为状态，就必须以一种与自然绝对善完全不同的形态脱颖而出，这种完全不同的形态就是"绝对恶"，康德称之为根本恶。自我就以这种方式，在以自然为代表的无限性中，使自己独特化了、特殊化了。① 也就是，获得了根本恶的人，就是以自然为代表的无限性中最独特的一个，一切其他动物都没有这种独特性。由此，恶的根据就是人类存在的根据，也就是人和其他动物质的区别的根据。②

有了恶，人成了一个自我中心的存在者。在自身渴则饮、饥则食的推动下，去支配、控制自然，并且愈演愈烈，开始把"我"当成了目的，产生了道德的唯我主义，使一切成品、产品都成了自我的延续，以及确证自我的媒介，并最终以社会的形式使自我彻底实体化了。因此，人类社会的一切客观事实和现象，也就是一个个有限的、具体的恶，就是人类自我中心的外化形式。它们的存在就意味着无限的、普遍恶的存在，也进一步意味着无限的、普遍善的存在。因此，基于普遍意志的道心，作为形而上的本体，没有形式，无法存在于现实中，必须通过形而下的现象而外显。所以实质上，人类自我中心外化的有限的、具体的恶，就是通过证明无限的、普遍恶的存在，来证明无限的、普遍善的存在，从这个意义上说，人类社会一切客观事实和现象所代表的有限的、具体的恶，就是基于普遍意志的道心的外显形式，也就是"具体恶"的现象，就是"普遍善"的表现形式，就是"普遍善"的载体，它在显现"普遍善"的同时，肯定了"普遍善"，确证了"普遍善"。这就是有限的恶为什么要从无限的善中脱胎出来的根源。无限善的对立面一定是无限恶，反过来若要显现无限善的

---

① ［美］理查德·伯恩斯坦. 根本恶［M］. 王钦，朱康，译. 南京：译林出版社，2015：57.
② ［美］理查德·伯恩斯坦. 根本恶［M］. 王钦，朱康，译. 南京：译林出版社，2015：42.

存在，一定要有无限恶的存在，如何体现无限恶的存在呢？就是通过人这种独特的、具体的恶来显现的，通过人类社会的一切客观事实和现象，构建的一个具体社会共同体"恶"，反衬了无限恶的存在，进一步表明了无限善的存在、普遍意志的存在，以及天道的存在，用西方文化观点表述，就是"上帝的存在"。

黑格尔进一步认为，在无限性中分裂、分离出来的，内含独特恶的人，只能称为具有"人形"，成为真正的人，必须被赋予"人性"。① 何谓人性，就是个体关注自己的同时关注他人甚至更甚于关注自己的品性，实质就是善性，也就是内含独特恶的人形，必须转化为内含独特善的人性，真正的人才会诞生。康德说，获得这种品性，必须通过教育。人类教育分为三个阶段，家庭教育、学校教育、社会教育，它们的共同特征是，把"人形"中恶内含的私性，不断淡化、弱化，生成无私的品质。有了这个品质，恶就转化为了善，"人形"就转化为了"人性"，就获得了专属人的精神权利。可知，恶是真正的人产生的中介和桥梁，是真正的人产生的前提。那么，"人形"为什么一定要获得"人性"成为真正的人？那是因为人怕死。人每时每刻充满了对死亡的恐惧，只有获得了无私的人性品质，人才能逐渐地淡化、淡漠对死亡的恐惧，直至升华到"无私者无畏"的彻底地摆脱作为有限人必须死的精神枷锁，而进入无限的普遍意志中，获得某种永恒、不巧的精神存在。从而从实践理性的维度深刻感受到人类社会的一切客观事实和现象，诸如政治、经济、文化等中无处不蕴含的某种永恒性、不朽性的"绝对善"存在，在现实的日常生活真真切切地感悟出生生不息的"绝对善"的存在。从此，内含"恶质"的人获得了自由法则，有限知道了无限的存在，人类社会自身的生存发展，也夯实了朝向"至善"的基石。

---

① ［美］理查德·伯恩斯坦. 根本恶［M］. 王钦，朱康，译. 南京：译林出版社，2015：57.

二、"恶"的行动有效性

作为人的根底，康德认为，人及人类社会的发展都是源于恶，终于善，① 即亚里士多德的"善是目的因"。实际上，自古代以来，恶的这种积极作用就一直为人所首肯。早在中世纪宗教经义里，就有关于信徒和魔鬼冲突与斗争的描述，最后信徒战胜了魔鬼，进入了幸福的天国，很明确地表达了由世间种种冲突带来的进步的根源都来自基于人类私性的恶。到了近现代，人们对这种积极作用的认识就更加深刻。马基雅维利是现代性历史上第一个对恶说"是"的思想家。② 他认为，人性的贪欲对我们的积极作用每时每刻都在显现，你想不想承认，它都存在。因为人类社会每时每刻都在追求善，善是我们的最终目的。而任何善的获得与实现，都是通过对恶的否定与对立达到的，这是唯物辩证法的基本规律。人的自我是有限与无限的统一体，也是善与恶的统一体，社会也是善与恶的统一体，历史更是善与恶的统一体。平时在这些统一体中，善与恶是融合在一起，不分彼此的，所谓恶即是善，善亦即是恶。只是到了具体的人的生存情境中，社会的发展情境中，历史的进程情境中，这些矛盾统一体瞬间被打破。恶作为一种否定性态度和否定性力量，对善具有的极大破坏性力量、摧毁性力量完全显现，正是在这一点上，恶是人的发展、社会的发展、历史的发展的矛盾内因。

有些学者认为，对人、社会、历史发展起积极作用的恶不同于日常生活中的"恶"，是一种价值范畴、哲学范畴、形而上学范畴的人性追问，而日常生活中的"恶"是从法律、伦理角度，对客体对象的行为及后果所做的是非判断。③ 笔者认为，这是一种有失偏颇的尼采"视角主义"的二

① Reardon B M G. Kant as Philosophical Theologian [M]. New Jersey：Barnes and Noble Books, 1988：111.
② 沈顺福. 论恶的本质 [J]. 中山大学学报（社会科学版），2010（6）.
③ 沈顺福. 论恶的本质 [J]. 中山大学学报（社会科学版），2010（6）.

元判断。因为历史中的小事情、小细节、小角色的巨大作用，早已为无数史实所证明，无数伟大的、影响深远的历史事实的发生发展，都是日常生活中的一些最具体的恶造成的、促发的，两者完全是有着内在顺延关系的表征范畴。因此，从古代以来直到近现代一直讨论的"恶的历史推动作用"中的恶与日常生活中的"恶"息息相关，甚至就是日常生活中的"恶"。

它渗透在生产力和生产关系最活跃的因素——人的整个心理世界中，内含着知、情、意、态度、爱欲、志向等，俗称"私心"，也是社会生活中"恶"的最具体载体。不同的私心相遇，各自越过界限，引发出人与人之间的竞争、对立直至对抗，激发出人的各种潜能，爆发出人的各种才情。正如康德强调的："作为个体的人追求幸福却又不得不相互争斗，这中间，无情地名利争逐，于是人类的一切优秀的自然才能才不会永远沉睡，得到发展。"① 这些发展或向内，或向外。向内发展，将人的"私心"引向精神的心灵活动，升华为文化、艺术和宗教生活；向外发展，将人的"私心"引向外部的物质世界，获取生存资料，扩大生存空间。前者从否定私心的自然属性开始，使潜在的私性提升为了自我意识的理性世界，以知识和真理的方式，构建了人类心灵善的自为意识；后者从肯定私心的自然属性开始，在纯粹的物质争夺中，以暴力的野蛮状态为正当的自我意识，带来的都是破坏性的战争劫难。可以说，前者是后者的理论根据，打着文化旗号的私心，永远是社会历史发展的直接动力。后者是前者的实践表征，"没有永远的朋友，只有永远的利益"，永远是私心的最终归宿。两者共同践行了善是被自由意志实现了的恶，恶是没有被自由意志实现的善，恶是善借以实现的工具。

这就是说，人的自由意志都不自觉地在实现着各种恶，小到个人不和、冲突，大到国家的战争和革命。如果在某一阶段，建立在某些人痛苦

---

① [德] 康德. 单纯理性限度内的宗教 [M]. 李秋零，译. 北京：中国人民大学出版社，2003：89.

之上的恶，其在通向个人的完善和国家的完善上，存在着阶梯式的合理性，能达到更高的理性，可以导致更多人完善的话，那么"恶"的这种牺牲是必要的，因为在这种"牺牲"精神中，更大的善被一次又一次实现，这就是黑格尔所谓的"理性的狡计"。① 所以，没有"利己主义"的"恶"，世界上任何伟大的事业都不会成功，整个人类发展，要靠牺牲一部分个体，甚至整个阶级或民族为代价。马克思非常赞同黑格尔的这种"恶动力说"，他指出："因为在人类，也像在动植物界一样，种族的利益是要靠牺牲个体的利益来为自己开辟道路的，其所以会如此，是因为种族的利益同特殊个体的利益相一致，这些特殊个体的力量，他们的优越性，也就在这里。"②

在马克思主义看来，恶的社会历史推动有三个发展阶段。

第一阶段，即起源阶段。人类生理之欲与心理之欲整合而成的生存欲望在与自然主观能动的相互作用中，演化出了独特的智能优势——高级心智，即专属人的抽象思维能力、创造力、想象力等，制造和运用了石器工具，完成了人类的自我诞生。

第二阶段，即孕育阶段。在围绕种族、氏族利益产生的人类恶的对抗中，生成了民族及国家的雏形，生成了专属人类社会的政治、经济、宗教等文化模式。

第三阶段，即文明阶段。这些文化模式使得制度化的恶弥漫着贪欲的极端卑鄙和残忍，通过无所不用其极的掠夺，促使人类踏着血泪走向文明。使人类的存在史，只不过是一幅少数人靠牺牲、剥削和压迫的绝大多数人，求得发展的图画，这幅画就是马克思说的，"世界历史无非是'恶'的自由意志的进展"。③

---

① 李玉娟，曹清波. 黑格尔的"恶动力说"正解 [J]. 前沿，2005（6）.
② 马克思恩格斯选集：第四卷 [M]. 北京：人民出版社，1972：111-113.
③ 符海平. 论马克思的道德批判及其伦理旨趣 [J]. 云南师范大学学报（哲学社会科学版），2018（7）.

它的形而上学流程是这样的：现实的人类社会中，其内含的代表了现实生产力的善规则，出现了漏洞、不足，这些漏洞、不足就代表着恶的苗头和趋向。随之，这些苗头和趋向在社会矛盾的推动下，日渐扩大，代表了现实生产力的善规则，开始日渐丧失其存在根据和合理性，人们在实践中，表现出了对"善"的否定，"恶"逐渐突破"善"的归置，原有的社会体制和结构被渐渐瓦解。这样，"善"与"恶"明显发生翻转，恶确立的新规则日益为人们所认可，并开始发挥功能，给大多数人带来好处，"恶"就为社会大多数成员普遍接受，取代了原有的"善"，成为新一个"善"，原有的"善"则因对现实状况的不适应，被视为旧"恶"。这是人类社会历史发展的善恶辩证过程，它是从恶开始的。如康德所言："大自然的历史是由善开始的，因为它是上帝的创作；自由的历史是由恶而开始的，因为它是人的创作。"① 在恶的推动下，人作为历史主体在与善反复的斗争中不断理性化、文明化、历史化，努力显现、确证、实现着那个存在于人心的无限善。而无限善就在人类历史"善"与"恶"的每一次对抗中显现、确证、实现出一些，也就是每一次历史的进步就有一些无限善进入人的文化里。而孟子所说的"性本善"实质就是指，日常为人自我意识所不易察觉，又有一些察觉的为人类所有历史都肯定的无限善。

无限善表明了在总体方向上，在永恒趋势上，人类社会向善的一种真无限。它从不以一次善的实现而中断，不以一次善的中断而终止，它总是连续性地意识到下一个善的存在，总是无穷思考善的进阶的可能性。善的这种不断深化的优势，彻底否定了人类有可能达到的终极善，也彻底否定了人类发展中的终极归宿，进一步表明了人类对善的追求，是理性的无限与非理性的无限相对立的过程，这一过程被黑格尔称为"善无限"，而推动"善无限"的就是"恶无限"。因为"人们先立定一个善，接着超出了这个善，成为恶。然后这个恶成了新善，接着又一次超出这个善……如此

---

① Kant. The Metaphysics of Morals ［J］. Translated and Edited by Mary Gregor, New York：Cambridge University Press, 1966（6）：447.

递进，以至无穷。凡此种种，除了表面上的变换外，没有别的。这种变换从来没有离开有限事物的范围"。由此，黑格尔认为，这种"有限化的无限"，无论怎样发展都离不开有限，都是有限，人作为一个有限体，就是这种"恶无限"的最好载体。① 而人类历史总是在定量与定量之间的无穷进展中，以各种方式牺牲、泯灭着各种善，成为一种否定的、消极的"假无限"，从而永远不可能达到恶的真正质变——无限善。而人类作为有限性的恶存在，只能以某种此时、此地、此物的殊相来宣示无限善的真身显现，从而表征出自己人性的实体善。

第三节　恶的分类

有无限善必有无限恶，而无限恶的存在是通过人类社会无处不在的有限恶展现的。因为恶是人类存在的根据，这些恶随时显现，又不断更新，对于它们我们既无法阻止，又不能消灭，而是需要获得某种理解，某种概念性的把握。一种从根基到现象，从本体到实在的思想性阐明，这种阐明是在强度、力度的划分框架下，思索恶的类别意义及人的责任的，它们包括三种类别：根本恶、歹毒恶、平庸恶。

一、根本恶

这里的根本恶不是无限恶，无限恶是与无限善相对的。而人是从无限善中分离出来的一个"特殊恶"，这个特殊恶是一系列特殊的实体恶的整合，而根本恶是其中的第一特殊实体恶。

荀子是最早阐释这一特殊实体恶的，"人之性恶，其善者，伪也"，是荀子《性恶论》的核心观点。但是荀子并非认为人天生就是恶的，他认为

---

① 李玉娟，曹清波. 黑格尔的"恶动力说"正解 [J]. 前沿，2005（6）.

"性者，本始材朴也"，"朴"应作"樸"，即未经加工的木材，所以性最基本的特色是"天之就也"，自然而然，无善无恶。不过，荀子更倾向于"人性为恶"，最起码认为人具有强烈的潜在恶。因为性"不可学、不可事而在人者"，所谓"化性起伪"，即对"朴之性"进行加工和改造，《说文解字》云"伪，诈也"，是不确切的。有学者解释"伪，为也"，意为"作为"，即社会实践中的行为，① 这一过程实质就是荀子说的"目好色，耳好声，口好味，心好利，骨体肤理好愉佚……之展开过程"。关键是这些基于私欲的"目好色，耳好声，口好味，心好利"的强度、力度太过于强大，太过于剧烈，人的意志力在它们面前如此脆弱，如此不堪一击，完全无法简单克服、轻易控制。相反，为这些"目好色，耳好声……"的私欲所控制、所支配的内在天然之情，须臾都在闪念。于是"从人之私性，顺人之私情"成为人们生活的常态，那种过分扩张膨胀的，无节制、无秩序、无分寸的私欲，就成为生活中随处可见的日常现象。所以荀子说，性恶是基于人性的资朴"顺是"的结果，就是人的天性私欲无可非议，但是人在"群"中生活，却不能用自己的理性、意志去调节、控制、克制它，顺从了它的力量，而为它所控制，就是恶。而为这种控制力量所控制，几乎时时刻刻蕴含在人的天性中，使恶随时爆发，因此可称为"根本恶"。

与荀子异曲同工的是康德，"根本恶"这个词，是康德学术研究的晚期提出来的。他认为，人是由自然存在和道德存在同时建构的，并由三种禀赋整合而成的：动物性禀赋、人道的禀赋、人格性禀赋。它们或善或恶，没有定性，既有趋善的倾向，也有趋恶的倾向，到底是善是恶，全凭人自由意志的选择，选择的标准就是各种主观原则，所以康德说，人的善恶全在原则选择中。② 因为由三种禀赋整合而成的人不可能仅是为一种动

---

① 徐瑾. 康德"人性中的根本恶"与荀子"人性恶"之比较［J］. 伦理学研究，2013（5）.

② ［美］理查德·伯恩斯坦. 根本恶［M］. 王钦，朱康，译. 南京：译林出版社，2015：44.

机所必然化的存在者，必然存在着一个基于各种原则的动机系统。而人作为一个绝对自由者，他既不是机械地服从外在权威的简单顺从者，也不是对自身强烈私性随便做出反应的放纵者，他是通过对动机系统中各种原则进行选择，从而决定善恶的。在这个动机系统中，有两个主导性动机，对道德原则的尊重和对私性原则的尊重，分别称为道德动机和感性动机。它们始终交织在一起，形成了某种融合关系，当面临社会情境时，两种动机就形成了一种先后选择秩序，正是这先后秩序的选择，也就是道德动机与感性动机，孰先孰后决定了是善的还是恶的。

当个体总是使感性动机压倒道德动机，并将感性动机作为第一选择，那么就是恶的。康德强调，恶并不在于我们选择了本身就是恶的东西，而在于"两利相权，错位相取"的结果。两个善发生冲突，以基于道德动机的善为第一选择，基于感性动机的善为第二选择，就是善的；反之，以基于感性动机的善为第一选择，以基于道德动机的善为第二选择，颠倒了它们之间本应具有的先后秩序，就是恶的。问题是人们有一种很顽固的品性，总是颠倒先后，把感性动机压倒道德动机作为第一选择，即在道德诱因和私欲诱因面前，总是不自觉地、不由自主地、禁不住倒向私欲诱因。康德认为，这种品性渗透在人的自由意志中，似乎有三个方面来源——先天固有的、后天习得的、人自我招致的，具体很难确证。康德的描述是这样的："这种品性事实上不过是渴望欣快的禀赋，一旦个体体验到欣快，就会在个体身上激起对欣快的倾向。"① 实质是，人们在自然的生存中随机地、偶然地获得了一些舒适的快感体验，这些体验往往与适宜人们生存、有助于人们活得更好相联结。于是，这些快感体验被重复、反复地固定下来，生成了一种习惯性的、稳定的人格特征。之后，人们再进行动机选择时，总是不由自主地朝向这种基于快感体验的感性动机，而规避基于压抑体验的道德动机，而使恶成了人的一种带有根本性质的顽固特征。康德并

---

① [美] 理查德·伯恩斯坦. 根本恶 [M]. 王钦，朱康，译. 南京：译林出版社，2015：47.

不知道这种品性到底从哪里来，它的基础是什么。"先天固有的、后天习得的、人自我招致的"只是一种描述，不能做定性确证。于是他干脆认为，探究这种品性的来源毫无意义，因为它"无法从人的自由意志在时间最初的活动里，被推导出来，所以对于我们来说是不可解释的，完全无法在经验世界中为我们所认识"①。

但是康德可以确认的是，这种总是让人们朝着舒适、快感的，感性动机选择的品性，具有如下特性：②

首先，它构成了人们人格精神的核心，是动机系统进行选择最终的主观依据；

其次，它普遍决定着其他动机的产生，一切其他动机的产生，都以它为源泉、为前提，是其他动机产生的根本大法；

第三，它总是使人们在对社会生活进行选择时，连贯而一致地将道德动机，置于感性动机支配之下，成为不由自主的第二选择。导致人们在社会生活中的各种选择都受这一倾向的影响，从而在根本上破坏了人全部的道德价值方向。

第四，人们已经感觉到了这一品性的缺陷、不足，但是无法克服、无法战胜它。因为它植根于人天生的意志力，对私欲的某种脆弱，某种人心的乖戾甚至某种故意。

由此，它似乎就是人的一种天生的向恶品性，但是人们要对它负责，因为它发生在人自由意志的根源处，所以被称为"根本恶"。可见，康德虽然不知道根本恶是从哪里来的，但是有一点是肯定的，那就是唤起、表现根本恶，是人自我招致的，是人在运用自由意志时，由人的"人性的劣根性"或"人性的脆弱"自我招致的。这几乎是每个人作为人所无法逃避

---

① ［美］理查德·伯恩斯坦. 根本恶［M］. 王钦，朱康，译. 南京：译林出版社，2015：34.

② ［美］理查德·伯恩斯坦. 根本恶［M］. 王钦，朱康，译. 南京：译林出版社，2015：35.

的"宿命",任何一个想剔除这种品性的人,都感到了一种人力的无能为力,它普遍地存在于所有人中,包括那些最好的人。精神分析进一步确证了根本恶的根源。它认为,人的快感体验是围绕着性快感向外辐射的,这种性快感产生于人类位于大脑深部靠近多巴胺系统一个很小的区域和眼睛后面的"前额脑区底部",它们共同构成了一个中枢快感系统,一切外来信息都要经过这一系统"快乐—痛苦"两个维度、多方面的过滤筛选,以此构成了个体生命活动的调节中心,康德所谓的"品性渴望的欣快"就是在这里频繁发生的。它的生理源扎根在大脑皮层,心理源深藏在本能中,隐含在私欲中,随时随地都在感性动机中获得显现。① 因此,人的根本恶存在着强大的自然品性,就作为一种禀赋包含在本能的无意识中,它是人精神生活的永久特征,人们可能暂时克制、压抑它,却不可能永久根除它,而且要对它负责。

二、歹毒恶

奥斯威辛之后,人们思考得更多的是:人类为什么会如此残忍地自相残杀?汉娜·阿伦特(Hannah Arendt)认为,这是由某种社会制度造成的根本恶泛滥所致,因为在某种社会制度的鼓吹下,人们可能完全无视道德动机,而完全朝向感性动机。② 这一点与康德不谋而合。康德认为,人们虽然不能剔除根本恶,但可以暂时克制、压抑它,去服从道德动机,使自己像个人样。但是在一些特殊情况下,人们会彻底地、强烈地违反道德动机,遵从感性动机,以阴险、残暴的方式满足自身私欲。③ 这种特殊情况

① [美]理查德·伯恩斯坦. 根本恶 [M]. 王钦,朱康,译. 南京:译林出版社,2015:161.
② Arendt H. Lectures in Kant's Political Philosophy [M]. Chicago:University of Chicago Press, 1982:72.
③ [美]理查德·伯恩斯坦. 根本恶 [M]. 王钦,朱康,译. 南京:译林出版社,2015:40.

就是阿伦特说的某种社会制度，它就是极权主义制度。① 其出于绝对控制的目的，以极端理性的制度化模式，全面压制着现代人内含的一切人性化的东西，诸如关爱、热情、体恤等，使基于极端私欲之上的阴险、凶狠、残暴，成了一贯的、持续的、稳定的最高道德动机，于是，人成了一个邪恶的存在，这就是康德所说的“歹毒恶”。康德强调，人们之间的意志力差距是很大的，意志力强大的人经常采用道德动机，成为高尚的人。意志力薄弱的人经常采用感性动机，成为低劣的人。在不可抗拒的极权主义制度下，意志力薄弱者会变得更加薄弱，完全拒绝做道德动机要求的事，完全采用感性动机，成为完全意义上的“歹毒人”。意志力强大者的意志力则日渐薄弱，成为一个低劣的人，逐渐朝着歹毒人迈进。② 这些就是尼采（Friedrich Wilhelm Nietzsche）在 20 世纪极权统治开始之前就宣告的，现代人就是“末人”。③

可见，所谓“歹毒恶”，就是根本恶与极权主义相结合的产物。

极权主义分为两种：其一，国家极权主义；其二，个人极权主义。两者有联系但没有必然的因果关系，共同特征都是或是为了某个集团的私利，或是为了某个人的私利，对他人实施阴险、凶狠、残暴的反社会行为。其产生的最大物质基础就是资本主义大生产的极端化。它将劳动提升到了人类活动的极端等级，当一切东西都是劳动中可以生产的，人的人性就被溶于具有市场价值的商品中，而这些商品随时都可以被消费和消灭时，人性也就是随时可以被消费和消灭的。于是，人性不再被视为终极目的，而是被当作可根据私欲的私意任意加以改造的劳动产品。人的自由、尊严、价值等属于人性的东西丧失殆尽就是顺理成章的。那种以超人意志

---

① ［美］汉娜·阿伦特. 极权主义的起源［M］. 林骧华，译. 北京：生活·读书·新知三联书店，2008：21-22.

② ［德］阿利森. 康德的自由理论［M］. 陈虎平，译. 沈阳：辽宁教育出版社，2001：145.

③ 王元明. 中西性恶论比较及其现代意义［J］. 天津师范大学学报（社会科学版），2008（4）.

改变人性、实验人性、试验人性的行为就是光明正大的，接着，传统上被视为普遍有效的道德律令，诸如"不杀人""不抢劫"等不再是公认的，社会也就不存在什么基本的道德律令了，道德律令的"社会普遍有效"完全成了毫无意义的噱头。这样，人与人之间的一切个性化、个人化、个体化的区别和界限被抹平，人变得表面化、原子化了，且不再从自身理性中发展出个人的道德承担，这样人的道德人格也被杀死，个人的良心开始不起作用，日常做出的道德选择已经不是在善与恶之间，而是在恶与更恶之间。当道德人被杀死后，专属人的自为性就没有了，即那种从人的先天资源条件反射，提炼出思维和高级思维的能力就没有了，这意味着人可以不再被当"人"看了，一句话，人性没有了。

在极权主义推动下，根本恶衍生出的"歹毒恶"产生了人类社会的非人化过程。它以道德人格的丧失产生的差异性的丧失，法律人格的丧失产生的复数性的丧失，伦理人格的丧失产生的个体性丧失，揭示了当个体为了某种私利，陷于"自我疯狂"的时候，其他人就会变得多余，因此，多余性是"歹毒恶"最核心的命题。资本主义大生产产生了一大群拼命追求物质享受，成为受消费社会严密控制的现代人。他们不关心政治，缺少人与人的深入交往，经常感到生活毫无意义的同时，感到人类社会美好生活无处可寻，在孤独、焦虑、困顿中，跟社会生活日渐疏离，由此连他们自己都觉得自己多余，这正是"歹毒恶"之多余性赖以形成的群众心理基础。于是，"歹毒恶"明目张胆地把其他人看成一种所谓的材料，甚至像巴甫洛夫的狗一样，被转变成人兽，只会做出机械的物理反应，所以也就顺理成章地可以被任意处理了。在其中，"其他人"作为人的道德意识、伦理关系，或是被切断，或是被取消，总之，"其他人"作为人的存在本质，变成了一堆多余的社会符号，成了一种非存在，一堆多余的木头，不再有任何作为人的资格与意义，即在他们的复数性、自为性、个性上，完全多余化了。从而可知，发端于根本恶的"歹毒恶"是想把人的复数性和差别性变成基于某种私利的同一性，从人类可理解的动机来看，它超出了人类文化传统对邪恶的理解，无法再恶化了。在人类文化传统中，邪恶可以用贪婪、好色、怨怒、损人等恶动机来表征，然而，"歹毒恶"所发生的邪恶现象，却无法用以上的动机来解释。它没有复杂的道德标准，有的只是极权主义的全面自负：如果其他人阻挡了我的私利的实现，那么我就对其他人实行无情的毁灭。"要么是一切，要么是全无"，这里，健全的人类理性面对的是"彻底的虚无"，因此，什么都可能发生的虚无主义就是"歹毒恶"本身。

如果"歹毒恶"如康德说的，"当私欲怂恿我们去行恶时，我们不仅不愿意反抗，而且完全倒向了私欲，成了私欲本身"，① 那么阿伦特认为真正可怕的，不是"歹毒恶"本身，而是当"歹毒恶"来临时，人们不愿意抑制、不愿意克制。人性中这种不愿意抑制、不愿意克制恶行的理性倾向，才是真正的"歹毒"。② 因此，"歹毒恶"之发源就在于人们拥有绝对自由意志，却不愿意抑制、不愿意克制，康德给出了三方面原因。③

第一，意志力过分脆弱，非常软弱无力、不坚定。所谓"我所愿意的，我并不做"。

第二，人心过度不纯，私心杂念处于绝对的自我中心。

第三，人心的完全恶劣，故意纵容地将私欲凌驾于道德准则之上，甚至放大这种私欲，任其肆意泛滥。

前两种称为"无意歹毒恶"，后一种称为"蓄意歹毒恶"。当现代社会人的自私嬗变为合理、合法、合情的个人事业时，精致的利己主义会用自我隐蔽、自欺和虚诈等各种形式进行伪装，最起码假装成符合道德动机的"现象的德性"，但是这种伪装正是各种歹毒恶的温床。因此可以说，在现

---

① ［德］康德. 康德道德哲学文集：注释版上卷［M］. 李秋零，译. 北京：中国人民大学出版社，2016：257.

② 涂文娟. 政治及其公共性：阿伦特政治伦理研究［M］. 北京：中国社会科学出版社，2009：163.

③ ［德］康德. 康德道德哲学文集：注释版上卷［M］. 李秋零，译. 北京：中国人民大学出版社，2016：260.

代社会,无论是"无意歹毒恶",还是"蓄意歹毒恶",就蛰伏在每个现代人的内心深处,蓄势待发地充满了强烈的表现欲,就表现在每个现代人看似庸庸无禄的平庸恶中。

三、平庸恶

在奥斯威辛中,阿伦特发现实施"歹毒恶"的人本身看上去并不是恶魔。她形容艾希曼普通得不能再普通,过着平凡的生活,是一个好丈夫和好父亲,甚至是温文尔雅的绅士、遵纪守法的好公民,他不是来自另一世界的妖魔鬼怪,而是我们所熟悉的周围世界中的熟人,现代社会生活中,这样的人非常之多。为什么这样一个"善良"的人会在无动于衷中做出如此大规模歹毒、灭绝人性的行为?阿伦特在根本恶和更深层次里找不到答案,却在艾希曼的辩护词中找到了答案。艾希曼认为:第一,他是在执行命令,服从职务行为;第二,他是为了升职、奖金和各种好的待遇的获得。换句话说,就是他想过得好一点,这是作为人的无可指责的,基本利己本能的驱使而已。这个动机人人都有,普通得不能再普通,阿伦特认为它非常平庸,是人类社会个体总的驱使力,是每个现代人都有的生存法则。但是,就是这个法则透出的,无可指责的基于利己的本能,在艾希曼那里生出了灭绝人性的"歹毒恶"。阿伦特进一步认为,这个无可指责的基于利己的本能,渗透在普通人庸庸碌碌的日常生活中,生成的就是平庸恶。①

平庸恶由人的"平庸"造成,它在根底上无作恶动机、无伤害他人之意愿、无侵犯的企图,是因在某一时刻、某一事上的不知、无思、乱思的平庸特性造成的鲁莽、粗心犯下的恶,又可称为"恶的平庸性"。如美国心理学家斯蒂芬·平克(Steven Pinker)所言:"它就是我们道德标尺的些小偏差与自欺",从而致使"我们认知上和情感上出现了小缺陷"所产生

---

① [美]汉娜·阿伦特. 反抗平庸之恶(责任与判断)[M]. 陈联营,译. 上海:上海人民出版社,2014:257.

的恶，这种恶就是平庸恶。① 它不根植于任何意识形态，能够不受限制地扩散到全世界每一个人，是一个人受多少无私的教育都无法克服的自我中心化的必然体现，是人性无法克服的一种与生俱来的弱点。因此，人们对于施行这种"恶"的人，充满着怨恨但不责怪其良心。可能有好多原因导致这种恶，诸如缺乏预见性、经验不足、知识狭窄、一时冲动等，会在生活中带来一系列灾害，如忘关煤气引起的火灾；父母对孩子的溺爱和放任；一句玩笑带来的官司；一个疏忽产生的医疗事故等，社会各个领域如学校、矿山、机关、公司、社区以至于生活的每个角落，都或大或小发生着这样的灾害，这些灾害大多是个体的"平庸"特性造成的，要么是偏见，要么是贪婪，要么是冷漠，要么是沉默……

这些特性"无伤大雅"，却渗透在日常生活中人们循规蹈矩的陈词滥调里，渗透在人们对所处现实的麻木不仁中，它无法定罪，却可以定恶，这就是平庸恶，是一种早已存在，却并不为人重视的"恶"。用弗洛伊德的理论解析就是，它在人们生活的一切中，以被压抑的形态无处不在地存在着，并总是有强烈表达自己的渴望，渴望利己的本能实现，是其所是的某种现实的价值。整个过程的动机平平常常，人人都有，人人都懂，每个人每时每刻都在面对它，看上去很肤浅、很空洞。其受制于私欲，在日常生活中都在盘算自己的好处，都在设想自己如何争取更多的舒适，都在关心自己的感受、情绪、心境，等等。这样，由愚蠢幼稚的虚荣、无妄猜测的轻浮、孤僻阴暗的臆想，交织成了普通人非理性的隐秘心灵，形成了一只生活世界"看不见的手"，每个人服务于自身这种基于利己本能的心灵状态就是"平庸恶"。它轻易控制了人的理性，不能把自己的精神引导到公共范围中，却将个人的私性直接扩展为公共生活的道德准则，使公共生活的道德准则走向了否定公共正义的反道德主义，致使在公共利益面前，滥用私人理性，个人利益不懂得约束、妥协和让步，把个人凌驾于社会之

---

① ［美］斯蒂芬·平克. 人性中的善良天使——暴力为什么会减少？［M］. 安雯，译. 北京：中信出版社，2015：655.

上，从个人私性去理解社会盛行。用卡夫卡（Franz Kafka）的隐喻就是，"每个人心中都有一个阿基米德支点"，都想通过这个支点撬动整个地球。

阿伦特反复强调，平庸恶产生的根源就是现代人的"无思"。涂尔干认为，人类通过生成共同意识、共同规范，进入了文明的有机社会，因此，每个人是通过接受共同意识、共同规范而成为文明社会的一员，已经成为一种习惯化的生存策略。① 也就是，人们淡化甚至丧失了审视、怀疑与否定的能力，不假思索地接受社会普遍的共同意识、共同规范，是一种社会达尔文化主义者的生存策略。正是这种策略，使得平庸恶在现代社会被源源不断地生产出来。因为在一个基于公有意识的共同意识、共同规范主导下，人们会普遍地收敛自身的私人意识，以公有的大公无私为生存策略。相反，在一个基于私有意识的共同意识、共同规范主导下，人们会普遍地加剧放纵自身的私人意识，以自私自利为生存策略。而现代社会就是这样一个私有意识占主导的共同意识、共同规范的社会。

第四节　"善""恶"之古代与现代

黑格尔认为，恶的根据就是人类存在的根据，是人和其他动物质的区别的根据。它在人身上以"树形"模式存在着，其树根是根本恶，枝叶是平庸恶，树冠是歹毒恶。根本恶提供着大树的原始养分，平庸恶彰显着大树的勃勃生机，歹毒恶预示着大树的更新换代。人类数千年的文明史，始终围绕着这三种恶在展开，但是为什么唯独现代社会，被称为"有恶世界"，而古代社会却是"有善世界"？

---

① ［法］埃米尔·涂尔干. 道德教育［M］. 陈光金，译. 上海：上海人民出版社，2006：61.

一、古代社会之"有善世界"

简单讲，区分古代、现代的标准是以人的地位的凸显为标志的。

古代农业社会是以来自天地的自然生产力之土地、山川、水源为根本，尤其是中国古代社会更是如此。无论是"耕—耙—锄"的耕作体系，还是驯化、畜牧的六畜兴旺，都是水、土、生（生物）三位一体，农业耕种生态观的体现。在它的推动下，古代农业社会出现了大规模分工。孔子认为，社会分工大规模形成以后，人们得以"修己安位，各守本分，奸怪之属莫不反悫"（《论语·阳货》），人们有了向善的物质和精神的可能性。孟子进一步认为，"分工之余，民知其能，知其所不能，以不能易能，善待者也"（《孟子·滕文公上》）。这也是他提出"性本善"的直接物质基础。而先秦政治家十分重视从事农业对纯化人性、塑造善性的作用，并积极利用其为政治服务。商鞅强调："圣人知治国之要，故令民归心于农。归心于农，则民朴而可正也，纷纷则易使也，信可以守战也。"① 晏子说："古先圣王之所以导其民者，先务于农。民农则朴，朴则易用，易用则边境安，主位尊。"② 进一步地，《国语·鲁语》认为，"夫民劳则思，思则善心生；逸则淫，淫则忘善，忘善则恶心生"，"民劳于事，则思俭约，故善心生也"。贫瘠的土地上人们必须辛勤劳作才有收获，知晓收获之艰难，所以时时注意节俭，因此善心就产生了。这一思想源于周公，周公说："惟曰我民迪小子惟土物爱，厥心臧。"③ 周公认为，一个爱惜粮食的人的内心是善良的。孔子在《论语·述而》明确提倡节俭的道德风尚："奢者不孙（逊），俭则固，与其不孙者，宁也固。"这一思想贯穿了整个封建社会的始终。可知，"俭，德之共也；侈，恶之大也"。提倡节俭、反对奢侈的珍惜财物、精打细算、不浪费等善性，成为黜奢崇俭的主要内容，被古

---

① 张岱年. 中国哲学大纲［M］. 南京：江苏教育出版社，2005：44-45.
② 张岱年. 中国哲学大纲［M］. 南京：江苏教育出版社，2005：44-45.
③ 张岱年. 中国哲学大纲［M］. 南京：江苏教育出版社，2005：24.

代农业社会普遍接受，不仅是人们家庭日常生活中运行的准则，也是重要的治国之道。

更为重要的是，基于默奢崇俭的善性，不仅是自然经济条件下的消费伦理，也是落后生产力条件下的生产伦理。首先，因为只有精打细算、量力而行，才能维持家庭生计，才能有利于人们保有一定的积蓄，以在失地、战争、灾荒之时抵御生存的风险，所以节俭、安贫乐道的善性成了古代社会必然的选择和唯一的出路。其次，农民就在自然当中耕作，自然界的某些规律，例如季节交替、动植物生长与死亡、地震山洪等的感受，必然对他们日常生活起着潜移默化的作用，自觉不自觉地引发出一种对人生的感怀，人生短暂，"人生一世，草木一秋"。要珍惜生命，要善待自己，要善待他人。他们在自然的"圈"中，自发地悟出了天道的核心——"德"，"德"的核心——"善"。再次，这种善性为统治阶级"抑商"维稳，增加社会物资储蓄，维持国家财政收支平衡，巩固等级制度不乱，提供了精神保证。最后，儒家文化成为主导之后，它倡导的基于默奢崇俭的善性，伴随着世袭制、宗法制、分封制等政治伦理的发展，逐渐成为指导社会生活的道德规则。不仅成为修身养性的伦理根源，也普遍化为了一种无处不在的社会舆论，监督评判着人们的品质德性。

中国古代农业生产是在"天""地"构成的非常复杂的农业环境中展开的，这使得人们有经验感悟之能，却无规律掌控之力。也就是人们在数百年经历中，汇总了天地运行的无数经验，但这些经验始终停留在感性层面，在理性的理论提升、规律把握方面没有实质性进展，所谓"知其然不知其所以然"。这使得"天""地"始终蒙着神秘面纱，它们被称为"魅"。人们认为，"天""地"里面存在着一股深不可测的、为人类所认识不了的，却可以控制人类的力量，人们对这股力量的恐惧、敬畏、虔信，就是古代农业社会特有的对天地的附魅。这种附魅典型的莫过于中国人的"天人合一"，它以生活禁忌、乡规民俗、礼仪习惯等方式，被表征在古代社会生活的各个方面，最突出的就是农业生产中的技术附魅。古人在农业生产中偶然发现了一种技术，既不知其因，也不知其果，且很粗糙，随着经验累积，技术开始完善，形成了一个特殊的阶层——工匠。但是，工匠的技术仍然没有任何有意识的理论研究，技艺和掌握它的匠人不可分离，生产技术和它生产的产品不可分离，这使得该技术处处显示着神秘甚至诡秘。结果就是，人们认为这是上天的恩赐，是某种神秘力量的产物，要懂得爱护珍惜并善待它。古代农业社会从技术附魅开始，直到日常生活的点点滴滴，到处都有附魅的影子，以致人们的一切道德行为都在某种神秘力量的主导下追求自我完善。

这就是道德附魅。道德面临的必然难题是：社会利益与个人利益的冲突。在古代社会，解决这一问题的根本途径就是附魅。即将道德与某种神秘力量联系起来，大大增强道德所代表的集体的力量，极力削弱个体私人的力量，最终协助社会需求压制和战胜个人需求。具体在"魅"的源头上，来自天地，尤其是天的博大、无私、广怀，成为人们的一种道德标准。达到标准就"不愧为天地所生的人"，达不到就感到羞耻，就感到同于禽兽；在内容上，天地自有天理，它是"神圣的、不朽的"，而人自有私欲，它是"世俗的、无定的"，天理被放入社会道德，私欲被归为动物欲望，于是神圣的天理轻而易举战胜了个人私欲；在动力上，天理通过一系列法制礼仪、公序良俗形成了非常强大的社会制裁机制，使人们不得不将天理内化为一种内在的道德信念机制，生成以"善良情感"为基础的良心机制，这一机制强大到足以扼杀一切个人利益的冲动。

应该说，古代社会之"有善世界"的生成，是低下的农业生产力导致的对天地进行道德附魅的必然结果。按照黑格尔的观点，人由于有了恶这一独特性，才使自己和其他动物有了质的区别，那么人应该在天地之间尽情地表现他的这种独特性，才是他的本意。但是古代社会，人类赖以生存的生产力太低了，一切生存资料都必须从自然直接索取，致使那个想远离自然、逃离自然，准备"为所欲为"的"恶"的心灵，被强烈地压制起来，不得不与自然保持很近的距离，以更方便地从自然索取生存的一切物质资料。所以古代社会，人类的生存发展一直在不得不对天地的屈服中、妥协中，很无奈地依附于、依赖于天地，在天地面前不得不以奴仆自居。这必然使得天地有何性，作为奴仆的人就有何性。那么天地有何性呢？惠施说："泛爱万物，天地一体。"天养万物而无悔，地载万物而无私，是故《周易·系辞下》说："天地之大德曰生。"即"天、地、生一体"，生什么呢？惠施又说："夫稼，为之者人也，生之者地也，养之者天也。"① 可知，天地无私无悔地在通过农耕生产，生养"人"。于是，"天、地、生一体"即是"天、地、人一体"，无私无悔地生养、滋养、辅养人，这就是天地的性，也就是天地的大德，即善。古人作为天地的奴仆，与天地同源同质、生死相依，就必然融入、渗入这种善性，并成了古代社会占据统治地位的主导价值观。然而，整个过程都是以人独特性的恶完全被压制、被管制、被控制为前提的。

根本恶被自我压抑：在神秘力量帮助下，人们很轻松地会把道德动机作为第一选择，两者之间的先后顺序不会轻易再被颠倒，致使根本恶在整个古代社会必然几乎处于休眠状态。

平庸恶被他人抑制：在"非礼勿动、非礼勿视、非礼勿听、非礼勿言"的社会舆论和民俗风气所产生的无处不在的社会强迫中，人们变得很克制、很节制，平庸恶也就在这个体系中，习惯性地处于引而不发、隐忍不发的蛰伏状态。

歹毒恶被群体泯灭："歹毒恶"是根本恶与极权主义相结合后，由平庸恶转化而来的产物。因此，当平庸恶在礼义廉耻中不得被不克制时，歹毒恶必然也会在群体的压抑中被泯灭。

总之，古代社会之"有善世界"的生成，是人类很不情愿、很无奈的结果。因为它使人类最独特的"恶"，在古代社会之"有善世界"的一片虚饰中被伪装着，荀子所谓化性起伪，伪起而生礼义，礼义生而制法度，无不在说，这种伪装可学而能、可事而成。但是荀子又说，"此之性非彼

---

① 夏纬瑛.《管子》地员篇校释［M］.北京：中华书局，1958：67.

之性，其心以伪，其性未易"（《性恶》），伪装起来的善，内核还是恶。进入现代社会，包装恶的这层层伪装，几乎被剥夺得一干二净，每个人都成了独特的"恶"人。

二、现代社会之"有恶世界"

进入现代社会，资本成为建构社会的核心机制。马克思说，"资本来到世间，从头到脚，每个毛孔都滴着血和肮脏的东西"，"它为了百分之五十的利润就会铤而走险，有了百分之百的利润就敢践踏人间一切法律，有了百分之三百的利润就敢冒上绞刑架的危险"。这深刻阐明了现代社会的动力机制是以我行我素、毫无顾忌的恶的充分展开为根基的。从原始积累的奴役、掠夺、杀戮，到产业革命的雇佣、剥夺、压榨，直到生态伦理危机、文化殖民主义等，无不彰显着渗透着资本的机器大工业对古代社会的"善"进行的180度的大转折，"魅"的神秘完全被祛除，人类抛弃了神圣化，进入现代社会的世俗化进程。马克思说，在这一进程中，人找到并实现着自己的独特力量，那就是"恶"，而这一进程的源头就是资本。

（一）有恶世界形成的物质基础

1. 资本的逻辑

马克思认为人类社会的发展就是，除了自己的劳动力之外，一无所有的人为物的所有者做奴隶的过程。① 而资本把这一情形发展到了极致。资本是通过追求价值增值为本质特征的，按照资本逻辑运行的货币形式。所谓资本逻辑，就是指占支配地位的资本，制定、调控、决定着现代社会的一切关系。

它首先表现为一种不断要超出自己量的界限的，无止境、无限制的欲望过程。在强烈的大规模扩大生产的内在冲动下，资本完全嬗变为了自我

---

① ［美］威廉·麦克布莱德. 马克思哲学论恶［J］. 华中师范大学学报（人文社会科学版），2015（4）.

扩张的"大写的主体"，在"购买""吞噬"活劳动——工人的过程中，获得了持续繁衍自身价值的创造性力量，生成了资本以小博大、以少取多、以弱赚强的，夺取、牟取、掠取新价值的本性。从此，其"活着"的全部人生乐趣就在于增殖、繁殖、扩张自身的价值，以追求价值最大化、利益最大化为终极归宿，这也是资本生命力得以延续的唯一目的。

其次，资本是一种是以物为中介的，属于一定历史形态的社会关系。这个物看起来是货币，但是马克思认为，这么理解资本是荒唐可笑的。因为只有当货币被用来充当剥削、奴役和统治工人的手段时，才成为资本。这些手段包括延长工作日、提高劳动程度、密集填满劳动时间等，以致工人的自然界限被压到了最低限度，不惜使他们的生命根源受到威胁，甚至超过一切自然界限和道德界限的临界点。于是，工人成了自己劳动对象——机器的奴隶，甚至可以说，机器大工业把工人变成了畸形物。他在自己的劳动中，"不是肯定自己，而是否定自己，不是感到幸福，而是感到不幸，不是自由地发挥自己的体力和智力，而是使自己的肉体受折磨、精神受摧残"①。因此，资本反映的就是资本家和工人之间奴役被奴役、压榨被压榨、统治被统治的一定历史形态的罪恶的社会关系。

再次，资本具有一种为了价值最大化突破一切极限的倾向性。它从来不把某一生产过程的现存形式看成和当作最后形式，永远朝着"过度"迈进。马克思认为，相对于全人类需求而言的"过度生产"是不存在的。但是，资本竞争的自发性与无序性表明，其内在包含着不顾市场限制而只顾自己私欲生产的倾向，几乎每时每刻都在发生。而过度投资是资本对剩余劳动贪求的必然反映，会使它不断超越市场界限和大众支付能力来实现私利的最大化；最突出的是它的过度压榨，从开始的体力压榨到后期的脑力压榨，"像狼一般地贪求剩余劳动"，不断突破着生命、道德、法律乃至文化极限，贪欲、贪念、贪图、贪心、贪婪地不顾一切、不顾死活、无所不用其极，是资本自私自利的最普遍形态。

① ［德］马克思．资本论：第1卷［M］．北京：人民出版社，2004：876．

最后，资本上升为现代社会支配一切的权力。在发展生产中获得的经济权力，使其内含的"贪"和"欲"，最广泛地融入了社会各领域的生产中。政治领域的权力生产、文化领域的思想生产、艺术领域的个性生产等，统统被整合在为资本增值服务的"中轴"上，形成了基于资本增值的政治架构、文化架构、人生架构，进而通过哲学、艺术、文学等形式，将资本增值内含的"贪"和"欲"作为讴歌现实的普遍标准，赋予了它们永恒的持久性、必然的合法性、注定的合理性，像一束"普照的光"，对现代人精神实现了全面的宰制与渗透。① 尤为关键的是，宗教开始为资本增值，进行了合时宜的自我嬗变，新教伦理倡导，合理地扩张私利、合法地追逐财富，宣喻"为信仰而发财""为信仰而致富"，换句话就是"为信仰而贪""为信仰而欲"，直至"为信仰而恶"，这些形成了现代社会一股强大的、有决定性影响的实践力量——"意识形态"，以舆论、风气、时尚的社会心理铸造成了每个现代人的核心价值观乃至终极信仰：基于"贪""欲"的"恶性"是一种至善。

2. 机器的品性

在马克思那里，资本和大机器生产是现代社会正常运转的双胞胎。尤其是大机器生产形成了真正的、完全属于人独有的"自然界"。

马克思认为，机器作为一种超自然人工物，其显现的持续的迅猛之力，比过去一切世代创造的全部生产力的总和还要多、还要大。古代社会手工工具只不过是改变了形态的人的器官投影，而机器则是转化为工业过程的自然过程。其最神奇之处就是，把生产过程分解为各个阶段，并且应用力学、物理、化学原理，把自然资源内含的自然力直接转化为生产力，从而数十成百倍地提高了人类劳动生产率，史无前例地使人类克服了操作上、力量上、机能上的生理极限、心理极限，极大地推动了人类从单个生产的农业文明发展到大量生产的工业文明。马克思用了"魔力、怪物"来

---

① 耿步健. 论正确理解《共产党宣言》中的消灭私有制思想 [J]. 马克思主义与现实，2009（6）.

形容机器的巨大力量，并进而指出，人的本质力量从来没有像今天这样，无所顾忌、恣肆放任地进行着自我确证。这种确证最突出的一点就是人一机"具身关系"的生成。也就是指，人把机器特性融入自身精神世界中，并借助这些特性来经历世界，由此转化为了人自身精神世界的一部分。实质就是，人不断地将人的特性赋予机器，反过来，机器特性的增强又将机器特性赋予了人类，从而导致了机器对人的全面渗透、弥漫、僭越。马克思强调，现代社会人的精神进化成果都可以从机器身上找到源头，这个源头就是机器的品性。①

机器的第一品性：较小的投入实现巨大的收益。机器代替手工劳动，形成了规模性的工业活动，古代手工劳动注重的是产品质量，而机器大生产注重的是产品数量。与手工劳动相比，它的劳动生产率呈几何级数增长，生产者几乎是在旁观状态下目睹，过去手工劳动在高强度、高密度、高技能状态下千辛万苦获得的产品，机器大生产只需几个简单动作，就像变魔术一样，成百上千地涌现出来，甚至它就像一个印钞机，只要在运转，财富就会滚滚而来，所谓"用力甚寡而见功多"。同时过去手工劳动中，工人所特有的技艺被抽象化和简单化，各种技艺性劳动被通约为工人在机器流水线上的有限操作。工人之间的差别变成了性别与年龄的自然差别，工作就是程序化、标准化、流水线化的几个动作而已。体力、脑力被大幅度节省下来，不仅解放了人的手，而且解放了人的脑，并且几乎彻底解决了人类"想得到"却"做不到"的矛盾。这时人们只需做很少的事，源源不断的私欲就能获得满足。

机器的第二品性：习惯性地超越一切自然极限、生理极限、心理极限。追求更快、更高、更强几乎是机器的圭臬，它从来不把现实的一切既有生产方式作为最后的生产形式。在它眼里永远没有最后，只有下一个，一项工艺的界限就是下一项工艺开始的起点。于是，在机器面前自然是没有界限的，自然中一切客观资源，没有什么不可以进入机器，而自然中一

---

① 王华英. 历史发生学视域下的马克思技术思想 [J]. 自然辩证法研究, 2008 (2).

切客观资源给机器带来的障碍都提供了一种警示，那就是要通过更好的技术，发明更好的机器来克服、超越这些障碍。应该说，技术就是机器的孪生兄弟，它是资本唤起了科学和自然界相结合的产物，也是机器的权力制约形式。因此，资本家对技术的饥渴，几乎到了妄想与幻觉的地步，由此，榨干技术人员的每一个脑细胞，就成了资本家的神圣使命。机器的更新换代从此在技术人员身心极限的临界点附近日夜徘徊，成为证明人"活着"的异化价值。进而这种异化价值在机器大生产中，建构了新的价值观，那就是人的任何能力在庞大机器面前如此微不足道，是如此渺小、无限小的一股力量。当机器日夜运转，而人早已疲惫不堪，甚至心神不定、心智混乱时，这种感觉尤其强烈和刺心，于是没有界限的机器，直接复制出了没有界限的人类心灵，人的私性、私欲、私心从此开始向无限迈进，欲望开始了无止境的自我追求。

机器的第三品性：非人化。无论多么高级的机器，都是人类器官的延伸，它只展现了人类器官的功能，却没有展现人类器官的心灵意识，因此机器是"去心灵化"的超人类。而心灵是人类情感、价值、尊严等的栖息之地，这些构成了人主体性存在的全部内涵。而随着机器设计得越来越精巧，功能越来越强大，人类引以为荣的各种才能、技艺，被唾弃般地扔进了垃圾堆，必然的专属人的情感、价值、尊严也被扔进了垃圾堆，人和人之间的辨别和牲畜一样，只有性别和年龄的自然区别，连最后一块遮羞布——隐私也在流水线上被扔弃。同时一切不堪劳动的老弱病残，统统走上了生产第一线，人类的伦理道德在它冷冰冰的日夜运转面前以及无与伦比的设计面前，非常卑微可怜，不值一提。所以，机器大生产的实质在于，劳动者通过丧失其作为人的高级人性为代价而提高了劳动生产率，从此也使自己成了机械的人、多余的人和过时的人。机器这种非人化存在方式，被视为一种"机器文化"，反过来成了压抑、束缚和否定人性的本质力量，不利于人类生存和发展的一种异己性力量。它不但不是"为我"的，反而是"反我"的，人的主体性逐渐淡化和丧失，机器从此走上了一条目中无人的异化之路，于是人类的高级需要渐渐没有了，只剩下围绕私欲的一系列低级需要。

3. 市民社会的德性

自 19 世纪以来，机器大生产带来的异常丰富的商品交换，使得市场成了现代社会物质资源运行的公共平台。工人依赖市场出卖劳动力，资本家依赖市场购买劳动力，农民、手工业者依赖市场向工人转化等，人对市场的绝对依赖，使得它倡导的交换关系和买卖关系成为现代社会的"存在真理"。一切人都在这个市场中进行买卖，每个人都只关心自己能否获得更多的利，是否吃亏，可否有更多的利益上升空间等，这样，人们在这种只关心个人利益的互动中，形成了一个巨大的利益共同体，它就是"市民社会"。概括讲，所谓"市民社会"就是在现代资本主义的生产、交换、消费中，通过保障每个人私有财产的法律制度所建构的维护私人利益的外部秩序中，建立起来的一个城市生活与商业活动高度结合的共同体。现代社会就是现代市民社会，它是资本逻辑、机器大生产、市场经济三者结合的产物。这个社会由理性自利的个人组成，维系他们交往的中介是在分工基础上所形成的以理性计较的自利本性为基础的利益交换体系。黑格尔给出了这个体系的两个原则和三个环节。①

第一，自利原则。满足自身的私利，获取满足私利的手段，是市民社会每个人的目的。

第二，社会原则，个人劳动在交换中变成社会劳动，同时自己变成了社会人。

三个环节包括需要体系、司法警察体系、同业公会体系。

市民社会的核心就是第一环节。因为机器大生产已让每个人非常充分地意识到了基于私性、私欲、私心的各种需要，人在社会交换的过程中，不仅得到了社会的承认与保护，而且得到了社会的鼓励和鞭策。因此，市

---

① 陈浩. 从国家向市民社会的复归——黑格尔哲学视野下的《论犹太人问题》［J］. 清华大学学报（哲学社会科学版），2017（4）.

民社会是"个人私利的战场""一切人反对一切人的战场"，是"私人利益跟公共事务冲突的舞台"，以及"它们二者共同跟国家的最高伦理制度冲突的舞台"。

市民社会既然是私性、私欲、私心受到高度肯定和重视并形成体系的社会结构，那么基于利己性、孤立性、特殊性的"私人"，就是市民社会最普遍的人。他们通过物化的形式，像动物本能那样，没有节制、没有尺度地扩张自己的私欲。最后的结局必然是一种自私本能的全面释放，进入恶的无限中。马克思说："现实的人就是现代国家制度中远离'公意'的私人，甚至是恶人。"① 因为，他们被现代国家夺去了自己共同的普遍意志，从而只能沦为利己的个人，也只有不尽的欲求和利己主义，才能让他们感到自身存在的人的价值。于是他们把个人主义原则奉为圭臬，把个人的存在奉为最终目的，而一切与他人的关系都视为手段而已。在《论犹太人问题》中，马克思将市民社会这种视界称为"犹太精神"。这股精神孕育了现代社会以外在的契约关系来满足自己私欲的自利主义者，在金钱的任性面前一切"魅"都要退位。从此，代替宗教权威和政治统治普遍关系的是作为对象的金钱对人的统治，个人那些属于主体的东西，诸如思想、情感以及伦理道德，在追逐利益的快感中，完全屈服于、臣服于世俗化、对象化的存在物——金钱，并把它们当成了主体本质。于是人们有了尽情释放自己的独特性——恶的物质基础，谓之"人应享有人该享有的一切"，这几乎成了现代人的共同集体意识。

（二）有恶世界"恶性"的生成机制

1. 资本、机器的必生机制

资本逻辑运行下的机器大生产导致复杂劳动为简单劳动所代替，使得现代人心安理得地依赖机器，懈怠、懒惰之心的萌生几乎是必然的。于是，一切深刻的东西开始土崩瓦解，追求一种舒服、安乐甚至不劳而获的

---

① 马克思，恩格斯. 德意志意识形态 [M]. 北京：人民出版社，2003：176.

生活也是必然的，这是机器"用力甚寡而见功多"品性的直接映射。所谓"逸则贪、贪则淫，淫则忘善，忘善则恶心生"。庄子认为："有机械者必有机事，有机事者必有机心。存于胸中，则纯白不备，纯白不备，则神生不定；神生不定者，道之所不载也。"《庄子·天地篇》人若追求机巧的机械，必会做机巧之事，做机巧之事，就会有机巧之心，所谓机巧之心即奸险、巧诈、刁猾之谓也，有了机巧之心，人的心灵就开始不善了，人就容易进入作恶的境地，而人心不善，则天下也就不可能善。这里，庄子不是不知道机械给人带来的好处，但那些好处与所带来的恶相比，实在是小巫见大巫，好处只是些蝇头小利，而恶却是根本性的，它破坏了德性的源头——人心，是故"奇技淫巧，典礼所禁"。古代社会的机械尚且有如此趋恶之能，何况现代机器大工业生产。它在资本麻木、冷漠、贪婪的逻辑中，促使"性恶"成了道德基础，构建成了制度化、体制化的趋恶机能，几乎彻底抛弃了人性中最根本的"性本善"。

接着，现代人逐渐丧失了对自己生活情境的抽象概括与反思，不再依据某种道德学说，或某人意志来思考自己的生活意义，而是从自己生活情境带来的各种实际感受、体验中，去肯定自己的日常生活，以此作为自己道德的发端。于是，人们对机器的第一感受性全部转化为了现代道德的源泉，"机器的品性""机器的思维"成了"人的品性""人的思维"，人变成了机器。机器的流水线生产，使人永远无法了解整体状态，这种精细化分工的机器思维，撇开事物之间总的联系，人对事物本质的思考都被支离破碎的部分、表面的表象所代替，这时现代人必然对事物本质的认识处于模糊不清的混沌状态，已经无法正确分辨善恶美丑，其中善已经没有了荣誉感，恶已经没有了羞耻感，这就为现代人突破一切道德伦理的限制、界限甚至极限奠定了坚实的心理基础。结果是，本来现代人通过机器生成了一个属于自己的世俗化天地，准备在这个小天地里彻底实现彼岸世界，实现自己成"神"的鹄的，却发现掉入了禽兽的深渊。在古代社会，看到万物生长与死亡，农民们自觉不自觉地发出一种对人生的感怀，人生短暂，要珍惜生命，要善待自己，要善待他人。而现代社会，"我即机器"，万物为我所用，万物生长与死亡为我所支配控制，只有我的生命才值得珍惜、善待，万物生命不值得珍惜、善待。在这种机器带来的极度自我中心中，政治、经济、文化、伦理的底线被层层突破，同时人生命能量的底线也被层层突破，直到逼近了死亡，现代人从来没有如此强烈地感到对死亡的恐惧。人们对死亡的恐惧不是害怕丧失意识，而是害怕丧失自我意识。由此，相比于机器的长盛不衰、日夜运转，当现代人感到自我与机器相比，是多么微不足道，力量是多么小的时候，一种自我的丧失感油然而生，一种对死亡的恐惧也油然而生，不要说在机器面前的自豪感、自信感荡然无存，甚至存在感都所剩无几。为了重新找到存在感，现代人的自我出现了双重异化，一方面，把机器节省下来的精力，在及时行乐中尽情释放，成了丧失理性和意志的"快乐的机器人"；另一方面，人的独特性——恶，也被源源不断地释放出来。

及时行乐的主要表征就是波普享乐主义观的传播。因为，持续维持资本逻辑反复运行的是消费，持续维持机器大生产可靠保证的还是消费。故此，资本家每时每刻都在两个方向上鼓励消费：其一，真实私欲的满足；其二，虚假私欲的满足。前者不必赘言，后者如马尔库塞（Herbert Marcuse）所言，是整个资本主义关系被固定下来的社会关系符码。① 简言之，资本通过广告媒体等一切公开平台，制造出种种你似乎渴望满足的欲望，这些欲望对你而言"似乎渴望""好像渴望"，甚至"臆想渴望"，但实际你既不渴望也不需要。这种策略通过极具煽动性的媒体刺激，在不知不觉中，点点滴滴渗入日常生活，改变着现代人的价值观念，一步步松弛着他们对私欲高度管控的神经。于是，消费主义就开始混淆需要和私欲的区别，极力推动私欲满足代替需要满足，作为一种新的文化情绪，在现代人中流行，这使消费主义第一次有了文化创造者的身份，即刻去兑现"当

---

① ［德］马尔库塞. 单向度的人［M］. 刘继，译. 上海：上海译文出版社，1989：76-77.

下性"的感官满足。进一步地，借助大众美学的推波助澜，消费主义携带的文化信息，嬗变为了消费美学，从而使得现代享乐主义思潮，在大众中传播、流行，并根深蒂固。

康德说："判别某一对象是美或不美，联系于主体的就是快感和不快感。鉴赏判断的不是知识判断，而是主观最表面的感受。"① 可知，审美是人性感性的自然流露，它不是在限制私欲，而是在怂恿和放纵私欲。于是，消费文化对消费之美的追求，就成了纵欲的主谋，从此唤醒了人类的感受性，并使感性主义在现代社会取得了绝对优势，极大地推动了它们追求享乐的幸福意识。从此，人生的终极意义似乎就在当下更新、更快的感官快乐建构的享乐与幸福一体化的自我体系中得以实现，并在其中寻找自己的灵魂。整个过程渗透在日常生活的每个环节，以生活美学的感性冲击力占领了现代人的精神高地，打开了日常生活内部无处不在的私欲大门，彻底地把善恶的区别交给了审美的快感，致使古代"性本善"积累的良心意识完全为现代享乐意识所取代。人们从没有像今天这样，内心私欲可以自由流动，不仅在观念上获得了空前的放纵，而且在行为上可以无拘无束，并使玩乐道德成为流行文化所依赖的价值导向。一句话，在消费主义、大众美学、消费美学、生活美学的蛊惑下，从私欲出发的"恶性"在现代社会被日益合理化、日常化、大众化了。

这不仅是市场经济条件下的消费伦理，也是机器大生产条件下的生产伦理，更是市民社会幸福条件下的生活伦理。它使资本逻辑内含的"贪欲"表征为以个人主义理想驱使人们为自己的私利而奋斗。马克思主义认为，首先，它阐明了生命就是围绕着私欲，在自我肯定、自我进取中，展现自己血肉的全部存在，伴随的是社会向前大踏步地发展了。其次，它不断激发着生产力中最活跃的因素，人的推陈出新、奋发创造，使生产力从没有像今天这样，每时每刻都在不知疲倦地变革、突破，正像亚当·斯密

---

① ［德］康德. 康德道德哲学文集：注释版上卷［M］. 李秋零，译. 北京：中国人民大学出版社，2016：573.

（Adam Smith）说的："基于私欲的创造是人类最彻底、最革命的创造，其他一切创造都充满了造作。"① 再次，它倡导的终极信仰直指财富，"为信仰而致富"的思想使现代人认识到到达彼岸世界的合法捷径就是勤奋、致富、敛财，整个过程形成了一系列现代道德品质，开拓、进取、效率、创造等已经成为现代人完成人生旅程的根本保证。最后，以尼采的观点，它明确了每个人的唯一性和不可替代性，在人群中塑造和保持了一种特立独行的创造型人格。将自己从黑暗带入光明，从而保证了自我尊严的根本，就在于自己是某种私利推动下的创造者。从此，人，基于私欲的恶性，成了生命意义的全部出发点，也是人类存在史上一个独特的、大写的纪元。

2. 科学的必然机制

科学及科学技术完成了现代对古代的僭越，也就是完成了科学对"天"和"地"的祛魅，然而完成的同时，现代人又塑造了新的附魅过程。科学内含的超过人力数百倍的自然力，像个巨兽一样吞噬着人类的渺小，冲击着人类的渺小，它的神奇、不可思议的鬼斧神工，演变成了又一层科学的神秘面纱，对科学的崇拜、膜拜使古代社会的"天人合一"，转化为现代社会的"科人合一"。"天人合一"就是天地有何性，人就有何性，"科人合一"同样是科学有何性，人就有何性。科学有何性呢？就是自私，自私就是科学的本性。

那么什么是科学？简单讲，它是人、社会、自然中，蕴含在一切事物内部的秩序和准则，而这些秩序和准则又是什么，它们是推动着人、自然、社会持续、永恒、不朽地运动下去的规律。斯宾塞（Herbert Spencer）指出，人类要追求自身的幸福，就必须掌握科学，就必须按照科学规律办事。马克思强调："现代资本主义无论是资本逻辑还是机器大生产都是遵

---

① 周辅成. 从文艺复兴到十九世纪资产阶级哲学家政治思想家有关人道主义人性论言论选辑［M］. 北京：商务印书馆，1966：117-119.

循科学规律的结果，而市民社会把这种遵循推向了极致。"① 什么是科学规律？以物理学为例，从牛顿力学起，到帕斯卡的流体力学，到能量的守恒与转换，再到麦克斯韦的电磁理论，无不渗透着"自维持、自平衡、自守恒"的准则；再以化学为例，从玻意耳定律起，到拉瓦锡的燃素说，到道尔顿的原子学说，再到门捷列夫的元素周期律，无不渗透着"自排列、自构建、自转换"的准则；再以生物学为例，从哈维的血液循环，到林耐的植物分类，到达尔文的进化论，再到孟德尔的遗传理论，无不渗透着"自循环、自演化、自繁殖"的准则。因此，所谓科学规律就是无不围绕着自我展开的，一些自我完善、自我塑造、自我建构的宇宙中的准则。那么在人和科学规律之间是一种什么关系？它们是一体的——人本身也是一个无不围绕着自我展开的，自我完善、自我塑造、自我建构的机体，那么掌握科学，按照科学规律办事就是按照科学中围绕着自我展开的，蕴含着自我完善、自我塑造、自我建构的准则办事，也就是人在自我完善、自我塑造、自我建构中，不断自我挖掘、自我提升、自我开发，使私欲不断彰显、不断迸发、不断发扬的过程。因此，在现代社会，现代人不断彰显自身私性、私欲、私心的过程，就是按照科学规律办事的过程。

马克思说科学始于人类的感性，而感性绝非自然运作的自在自我，而是对象化了的自我意识。它通过认知通道对人类感性进行思维加工升华为理论，成为科学。科学是人类主观认识对天地自然运行规律的表征方式，自然规律并不会因为人类主观认识的波动而发生丝毫变化，相反，人类主观认识却要时时刻刻追随自然规律的起伏变化进行印证。由此可知，如果把科学规律比拟为一个有血有肉的人，作为高度自主的自组织系统，极端自我的"唯我主义"是其醒目的个性特征。任何巨大的外部力量都不会使他改变他合目的性、合必然性的私性，无条件地按照他自己合目的性、合必然性的私性进行自由的演化，这是他存在价值的全部旨趣。所以，任何

---

① 李桂花. 科技的人化——对人与科技的哲学反思 [M]. 长春：吉林人民出版社，2004：56-57.

敢于阻挡它实现自己合目的性、合必然性的私性的存在，都会被施以无条件的绝对惩罚。因此，尼采说，科学就是生命基于私利的自然的自我保存、自我超越和自我扩张。① 而现代社会的"科人合一"，使科学知识内含的科学规律的私性成了现代人生命的主导。于是，现代人通过学习科学知识，大量地被融入、渗入了科学规律的这种私性，致使科学有多自私，有多大的能量，人就有多自私，人就有多大能量，也就有多大程度的恶；科学能达到什么范围，人的自私就能达到那个范围，恶也就在那个范围生根发芽。现代社会，科学无处不是处处是，无处不在处处在，于是恶也在现代社会，无处不是处处是，无处不在处处在。现代社会有恶世界的生成就是必然的。

根本恶的基础性释放：当需要在感性动机与道德动机之间做出选择时，在科学的帮助下，人们会很自信地把感性动机作为第一选择，两者之间的先后顺序会轻易地被颠倒，这样，根本恶必然在整个现代社会明显处于活跃、积极的主动状态。

平庸恶的泛滥性扩散：在科学的帮助下，每个人都觉得满足自我私欲是自己解放的必由之路，人们不再深入思考。"个体专制主义"开始随处蔓延，于是，平庸恶在现代社会中，悄无声息地随处浸透，成了一种生活哲理和生活真理。

歹毒恶的蓄势待发：歹毒恶产生于极端私欲的土壤，以一己之私，欲毁灭天下之私。这意味着基于个体专制主义的平庸恶，一旦把别人阻碍它的私欲满足产生的负性情绪，经自我暗示后扩大化、极致化，那么个体专制主义的平庸恶很容易转化为个体极权主义的歹毒恶，生成一种自恋型的极端自私人格，视周围一切人为多余。另外一种就是齐美尔强调的，现代社会的科层架构加剧了个体责任的转移、分散，促进了个体在体制内合理地无耻化，心安理得地完成歹毒恶，"因为没有一滴水觉得自己应该对洪

---

① ［德］哈贝马斯. 作为"意识形态"的技术与科学［M］. 李黎，译. 上海：学林出版社，1999：73.

水泛滥负责"。由此可知，每个现代人都是一颗随时爆发的定时炸弹。

综上，现代社会就是一个无所不在的有恶世界，那么"善"到哪里去了？由古代社会传承下来的"善"去了哪里？用现代心理学的观点，善被现代人定向性暂时遗忘了，或者称为选择性遗忘了。然而没有善，人类社会的崩溃是迟早的、必然的，如何唤起现代社会有恶世界中的善？黑格尔明确强调，只有一条路，那就是用法律、法权等公意理性，去强制性地唤起现代人被"假装遗忘"的善，把市民强制性改造为公民，① 这就是"恶的德育"的缘起，也是人的现代化的开始。

---

① 陈浩. 从国家向市民社会的复归：黑格尔哲学视野下的《论犹太人问题》[J]. 清华大学学报（哲学社会科学版），2017（4）.

第三部分

"恶的德育"概述

现代社会有恶世界实现了个人主义的意识形态化，个人得到解放的同时，社会尴尬地缺席了。涂尔干说，现代性的起点就是社会的缺席。社会的缺席就意味着，把现代人黏合在一起的善丧失了，直接后果就是，社会先是懵懂—失范，接着混乱—失序，最后崩溃—毁灭。这样，必须进行现代性"善"的重构，重建善的现代性文化体系，使社会归位。这一过程，必然伴随的是一个知恶、抑恶、化恶的"恶"的被综合否定过程，这是"恶的德育"的基本过程。如果说古代社会"善的德育"是直接扬善，那么现代社会"恶的德育"就是间接扬善，通过直接抑恶的间接扬善，整个过程就发生在现代社会的公共生活中。

第一节 公共生活

现代社会承认了每个人都是只想着自己私性的"恶人"，那么他们在一起如何相处呢？设想一下，几个这样的"恶人"相遇，彼此之间的竞争对抗几乎是不可避免的。也就是说，从根本恶衍生的平庸恶之间的非社会性对抗几乎是不可避免的，谁对谁错，谁应该让步，没有证据可以表明，这必然带来的是现代社会的价值相对主义。若任这些只想着自己"私性"的"恶人"无休止地对抗下去，社会的一片混乱、所有人的同归于尽、现

代社会被毁灭是必然的。于是，在形而上学体系中，原本"不真实"的
"恶的世界"，成了现代道德真实感受的源头，现代社会不得不把基于"存
我"的"合理利己主义"当作一种社会秩序的生活基础奠基起来。正如科
耶夫（Alexandre Kojève）说的，"一切人对一切人的斗争"就变成了"争
取相互承认的斗争"，① 承认双方共同具有的"恶性"，这是现代"恶"的
德育的逻辑起点。"相互承认"就成为现代社会有恶世界最普遍的自由意
志，即康德说的，每个行为者的自由能够与任何他人的自由按照一条普遍
的法则并行不悖。② 这个追求相互承认的过程被称为现代社会的公共生活，
相互承认发生的社会环境被称为现代社会的公共空间，而相互承认赖以发
生的主观意识流，被称为现代人的公共理性，现代人运用公共理性而进行
的相互承认的言语、行为、价值观，被称为现代人的公共品质，它彰显的
是现代社会公共生活的"公共善"。这是现代社会有恶世界得以正常运行
的根本，也是公共生活抑制、转化恶性的根本。

哈贝马斯说，只有当一个人张开双臂拥抱现代社会的公共生活时，他
才成为一个现代人。③ 现代公共生活建立的起点，就是"私人领域"与
"公共领域"的严格区分。应该认为，以家庭、亲人、朋友之情绪情感为
纽带的人际交往空间，被称为"私人领域"，除此之外的人际交往空间都
是"公共领域"，主要指现代社会特有的陌生人社会。个体在私人领域所
进行的围绕着私人善所进行的实践活动，就是私人生活，一种"私性"可
以充分表达的社会生活。个体在公共领域所进行的围绕着公共善所进行的
实践活动，就是公共生活，一种"公意"可以充分表达的社会生活。它是
一种现代人通过理性规则，努力发生、发展、发扬公共善，持续、稳定、
长期地抑制内心之恶的群体交互性活动。正是这种私人生活与公共生活的

---

① ［英］鲍曼. 通过社会学去思考 ［M］. 北京：社会科学文献出版社，2002：144-
145.
② ［德］康德. 康德道德哲学文集：注释版上卷 ［M］. 李秋零，译. 北京：中国人民
大学出版社，2016：294.
③ 陈智. 哈贝马斯科学技术意识形态论探析 ［J］. 自然辩证法研究，2006（11）.

分离，才使现代社会善的文化体系的重建有了可能，重新指向了一种公序良俗。因为现代人都是一个个原子存在，黑格尔认为，这些原子不能做简单的集合并列，它们都彰显着自己的独特性——恶性，所以无法产生出被称为"人类精神"——"善"的东西。① 必须把每个原子进行有机化、有序化的实体伦理的重建，实现单物和普遍物的统一，实现一个个独特恶在公共善的整合后的升华，从而保证现代人的个人专制向集体的民主共存转变，从失范走向有序。其中的公共性意味着，任何在公开生活出现的东西能被所有人看到、听到，"恶"具有最大限度的开放性、公示性、公布性。因此，推动公共生活构建的第一关键就是，所有"恶人"必须共同在场，大家为了一个目的而奋斗，那就是共在、共存、共生，最后达到人与人共享的现实，可分为三个阶段。

第一阶段，对"他者"的发现。现代人都有强烈的"自我感"，黑格尔干脆把"自我感"就认作"恶感"。② 现代心理学认为，自我就是私欲的整合体。现代生活就是无数个自我释放自己私欲时的相互作用。但是，每个自我在释放私欲时必然受到别人私欲的阻碍。初始阶段，他会不顾一切地扫除障碍。后来发现，别人的私欲并不会因他的不顾一切而有所消除，相反，会以同样的不顾一切与他相对抗，以争取自己私欲的释放。于是，他必然陷入"自我中心困境"，就是在内心深处不承认别人私欲的存在，总是要将别人的私欲吞噬掉又吞噬不掉的困境。这样他所感觉、所思考、所论及的事物，都在这种困境中挣扎，必然导致陷入"个人极权主义"的歹毒恶，这是他无法承担的后果。这样，他不得不无奈承认，别人与他一样，是个充满私欲的自我存在，他人作为"共在他者"被发现了，这种发现带来的好处是，根本恶的根本对立被淡化，现代人恶性之间共在的实现有了可能。进一步地，在这种发现中，他人私欲被纳入责任视域中，形成了"恶人"与"恶人"之间相互佐证、相互证成、相互支撑的互

---

① 李玉娟，曹清波. 黑格尔的"恶动力说"正解 [J]. 前沿，2005 (6).
② 李玉娟，曹清波. 黑格尔的"恶动力说"正解 [J]. 前沿，2005 (6).

为平台。在这个平台上，他人私欲作为一种常态化存在，已经从隐匿的困境中被凸显出来，于是，基于"公共善"的打压、转化恶性的公共生活彻底拉开了帷幕。

第二阶段，公共善的创设和维护。所谓公共善，就是反映现代社会所有人之间，公约或通约利益的精神品质，又称为价值公约数，由低到高包括初善、一般善、至善、终极善。它的生成是被迫的，是现代人在契约的压力下，不得已而为之。因为对"共在他者"的发现，意味着一种相互间巨大的心理恐惧笼罩在每一个现代人心头，为了保全各自私利，甚至生命，现代人不得不在相互交流、承认的基础上，签订一个共存、共生的契约，内含一系列彰显着公共善的各种条款，所以，从传统到现代的转型就是"从身份到契约"的转型。它的目的就是最大限度地实现每个现代人的"私性"，不在他们人际交往中孕育潜在的冲突，而且能够最大限度地平息他们现实的冲突，这是公共生活的基本要求。于是，在国家法律、公司章程、社区守则、学校纪律等为代表的各种契约中，反复宣扬着一系列表征公共善的品质，包括宽容、尊重、平等、责任、公平、正义，等等。其目的是通过这些德目，在多元价值冲突中，悬置现代人心中的"恶质"；在同情意识纽带下，消融现代人心中的"恶性"；在整体利益的可持续性中，化解现代人心中的"恶心"；在人性的伦理共通性中，解构现代人最现实的"恶行"。这样，在公共善的黏合下，现代人的"恶人"群体转化为了现代人的"善人"集体，公共善由此成了贯穿公共生活始终的黏合机制。而立足公共生活，养成具有公共理性的"现代公共人"，就成了"恶的德育"的归宿，它的鹄的就是使公共善发扬光大。

第三阶段，民主平等的公共领域的生成。进入公共生活后，现代人在契约规则下，开始学会跳出自我私利的视野，关注他人利益的实现，这使得人们对公共福祉的关注构成了公共生活最重要的内容。这就是每个现代人要在一系列公共事务的参与中，努力淡化、克制甚至排除心中的私心，强烈弱化追求中的私利，学会如何合理使用公共资源。有限的公共产品如何落实到每个人，基本服务的共享如何渗透到公共生活每个角落中，公共空间打造与维护如何良序化等，这些都是公共生活的基本运行模式。它需要每个现代人，在"民主、平等"的情怀中关注他人，在有序的讨论、协商中达到公共善的重叠共识，以此促动他们公共情感、公共理性、公共精神的逐渐养成，有效抑制他们心中恶性的蠢蠢欲动，达到发扬公共"善"的社会责任。这走的是一条理性规则强制下"私人"被唤醒，并朝向"自省""自治""自律"的"公人"转化的自我抑恶之路。所以，现代人就是在不断的公共领域化中，通过公共善弱化自己的恶性，压制自己的恶心，克制自己的恶意，生成的一个"现代主体"。从此，现代社会的公共领域化在公共生活与私人生活的分离中，在社会生活与公共生活的重合中，完成了对恶的程序化抑制，公共善随之自然而然地被普世化，这是现代公共生活的实质，也是"恶"的德育的实质。

这意味着，个体在丧失掉古人身份的社会场之后，获得了现代契约身份的社会场。其中现代人丧失的是他对一切东西都想占有的那种无限的恶意，他获得的是他对所享有的一切东西巨大的理性处分、支配的善意，公共生活为这一过程提供了直接平台。在这里，现代人的私性，从非理性满足产生的恶通向了理性接受、认可褒扬的善，这也是"恶"的德育发源、发生、发展、发扬的基本过程，其由低到高分为四个阶段：底线德育——压制歹毒恶，陌生人德育——克制平庸恶，超越性德育——掩蔽根本恶，终极性德育——升华根本恶。如果说古代社会善的德育是因为"天养万物"，人们感天地之恩德，而效法天地，那么现代社会"恶"的德育是因为"公共生活在养万物"，是无数个"他人"构成的公共生活在养万物，也包括你。于是人们感公共生活之恩德，而效法公共生活中，理性"抑恶"的强大功能不得不接受"恶"的德育中理智德性的塑造。因此，公共生活不仅是"恶"的德育的起点，也是"恶"的德育的终点，更是"恶"的德育的自然根基。

第二节　底线德育——遏制歹毒恶

底线德育是塑造底线道德的过程，什么是底线道德？有学者认为，就是每个社会成员必须自觉遵守的最低限度的道德规范。所谓你可以做不到舍己为人，但不能损人利己；你攀升不到人类道德的最高境界，但必须坚守道德的底线，因为那是人类道德的最后屏障。什么是人类道德的最后屏障？作为有恶世界的现代社会，私性四处蔓延、毫无止境，随时冲击着各种道德边界，每时都可能突破着各种道德临界点，边界、临界点之外是什么呢？是禽兽，是非人。也就是说，人类几百万年进化的文明成果——人性将在这些冲击中，毁于一旦，兽性将汹涌爆发，社会生活将变成杂处而交的兽类生活，人类将返祖成兽类。因此，私性在现代社会有其合理的一面，但必须爆发到人和禽兽交界处为止，不能再向前越过一丝一毫，迈过这一丝一毫，人就是禽兽，就意味着歹毒恶将全面日常生活化，人类禽兽般的自相残杀导致的社会灭绝必然到来，这一丝一毫就是现代社会的底线道德。

底线道德代表了"恶"的德育的最小主义，是从本体论上对现代人生存良知进行的追问，是人类对即将逝去的基本尊严条件反射式的防卫。它强烈透出的是，现代人对非人生活"虑后"而怕意识，以及不慎跌入禽兽深渊那种抓住救命稻草般的求生意识。因为越过底线道德，就是人的自然状态，"自然状态"是一种战争状态，是一种"零和博弈"状态，人就兽性大发，杀人、放火、抢劫、强奸等，所谓无恶不作，这里的恶就是歹毒恶。歹毒恶颠覆的是人类人性不可再退却的初善，直接毁灭的是人之为人最后的自然义务，彻底泯灭的是人类人道的自主策源地。它使人的本性在动物层面彻底实现了回归意义的同一性，直到人类文化在歹毒恶的这种透析中完全土崩瓦解，这才是现代社会最难以承受的种族灭绝之痛。简单讲，人最怕死，对死亡的恐惧是人类社会超出一切的痛苦之源，而文化很好地解决了这一痛苦。按照尼采的观点，人类发明文化是用来承载生命能量的，这生命能量就是人基于本能的私欲。① 当私欲没有任何阻挡被一下子释放出来，生命就结束了，这时人的寿命非常短暂，与自然界大多数动物一样，只有10~20年。然而，当私欲被以文化的形式释放出来时，文化发挥了巨大的缓冲作用，它可以使私欲缓慢地、逐渐地、一点一点释放，于是，人类的寿命被成倍地极大地延长了，这是文化的第一功能；第二，人类每时每刻生活在文化中，体育文化、娱乐文化、科学文化等，乐而不知返。尤其是知死一定会至，但在人类五彩斑斓的文化中，绝无死亡之恐惧，绝无死亡将至之杞人忧天，对死亡的恐惧被销蚀得几乎一干二净，文化极大地冲洗、淡化、消解了人类对死亡的恐惧；第三，人总是要死的，但人可以通过文化传承达到肉体死亡而精神不死的"不死"境界。在传宗接代中，将文化融入下一代的血脉，既可以达到家族传承中的血脉永恒，又可以达到人性精神传承中的人格永恒。它们的整合将彻底地实现人类内心无比渴望的对不朽、不灭、不死的永恒追求，也将在根底上彻底地摆脱、消除对死亡的恐惧，身心皈依到终极的彼岸。

由此可知，突破了底线道德的歹毒恶的爆发，将使人类数千年进化、演化而成的赖以安身立命的，甚至几乎可以达到"长生不老"的文化机制彻底被摧毁，这是人类社会发展到任何形态都无法容忍的切齿之痛，现代社会也不例外。因此，必须将歹毒恶在现代社会扼杀在摇篮里，不使其有丝毫萌芽，底线德育就是在这一逻辑上的道德要求。黑格尔说，道德就是人们在伦理上的造诣，那么底线道德就是人们在底线伦理上的造诣。

这种造诣有三个层次的表现：第一层次，是所有人基本的自然伦理，人之为人的基本义务，如不杀人、不偷盗、不抢劫等；第二层次，是各行业的职业道德，如医德、官德、师德等；第三层次，是与基本法律，尤其是刑法相关的义务，如安分守己、不惹是生非等。这三个层次越是靠前越

---

① [德] 尼采. 天才的激情与感悟 [M]. 文良，译. 北京：华文出版社，2004：50-51.

是根本,后者一般是前者的引申和具体化。它彰显的是全体社会成员所有善性需求中的"初善"。通过"初善",使歹毒恶在思想意识层面进行着去极端自我中心化;在价值取向层面进行着绝对中性化的理性解读;在生活行为层面进行着唤起同情意识后的自我抑制。歹毒恶在这样反复的模式甄别、过滤筛选中,不断在三层关系上被淡化、弱化直到泯灭。这三层关系是:自我关系、自我与他人的关系、自我与社会的关系。它们融入在底线道德的层级价值观结构中,在古今中外的民俗、宗教观中均有体现,比如"摩西十戒":应孝敬父母、不可杀人、不可奸淫、不可偷盗、不可作假见证、不可贪心,等等。还有德国哲学家孔汉思(Hans Küng)为解决不同文明间冲突而在 20 世纪 90 年代提出的共同价值观:每一个人都必须被人道地对待、尊重生命、诚实和公正地行事、真实地讲话和行事、不能说谎、在性方面不能不道德,等等。①

具体德目上,自我关系包括良知、人性、良心等;自我与他人的关系包括不伤害、不损害、不羞辱等;自我与社会的关系包括不反对、不对立、不对抗,等等。这些德目从自我开始,表达的无论是对己、对人还是对群体,都是人类社会基本的道德面纱,保证着人际间最低限度的道德规范。其中的自我关系是整个底线道德形成的胚胎,也是整个底线道德滋长的温床。因为,它代表的不仅是一种个人化的最基本道德义务,更是一种社会化的可以推而广之的普遍主义责任感。它促使一切准备在现代社会发展而有所成就的人,都必须第一时间正视自己内心作为现代人的"歹毒恶"。因为,歹毒恶不仅是基于本能的生命能量最大化的负性凝聚,而且也是基于本能的生命能量最大化的正性凝聚,如尼采说的,我们每个人都必须正视心中恶毒的一面,以便能实现现实中最大的善。② 个体只有最大限度地在设立边界中制止自身歹毒恶的发生,才能为与他人、与社会的道

---

① [德]马丁·布伯. 我与你 [M]. 陈维纲,译. 北京:生活·读书·新知三联书店,2002:78-79.
② [德]尼采. 天才的激情与感悟 [M]. 文良,译. 北京:华文出版社,2004:135.

德义务很自然地提供一种可供共存、共享的德性论的可能性。因此可以认为，底线道德就是现代人在抑制歹毒恶、彰显初善的过程中所能达到的一种最低限度的道德自我确证体系。而"恶"的德育之底线德育，就是在公共生活中，在外力的强制作用下，现代人学习底线道德，学会抑制歹毒恶，发扬初善，建构最低限度的道德自我的活动。它是重新塑造现代社会日常的生活意识、日常的文化意识的发端，因此，底线德育也是"恶"的德育原发性环节。

歹毒恶产生的根源是，个人极权主义内含地将他人视为多余的心态，"目中无人"是其最集中的体现，所以，从"目中无人"转变为"目中有人"，是底线德育追求的宗旨，实质就是相互承认。相互承认意味着双方相互压制着，把对方当成多余的可以任意消灭的歹毒恶，从而保全你的生命，也保全我的生命，承认对方是个人性的、具有自为性的个体存在，是具有伦理性、社会性、主体性的理性存在。问题是：如何做到"相互承认"？尼采说，装载恶毒最好的容器就是宽宥。① 一些学者也认为，宽宥可以对现代社会的多元价值进行基本包容从而达到整个共同体的共存。② 这里的关键是，宽宥从哪里来？海德格尔说，在现代性下"自发的宽宥几乎是不可能的"，因为，这是要让现代人放弃自己崇高的私性，如同放弃生命。③ 因此，底线德育几乎必然走向基于理性与意志的某种外力强制，这也是"恶"的德育贯穿始终的动力机制。

这种外力不是某种个人外力，而是"利维坦"之法权。

歹毒恶的爆发将使现代社会成为"人人绝无自由，人人绝无保障"的自然状态，每个人都将死于非命。因此，保全生命是公共生活的首选，也是底线德育的首选。霍布斯认为，个人理性带来的契约订立，是不可能保

---

① ［德］尼采. 天才的激情与感悟［M］. 文良，译. 北京：华文出版社，2004：100.
② 王强. 论伪善：从"宗教罪"到"道德恶"［J］. 道德与文明，2011（4）.
③ ［英］齐格蒙·鲍曼. 生活在碎片之中［M］. 郁建兴，等译. 上海：学林出版社，2002：111.

全生命的，个人理性是靠不住的，因为它可以为任意、任性地改变契约，①
违背规则的"目中无人"，找到无数它自己认为的"至善"理由，所以它
不可能塑造出底线道德来。必须在个人理性之上生成一个具有绝对惩罚权
力的公共理性，也就是"利维坦"，即众多个人理性共同的委托人，超越
个人能力的现代国家。现代国家首先通过以法权为代表的国家暴权，在根
本上遏止了歹毒恶的恶行，接着以法律为代表的国家威权遏抑了歹毒恶的
恶意、恶念。施特劳斯说，歹毒恶造成的最大社会风险就是，"每个人对
每个他人作为自己的潜在谋杀者所怀有的恐惧"②。现在通过法权，这种对
每个他人的恐惧转化为了对以法律为代表的国家刑罚惩罚的恐惧。现代人
不得不收敛起歹毒恶，不得不表现出对他人宽宥、良知的底线道德，不得
不表现出初善，成为基本善人。由此可知，底线德育是一个以法权为代表
的强制力，如刑法、反分裂国家法、反恐怖法等的强力惩罚的手段，强制
塑造底线道德的公共理性过程。应该说，现代国家的本性是邪恶的，它的
实质就是一个"必要的恶"，一个超越任何一个小恶的，能够掌控大局的
大恶。它通过强迫的强制理性，以现代国家的"大歹毒恶"，来钳制现代
人心中的"小歹毒恶"，保证小歹毒恶的恶意能被迫泯灭，恶念能被动消
除，恶行能被根绝，从而为每个现代人合理利己主义、自由本性的展开奠
定基石。

由此，底线道德作为现代社会的第一道阀门、"恶"的德育的原发性
环节，其全部所指就是在现代社会，人应该知道，什么是作为人应当做
的，什么是作为人不应当做的。尤其是不应当做的，直接推动着歹毒恶的
初步理性化过程，为现代公共生活公共善的全面发扬奠定了可能性。

---

① 霍布斯. 论公民［M］. 北京：中国政法大学出版社，2003：34.
② 孔新峰. 霍布斯论恐惧：由自然之人走向公民［J］. 政治思想史，2011（4）.

第三节　陌生人德育——克制平庸恶

　　底线德育通过法权手段牢牢钳制了现代人的歹毒恶，于是每个现代人在相互宽宥中可以尽情表达自己的私性、私欲、私心，直接唤醒了他们沉睡的感受性，极大地促动了他们追求快乐和幸福的现代生活。如果说古代社会人的欲望是收缩的，现代社会人类欲望在公共生活的理性默许下得到了极度膨胀。它把以往少数人享有的享乐特权转变为所有现代人都可参与的一场狂欢，从 KTV 豪华包房到奢华的购物中心，再到奥林匹克无与伦比的盛大仪式，形成了围绕个人满足、群体诉求、社会发展的一股纵欲主义的文化思潮。其必然结果就是那种看上去并不高深，人人都有、很浅薄的平庸恶，一下子汹涌地释放了出来。

　　平庸恶是根本恶的衍生物，是人生来就有的顽固特征，利己性带来的恶质，也是现代人内心深处孕育的一个非理性的"看不见的黑手"。它在根本上是要表明，无论人类如何进步发展，私利永远是人精神发展的优先选择，进一步反映了人类恶质，一种根深蒂固的文明追随，彰显了人类恶性对于文化的一种自成一体的互动秩序。显然，歹毒恶肯定不允许出现在公共生活中，但是平庸恶作为现代人内心深处的私性秘密，可以堂而皇之地出现在公共生活中，正如荣格说的，私密是人作为人的第一原动力。①这在根本上奠定了平庸恶作为公共生活原动力的地位与功能，于是在公共生活中，平庸恶以游离态的单子形式无处不在地彰显开来：摔倒在地敲诈的老人，随处制造噪声的广场舞大妈，食品里面各种添加剂，婚姻生活的朝三暮四，网络世界无所不在的骗子，熟人间的说谎欺骗，公众麻木不仁的看客心态，公车霸座的老人，等等。

---

　　①　[瑞士] 荣格. 寻求灵魂的现代人 [M]. 沈永阳，译. 天津：天津人民出版社，2018：78.

虽然平庸恶在根本上无伤害他人之阴狠、无犯罪之凶残，也无迫害之图谋，但是它的恶意，正在水滴石穿地毁掉公共生活运作的内在信任体系，使依靠彼此合作的公共生活日益陷于人际间的监控与防卫。它通过一颗裸露的未经完全社会化的恶心，正在消除公共生活赖以维系的公共价值观敏感的羞耻意识；它隐藏的恶念，正在通过喜怒无常的情绪爆发，加剧着公共善的脆弱性，进而粉碎公共理性进入人们内心的可能性；它内含的私性的泛滥，正在蚕食甚至推翻公共生活中公平、正义、平等的组织原则；尤其是它的恶行正在逐步摧毁公共生活筚路蓝缕形成的相互承认机制。最为根本的是，这一系列恶性所造成的人际间隔离机制，正在致使公共生活产生现代文化熵的危机。它带来的混乱，使现代社会广泛地进入"陌生人社会"甚至"流氓社会"，之后更可怕的是平庸恶的"退化"和"返祖"，一种退回到歹毒恶的巨大可能性无时不在，底线道德将毁于一旦。

由此可知，歹毒恶的爆发将使人成为"非人"，而平庸恶的爆发，将使人具有成为"非人"的巨大可能性。因此，对平庸恶的抑制刻不容缓，抑制的宗旨就是不使其强力勃发、滋长蔓延，方法就是基于现代社会之"陌生人伦理"的陌生人德育，又称为适应性德育，这是"恶"的德育的核心模式.

公共生活平台上到处充斥着陌生人。他们之间复杂的利益关联彰显的是平庸恶在陌生人之间带来的潜在威胁，一个陌生人时刻生活在其他陌生人难以预料的平庸恶带来的惶恐中。现代社会通过底线德育实现了陌生人的共在和共存，接下来就要在公共平台上实现共生、共享，关键就是要打破这种陌生性。胡塞尔（Edmund Gustav Albrecht Husserl）区分了两种陌生性，一种是当前自己对于过去自己的陌生性，一种是他人自我对于自己自我的陌生性，后一种陌生性的打破就是关键。① 如何打破？胡塞尔认为，

① 刘静. 我们为什么彼此负有义务？——陌生人伦理的规范性来源及其当代建构 [J]. 东北师大学报（哲学社会科学版），2019（3）.

要找到一条一个陌生人个体意识通向其他陌生人个体意识的桥梁，找到所有陌生人的共通性。这个共通性就是陌生性，① 也就是公共生活是通过所有陌生人共同具有的陌生性来打破每个陌生人具有的陌生性的。什么是陌生性？就是个体对于自己基于私性、私欲、私心的自我的绝对确证，就是对于自身平庸恶的恶性与恶质的绝对确证。由此，陌生人社会就是由这些陌生性导致的那种转瞬即逝的"世俗不经意"与"礼貌的不注意"的交往模式，生成了陌生关系所特有的暂时性、警觉性、防卫性，其背后是深深的"道德冷漠"和"道德沉睡"，是以"认知的态度"而非"认识的态度"来对待"陌生人"的自然防卫机制。而陌生人伦理就是对这种防卫机制的淡化、弱化，发源于经验性知识的准先验原则，是让每个陌生人不仅接受、适应自己平庸恶的恶质与恶性，同时也能接受、适应其他陌生人平庸恶的恶性与恶质，故此，陌生人伦理又称为适应性伦理。

这种伦理有三个层次的表现：识人如己、推人如己、助人如己。它是陌生人之间"非零和博弈"的产物，反映了一种"普遍性加差异性"的情意互通的人性基础，彰显的是公共生活中每个陌生人彼此负有的一般善。一般善是陌生人社会发源、发生、发展的正当性基础，它从公共生活建构的必要性出发，回答了陌生人伦理何以可能的问题。一般善首先体现了平庸恶朝向理性拓展的相对命令，而且从公共责任出发，不断弱化着每个陌生人，滥施平庸恶的"权利者"意识，加速推动着淡化平庸恶，去实现对陌生人彻底的不完全德性责任的优先性，使平庸恶在一种敞开的关系中被内部突破从而冻结了激发机制，为每个陌生人进行自我立法以及普遍立法，奠定了现实的精神内核。相对应的，陌生人道德也有三种维度——共情、宽怀、热心，它们是陌生人在对一般善的深刻感悟中，自主地学会的对其他陌生人做面对面的非选择性关心的必然产物。它强烈地为陌生人社会从"纯陌生性"到"去陌生化"，再复归为"准陌生性"直到"熟人"

---

① 刘静. 我们为什么彼此负有义务？——陌生人伦理的规范性来源及其当代建构［J］. 东北师大学报（哲学社会科学版），2019（3）.

的身份转化打下了坚实的实践语境。具体德目上，共情维度包括同情、体谅、理解等；宽怀维度包括宽宏、关怀、信任等；热心维度包括热情、热诚、互助等。它们并不是一种自然情感流露，而是一种实践基础上的经验情感流露，是生成文化异质性、价值观异质性的陌生人之间平等共生、共享的保证。

它保证了个人主义与个人之间直接的顺延转化。一般认为，个人主义与个人完全是两个概念，个人主义是基于利己性的价值体现，个人是基于公共生活公共善的价值体现。前者在公共生活的强制作用下，在公共性强制参与中获得了主体性，从而生成了自己独一无二的个人意识。无数个人意识相互渗透，承担起了权利与义务的公共互动，称为平等，这时个人主义就完成了向个人的现代性伦理的转化。所以后者是在共生、共存的公共生活中，不得不以共情、宽怀、热心的经验情感主动抑制个人主义平庸恶的直接结果。其直接推动了现代人尊严、价值的自由提升，使公共生活的亲和力和凝聚力也急剧提升，加速推动了个人公共品质的心理认同，使平庸恶的恶意获得了解放意义的自我重置，自主产生了向善的现实转向，就是"恶向"理性化为了"善向"。于是，个人在公共生活中，不得不以平等、公正的态势，在可见可闻的表达意愿、探讨合作、有机协商中，把陌生人道德进行了公示意味的性格化、品质化，个人就成为积极到场、主动加入、公开出席的公共生活的常住民——公众。这时陌生人社会建构出了一种基于理性的责任伦理，孕育生成了陌生人伦理一般善的核心特质——理性善。当个人通过理性善，全面介入公共生活不同领域的公共利益时，就完成了公共生活是"诸共同体的共同体"的嬗变，公众就跃迁为了公民。因此，陌生人道德就是，现代人自主地抑制平庸恶、理性地展现一般善的过程中所能达到的一种日常生活化的道德自我确证体系。而"恶"的德育之陌生人德育就是，在公共生活中，在内外力共同作用下，现代人学习陌生人道德，学会抑制平庸恶，发扬一般善，建构日常生活化道德自我的活动。渗透在陌生人德育中的强大力量就是理性，这股力量具有踊跃的阻抑平庸恶的自主机制。它可以使熟人社会的亲近性在陌生人社会转化为陌生人间尊重的理性情感，并在尊重的基础上，产生对陌生人互助的责任行为。这样，现代社会就完成了它真正的基于一般善的道德共同体的重建。因此，陌生人德育是"恶"的德育最核心的环节。

平庸恶产生于现代社会的个人主义。个人主义就是承认他人的身心存在，却不接受他人的身心存在。平庸恶带来"道德冷漠"和"道德沉睡"导致的就是陌生人之间的"不接受"态势，"唯我独尊"是其集中体现，因此，从"唯我独尊"转变为"平易近人"，是陌生人德育追求的宗旨，实质就是相互接受。正是相互接受完成了公共生活之个人主义—个人—公众—公民的连续转型，它意味着陌生人间，都在主动地淡化、弱化对对方的敌意、冷漠甚至恐惧的平庸恶，接受对方是个个性的、具有自为性的个人存在，是具有一般的伦理性、社会性、自主性的理性存在，陌生人德育就是推动这一过程的过程。如果说"利维坦"的压制性法权以法权的暴力钳制了歹毒恶，实现了底线德育，那么"利维坦"的恢复性法权，则是以法权的震慑力淡化、弱化了平庸恶，实现了陌生人德育。涂尔干认为，现代法权分为两种：压制性法权（刑法、反恐怖法等）和恢复性法权（民法、职业法规等）。他进一步认为，恢复性法权不排斥压制性法权，它以压制性法权为先导，在前者有力的震慑中，不得不进行广泛的合作、协商。① 因此，陌生人之间的公平、正义必须从以压制性法权为先导的震慑引发的启蒙开始。康德认为，理性的公共运用就是用来启蒙的。② 陌生人之间在平庸恶中的无声对抗就是因为基于懒惰、怯生、疑惧等防卫性心理导致的不愿运用自己真正理性造成的。所以，在压制性法权惩罚中产生的对法律规则的强制性尊重，必然引出对恢复性法权代表的规则意识的强制性尊重，包括对公共守则、工厂条例、学校章程、公司规范所代表的规则

---

① ［法］埃米尔·涂尔干. 道德教育［M］. 陈光金，沈杰，朱谐汉，译. 上海：上海人民出版社，2001：117.

② 蔡蓁. 康德论根本恶和心灵的转变［J］. 社会科学，2012（11）.

的强制性尊重，激发了陌生人之间主动地、积极地、大胆地运用自己的真正理性，尽快实现从不成熟的私人理性向成熟的公共理性跃迁，即实现漠视、轻视规则到融入、投入规则的跃迁。

陌生人社会又称为"流氓"社会，一个滥用私人理性的陌生人的诞生意味着一个流氓的诞生，意味着一个规则甚至一部法律的诞生。黑格尔说，国家权力才是私人理性得到表达、组织和证明，获得伦理实体性的普遍前提，反过来，私人理性只有通过国家权力的表达、组织和证明，才能上升为基于规则理性的公共理性。① 规则理性是日常生活的第一出发点，也是现代人追求现代性的第一出发点。因此，陌生人德育实质就是以恢复性法权塑造规则理性，达到规则思维，最终实现平庸恶的理性化、理智化的过程。规则思维就是自主地附加规则形式的日常思维，反过来，日常思维的理性规则化就是陌生人德育的圭臬。它把平庸恶放到了日常思维的致思途径中，通过规则思维的意义转换，自主地淡化了平庸恶特有的偏见、莽撞和失误。整个过程中社会约束力越来越小，而自主约束力越来越大，大到一种制度化的道德自我的全面确立，一个现实的"道德自主人"的真正诞生，彰显出规则理性不仅是一种个人德性，更是一种社会责任。而所谓现代文明就是"停下来，想一想"，反映在陌生人德育中，就是现代人通过主动的理性思考，化"无思"的平庸恶为"有思"的一般善，在理性地帮助陌生人的过程中扼杀一切平庸恶通向歹毒恶的可能性。

第四节　超越性德育——掩蔽根本恶

说一个例子，一群游客正在游玩，其中一位突然倒地人事不省，其他人立即散开，无人敢上前施救，大家面面相觑相持着不知所措。忽然人群

---

① ［德］霍尔盖特. 黑格尔导读：自由、真理与历史［M］. 丁三东，译. 北京：商务印书馆，2013：327.

里走出一个年轻人，走上前抱住摔倒者进行各种抢救，围观的游客中有人高喊："快放下，小伙子，小心他讹上你！""是啊，快放下，他会讹你的。""快放下，小伙子，别不知轻重。"劝告之声此起彼伏，小伙子都听到了，但不为所动毅然继续抢救……从这个事例可知，陌生人道德有着严重的局限性和不足，因为陌生人德育在抑制平庸恶的同时，陌生人道德基于的一般善是一种协商、讨论、合作的结果，是一种相对善，会随着情境的改变而改变。而缺乏绝对善就意味着缺乏至善，就意味着现代社会作为一种类存在，进入了悬空状态，突然中止了，而快速进入种生命高速运转的主导状态。

人的种生命是第一生命，类生命是第二生命。种生命是自然自在的规定，其生命是基于本能而前定的，是把追求物质的占有作为根本目的的一种没有历史意义的生理延续。它使人和动物之间完全没有了质的价值区别，更使人活着的存在感没有丝毫有别于动物的实质性旨趣，由此，人要活出与动物的区别，必须突破自身，生成超越他物又超越自身的本体存在，作为第二生命的类生命。人在实践推动下，通过追求种的本能以外或者以上的东西，摆脱、突破、超越对"种"的限制，从而形成对种生命的一种解放，使种生命在自然的绝对控制下被解放出来，形成一种对种生命进行支配、控制的生命——类生命。人就是类生命对种生命进行的一次次超越中，逐渐形成的宇宙生命的"超物之物"——人格生命。超越之后，人嬗变为一种自由自为的规定，其生命是靠自己创造的，是把追求文化的无限向前作为根本目的的一种具有深厚历史感的精神延续。人从此变成了世界上最奇异的存在——超越性存在，也就是人要活得现在有人样、将来有人样、永远有人样，就必须不断超越、反复超越、经常超越，超越成了人的第二本能。

超越使人成了一种不进即退的生物，在西方文化中，超越是指人与世界之外的一个无限者、绝对者的关系，中国文化中的天人关系就是超越（者）与人的关系。实质上，人类社会早就认识到善恶超越中善具有无限性。黑格尔在《法哲学原理》中，明确从意志出发提及"善的无限性"，他说，"道德的立场即善的立场，也是意志的立场，就此而言，意志不仅是自在的，而且是自为的无限的"。① 这种无限性分为三个维度：其一，作为共同体的普遍信念，善在种类、形式、范围方面，具有无限扩张性；其二，无数人构成的共同体生成了行善的无限性；其三，人类历史的时间是无限的，空间是无限的，善的延续必然是无限的。然而，善的无限性意味着恶也是无限的。康德明确指出，恶性的源头是出自人类社会感觉世界的，而感觉世界是无限的，因此，恶也是伴随人类社会无限存在的。② 它也有三个维度：其一，作为推进共同体前进的普遍动力，恶内含于的本能，具有无限动力性；其二，无数人构成的共同体，构成了每个人"作恶"的无限性；其三，人类历史的时间是无限的，空间是无限的，作为人的独特性的"恶"的延续必然是无限的。因此，在人类社会善进则恶退，善退则恶进，没有折中方案。这意味着当一种善长期维持现状，就会日益产生不满、苦恼，以至于持续地忧愁不安，这时就要发挥主观能动性，用恶去否定这种空虚的现实，达到更高一级的善，所以就思维的否定性而言，"恶"与主观能动性是同一的，如黑格尔说，"人有的是'恶'意识和向往上帝的心"。③ 这个向往的具体过程是这样的，随着生产力的发展，一种"善"所代表的社会结构中，其否定性"恶"开始萌芽、成长、壮大，代表了历史进步的趋向。但因其带着某个个体的私性诉求，表现出对群体普遍性的一种否定，而不为社会接受。但是随着历史发展，"善"日益丧失其存在的根据和合理性，最后，"恶"开始突破"善"的归置，慢慢成为一股变革力量，促使旧的社会结构中"善"开始瓦解，"恶"作为

---

① [法]伍德. 黑格尔的伦理思想 [M]. 黄涛，译. 北京：知识产权出版社，2016：409-411.
② [德]康德. 康德道德哲学文集：注释版上卷 [M]. 李秋零，译. 北京：中国人民大学出版社，2016：290.
③ [法]伍德. 黑格尔的伦理思想 [M]. 黄涛，译. 北京：知识产权出版社，2016：401-402.

历史发展趋势的代表，日益为人们所认可，并开始全面取代原有的"善"，成为新的"善"，这就是超越。表面看，超越是善恶之间的辩证否定过程，实质是善退、新善进的，一个反复的、持续的、恒久的运行过程，并且人在这一过程中不能有丝毫懈怠，才能保证人类社会从一种类生命向另一种高一级类生命升华，否则人类身上的类特征、类特质就会淡化、退化以至于消失殆尽，最后恶质毕露沦为兽性。

那么为什么人一定要在自然界筚路蓝缕地追求这个"类"呢？有学者认为是为了使人生活得更有意义，为了实现自我的价值，为了实现人生理想等，笔者认为这都是表面之词，不足信。

作为自然界的一员，人和其他动物一样，有个"生死困顿"问题，人是一定要死的，具体而言人的种生命是一定要死的。人的一生始终在这种种生命的死亡恐惧中徘徊，死亡是人无法逾越的、不可逆的"定规"。但是人不想死，想长生，想用短暂生命表现出永恒意义，怎么办？直接不死不行，就追求间接不死。人们在实践中生成了自我意识，在无数自我的实践中，创生出了人类社会特有的以政治、经济和艺术等为代表的文化，标志着人类作为一个类生命的诞生。而自我是一个围绕善与恶的道德统一体，因此，这个类生命的实质就是围绕善与恶的道德生命。它透过现实善"必然死亡"的实然性，"恶"必然产生的应然性，也就是新"善"必然产生的应然性，获得了一种生命理性上"善不灭"的应然性体认。这种体认使人在日常生活中通过伦理道德的"恶"战胜"善"产生新"善"的践行，提炼出了生的过程的使命感与崇高感，使人之生死统御于对现实中不同善的目标始终不渝的追求之下，最大地彰显了在现实生命抑恶扬善的意义中"大我"对"小我"的永恒超越。正如梁漱溟主张的："以现实生命的小我一代传一代，一点加一滴；连绵不断，滔滔不绝，汇成了道德生命的大我。这个'大我'是永远不朽的，故一切'小我'的事业，人格，一举一动，也都永远不朽。"① 这便是自我中善恶超越、推动的道德的不

---

① 邬昆如. 人生哲学［M］. 北京：中国人民大学出版社，2005：45.

朽，也是人的不朽，更是社会的不朽。无论多么独特的恶性，都会在这种对类的追求所达到的不朽中，被消释、溶解，以至超越，达到"至善"的必然性确证。

但是陌生人德育所维护的一般善，它不是基于人作为类存在的对道德律无条件尊重的产物，而是在平庸恶的冲突中相互让步、相互迁就的产物，是在合乎道德律范畴内履行着对自己和他人的不完全责任，无法承担起现代社会向更高的类生命跃迁的不朽历史使命。因此康德说，这种善无多大道德价值，甚至完全没有道德价值。就如同商家店铺里的口号"童叟无欺"一样，充满着口是心非的阴险之恶，却没有一点出于"要诚实"的责任诫律的必要性和必然性。① 进一步地，康德认为，陌生人道德完全没有体现德性对人沁入、占有的主宰意识，相反，却处处体现了人对德性的控制、占有，甚至玩弄与摆布。② 由此，陌生人德育彰显的永远是没有准则，只有摇摆不定的基于各种规则的相对善。这种相对善的长期积累，必然导致每个人只是简单适应社会，过一种图谋生存、蜗居觅食的适应性生活，将永远处于一种旧善的桎梏中。向无限迈进的动力会逐步丧失，必然致使基于政治、经济和艺术的文化，变成死水一摊，人人都成了合理追求私利的"小我"，对"大我"的超越性追求日益薄弱，甚至泯灭。生命理性上"善不灭"的应然性体认再也不会出现，人类的类特征、类特质更将永久地停留在一个层次上，人类茫然不知所措地等待最后一点类特征、类特质消失殆尽的时刻到来，而死亡的巨大恐惧重新降临，人类千万年进化演化的文明成果将毁于一旦，这是一个比歹毒恶肆虐更可怕的后果，正如马克思说的"沉默的冷漠与冷酷，比屠杀中的任人宰割，更让人绝望"③，康德说的那种可能的目的王国的实现就完全不可能。这意味着，人类的类

① ［德］康德. 康德道德哲学文集：注释版上卷［M］. 李秋零，译. 北京：中国人民大学出版社，2016：256.

② 蔡蓁. 康德论根本恶和心灵的转变［J］. 社会科学，2012（11）.

③ ［美］威廉·麦克布莱德. 马克思哲学论恶［J］. 华中师范大学学报（人文社会科学版），2015（4）.

生命就完结在了陌生人社会陌生人的冷漠中，人的不朽、社会的不朽都将荡然无存。因此，陌生人社会的陌生人道德，必须具有一颗"向往上帝的超越之心"，通过用绝对的善原则来反思和质疑陌生人道德对平庸恶的蒙蔽，从而在现实此岸确定下至善的中心。

超越性道德是陌生人社会之陌生人对自身合乎责任的一种否定，是对现代社会"滥私"意识的抗诉。它是在打破陌生人社会"实际如何""实际怎么做"的窠臼中，在对实践理性基于道德律无条件的敬重下，自律地运作、求解"应如何""应该怎么做"的一种道德自我的超越性完善。其分为三个方面：爱人如己、舍己为人、舍生取义。我们可以认为，超越性道德一诞生，就在努力摆脱陌生人社会那种对相对善无处不在的理性适应，去指向超越的至善。而至善以"善良意志"的"绝对命令"形式，最大限度地激活了善的创造力和想象力，在"独立于经验""先行于经验"的"先验道德知识"中，将根本恶的恶质进行了逻辑上的悬搁，将根本恶的恶性，进行了理智化的阻滞，从而掩蔽了根本恶可能的内在当前意识，完整地确保了人活着的无限神圣价值，更加确保它自己能演变为一种无功利性的纯粹道德性的纯粹先验的实践原则。对应这个实践原则的超越性道德也有三个维度："仁爱、无私、忘我。"它们使个体以自由主体的先验资格，提升为一个无限的理智存在者，同时，视其他人同为有先验资格的自由主体，从此赋予根本恶合目的性的、无条件的强制性约束。康德说，这时候个体的道德自由，就是他自身意志所固有的普遍性质了，① 于是，一种基于至善的后习俗道德律通过良心的内在权威得到了现代人的认可，这一过程，他们不会考虑根本恶的感觉与体验，而只相信至善的绝对可能性。此时，人性就具有了"上达至天，下则通心"的无限否定恶、无限肯定善的神性，即使"神不在，但神将在"。

具体德目上，仁爱维度包括仁慈、慈爱、慈蔼等；无私维度包括不求

---

① ［德］康德. 道德形而上学［M］. 张荣，李秋零，译. 北京：中国人民大学出版社，2013：445.

回报、毫不利己、甘于奉献等；成仁维度包括奋不顾身、舍己为人、舍生忘死等。这些德目始终反映的是自由意志对私欲的态度，最终以出世的意境，唤起了个体对于自身人性软弱的理智洞察力，生成了对于自然冲动、个人私欲实然的优先反思和绝对批判力量，从而使根本恶始终处于一种不成熟的、未萌的幼稚状态。如康德所言，其"恶形"以休眠的形式被搁置在主观良心和客观善行之间的模棱两可之中，改造成了一种超脱、超凡的意义世界。① 正是这种意义世界的意志立场确证了人必然追求至善的超越性实质。也因此，阿伦特说，现代道德的立场就是意志的立场，② 比如爱国有三种根源：其一，本能或情绪；其二，理性；其三，理智。第一种不必赘言，要区分后两种，梁漱溟说，理性是情绪化的客观静态，理智是无情的客观动态。③ 这与康德异曲同工。什么是无情？康德说，就是一种不为外物所动的心灵执着的意志状态。④ 所以理智总能义无反顾地、不为所动地将道德律坚持到底，而理性掺杂了更多的感性同情杂质，它缺乏深思熟虑后以坚定的决心将道德律付诸实施的决绝的、决然的意志力，只能在陌生人的平庸恶之间维护一般善的理性妥协。因此，超越性德育追求的至善应该是对道德律无条件尊崇与遵从的"理智善"。

理智善渗透在陌生人社会的理念就是发源于先验知识的纯粹先验原则的陌生人原则，它更似于墨子无等差的"兼爱"，主动地用自己的爱心无条件地信任、信赖、笃信对方，甚至先验地信任对方是与自己具有一样主体意识的诚实好人。以此，超越性道德就是现代人在掩蔽根本恶、彰显至善过程中所能达到的一种卓越的、神圣的道德自我确证体系。而"恶"的

---

① [德]康德. 康德道德哲学文集：注释版上卷 [M]. 李秋零，译. 北京：中国人民大学出版社，2016：257.

② 王义，罗玲玲. 阿伦特"根本的恶"的困境及其政治哲学意义 [J]. 东北大学学报（社会科学版），2011（4）.

③ 冯友兰. 中国哲学和未来的世界哲学 [M] //冯友兰. 三松堂全集：第11卷. 郑州：河南人民出版社，2001：276.

④ 康德. 道德形而上学原理 [M]. 苗力田，译. 上海：上海人民出版社，2005：23-24.

德育之超越性德育就是，在公共生活中，在内在自由意志的绝对批判中，现代人领悟超越性道德，学会掩蔽根本恶，彰扬至善，建构卓越的、神圣的道德自我的活动。渗透在超越性德育中的强大力量是理智。作为一种纯粹实践理性，其表征的就是个人意志对于"道德法则"的绝对服从，其具有的普遍立法能力与执法能力，赋予了现代人以纯粹精神的生命力，把神性远远地凌驾于人的根深蒂固的根本恶之上，促成了生命之平庸心理向高贵心灵的挺拔，在"神性"参与生活、干预生活、"超度"生活的过程中，预支了一个日常生活的彼岸世界，因此，超越性德育是"恶"的德育的"创生"环节。

人人都有根本恶，几乎没有人能够逃避，由此，根本恶的现代社会表征就是大众主义。大众主义接受他人的身心存在，却不接纳他人作为自由意志的主体存在。先天固有的根本恶带来的一面面理性围墙导致的就是陌生人之间"只接受、不接纳"的心灵壁垒，"自我矜持"是其典型特征，因此，从"自我矜持"提升为"爱人如己"，就是超越性德育的鹄的。其实质就是，用纯粹的先验原则漠视双方共同的根本恶，把对方看成与自身一样拥有自由意志、具有平等人格的主体人。在对对方为人、品性的经验性知识或然地匮乏的语境条件下，无条件地接纳陌生人，接纳对方是一个精神意向上具有道德使命的主体存在，接纳对方来自内心深处自主自律的人格意志，超越性德育就是推动这一过程的过程。其超越性就表现在，自由意志被至善激发后精神世界的跃迁。在至善达到的瞬间，精神域突现了至善的"灵光"，自由意志就完成了根本恶的灵魂转向，恰如克尔恺郭尔（Soren Aabye Kierkegaard）所描述的"信心的一纵"。这一纵如同康德认为的，是绝对道德律通过长期训练进入人的内心，理智释放的结果。① 因为人的善良意志是客观的自由规律的必然产物，但是人因生来本性脆弱和不纯正，使得善良意志进入人心深处，一定是德性教授的产物，这种教授他

①　[德]康德. 道德形而上学［M］. 张荣，李秋零，译. 北京：中国人民大学出版社，2013：112-113.

称为纯粹实践理性的方法论,其结果是理智的生成。

因此康德强调,纯粹实践理性始于对普通理性的教化肯定是修行的结果,是意志反复自律的获得过程。① 根本恶源自先天的、不可能被去除的自然冲动,只能被掩蔽、被遮蔽,普通理性只能做淡化、弱化处理,只有纯粹实践理性才能通过意志的坚定、义无反顾的遏抑,做到漠视、无视甚至蔑视性地遗忘根本恶,从而产生超越的意向性动机。可以说,人类道德生活最关键的是,人们明明知道应该如何、并不应该如何,而实际总是如何。这意味着道德律并不是没有被人意识到,而是它没有成为推动人们行为的意向性动机,也就是它总是在有意无意的自主性遗忘中被僭越,而源源不断地产生着根本恶。可知,所谓纯粹实践理性的方法论,就是如何训练意志,训练意志成为一股持续遏抑根本恶的判断性力量——理智,其方法包括三个方面:②

其一,"嚼舌头"式的闲谈:在评判他人道德水平的同时,我们自己品格中的道德水平,也跟着泄露出来,由此实现了,以道德律对自己内心深处道德良心的自我拷问。于是,在我们身上那些根本恶的表现形式,如自矜、自大、自负等,在这种拷问中,必然陷入渺小的境地,根本恶的自然私性被不断否定,这是痛苦的。但这种痛苦激发了人朝向更高的至善道德跃进的意愿。

第二,判断力练习:人在不断理解根本恶渺小的过程中,对至善价值进行了各种最小偏离的分析、解剖,形成了对至善价值更加敏锐的判断力,逐步意识到其内在的崇高感和卓越意义,洞察了其难能可贵的理想主义的责任意识,不由自主地产生了谦卑的态度,生出了对绝对道德律的特殊尊重,同时也不由自主地产生了由衷的服从意愿。

---

① 徐瑾. 康德"人性中的根本恶"与荀子"人性恶"之比较 [J]. 伦理学研究,2013(5).
② 徐瑾. 康德"人性中的根本恶"与荀子"人性恶"之比较 [J]. 伦理学研究,2013(5).

第三，哲学的决断：服从并没有把人的私性排除在外，也就是并没有把"合乎道德的行为"转化为"出于道德的行为"。因此，必须进行哲学的决断，把绝对的道德律概括出来，形成一股基于人生普遍原理的、不可阻挡的自我立法，逐步建立起自觉自愿的出于本心的道德目的王国，充分确立起对践履道德律的应然性使命感，一切根本恶的恶性于是都被掩蔽。因为这是理智的力量，不是理性的力量，它没有丝毫的情绪、情感，只有一种无情的意志力推动下的对道德律无条件的践行意识。

当现代人基于应然性使命感践行道德律的同时，对自己也产生了崇高的神圣感，一种出于纯粹道德律的自我敬仰感。于是，这种内心高贵、神圣的自我会主动地把陌生人道德中的规则理性转化为准则理性。准则理性属于超越性的理智世界，它以超验的善良意志形成了对日常生活的包围，生成了一种超越性的神性存在，使根本恶一步步演变为一种内隐性的"不存在"，在至善的现实困境中，完成了无限对有限的超越、无我对有我的超越。因此，超越性德育的实质就是通过训练意志来塑造理智感，培育准则理性，达到准则思维，最终实现根本恶的纯粹实践理性化。克尔恺郭尔说，"准则思维"是一种"彼岸思维"，[1] 因为它在"忧道"境界的日常化中，掩蔽了根本恶所有可能的生长空间，在人的日常意义中，通过对根本恶恶质的持续摆脱，注入了绝对精神的最高存在，形成了一股从物质的奴役中解放出来的超越物质主义的宗教性力量。

可知，超越性德育反映的是个体从主观上"想做"到客观上"能做"，再到道德上"该做"的一个由内而外的意志抉择过程，表征的是绝对道德知识和绝对意志的绝对同一。它是在对根本恶的超越中，唤醒了纯粹实践理性，从自我立法向普遍立法的自由意识，使日常生活应当的行为准则升华为一种至善的实践智慧，使现代社会在根本恶无处不在的绝望中"学会了希望"，极大地保证了人向更高一级类跃进的可能性。

---

① ［德］克尔恺郭尔. 畏惧与颤栗 恐惧的概念 致死的疾病 ［M］. 京不特，译. 北京：中国社会科学出版社，2013：359-360.

第五节 终极性德育——虚化根本恶

还是前面那个案例，扶起摔倒者的年轻人的心态有两个维度：其一，先验地信任对方是与自己具有一样主体意识的诚实好人；其二，先验地不顾对方主体意识的好坏。后者是真正意义的超越性道德。而前者又分为两种情况：其一，当对方讹上自己时，对自己的救人行为非常后悔，发誓以后再不做这种傻事，这属于陌生人道德；其二，当对方讹上自己时，对自己的救人行为无怨无悔，发誓以后还会做这样的好事，这也是真正意义上的超越性道德。每个人内心都有超越性的、追求高一级类特性的自由意志。但是对于大多数人来说，这种追求更多地表现为偶然的、随机的，具有心境化、情绪化特征。只有极少数人能够矢志不渝、坚持不懈地把追求高一级类特性作为自己日常生活的行为准则，使之每时每刻都在发生。以康德的观点，在任何时候、任何地点，当私性与道德原则发生排序困境时，总是毫不犹豫地把道德原则排在第一位，私性排在第二位，积极主动地使根本恶处于虚置、隐晦的虚化状态，① 带着这种虚化状态去工作、学习、生活，这样，"至善"在他身上被持续地、稳定地、长期地彰显，生成了一种品德化、品格化、品质化的"至善性"人品，乃至"至善性"人格，这时，根本恶甚至由最强烈私性所触发的根本恶，都在长期的"应该""应当"的必然性中被虚化，于是，超越性道德就在日常化、生活化、平时化的养蓄中升华为了终极性道德。

终极性是指人生命终结的死亡状态，是人从有机状态伴随着根本恶的消失必然地进入无机状态的一种归宿。作为一种类存在，人对死亡充满着自由意志的理性思考，充满着生存极限之内"向死而思"的对自然生命的

---

① ［德］康德. 道德形而上学 ［M］. 张荣，李秋零，译. 北京：中国人民大学出版社，2013：78-79.

关切，实质就是对人的生存价值如何高于生死问题的探讨。它要回答的是这样一些问题：人活着的最终目的是什么？人活着的最高目的是什么？人生的最高境界是什么？这些问题的答案都集中于一点，那就是文化神学家保罗·蒂利希（Paul Tillich）所说的终极关怀。所谓终极关怀，就是终极善的人性归宿。如果说孔孟代表至善，那么在中国文化中，"老天爷"就代表了终极善。如果说奥古斯丁代表至善，那么在西方文化中，"上帝"就代表了终极善。如果说，至善代表的是人的利他性所能达到的最高境界，终极善代表的是"神性"的利他性所能达到的最低境界。保罗·蒂利希认为，"在者"与"在"是两个完全不同的概念。① 需要层次越低级，越是充满了"私性"和"恶性"的"在者"，越高级越是充满了"人性"和"神性"的"在"。"在者"在"私性"和"恶性"的交织中，不断陷入恐惧、孤独、无意义的人生困境，为了摆脱这些困境，个体以生命锲而不舍、不屈不挠的追问和领悟意识，向着"人性"和"神性"交织的"在"跃迁着，但始终不能完全同一，这就是人向死而生的过程。用民间俗语讲就是，"人怎么样都是一辈子，反正都是要死的"，又有俗语讲，"人是要死的，临死但求心安"，这心安就是，在对根本恶的后悔、懊悔、忏悔，即"人之将死其言也善"中，对不朽与永生的终极意义折射出的精神慰藉，也就是终极关怀。它反映了人在去死亡的路上，持一种什么态度，是以"在者"的态度还是以"在"的态度。显然应该以"在"的态度，在活出人性的光辉灿烂，体悟到"在"的终极善的永恒伟力中，以坦荡、充盈、丰实的态度进入死亡。于是，终极关怀不仅使向死过程彻底摆脱掉根本恶无休止的纠缠，也使人之归宿从无根、无源的游荡心境中跳了出来，死亡状态变成了一种以"在"的生存方式构筑的人类"诗意的栖居地"，② 进而在终极善终极意义的依据中凝聚出了人的德性与天地的完美统

---

① ［美］保罗·蒂利希. 存在的勇气［M］. 钱雪松，译. 北京：中国轻工业出版社，2009：11-12.

② 冯铁山，栗洪武. 论先秦儒家的诗意德育［J］. 教育研究，2009（8）.

一，最终彻底找到了人作为终有一死者的最好归宿，使死亡演化为了一种向永恒、不朽、长生的神性的跃迁之路。

黑格尔说道德是伦理的造诣，而终极关怀的造诣就是信仰。其分为三类：其一，物的信仰；其二，权威信仰；其三，道德信仰。终极善的终极关怀的造诣应该是道德信仰，也就是终极性道德信仰。它反映的是，终极性道德从"最大多数人的最大利益"和"最大多数人的最大幸福"出发的终极标准和原则。它使个人的根本恶在为了最大多数人利益的"神律"中完全无法显现，于是，个人利益彻底被虚化，从而站在整个社会、整个宇宙的云端，俯瞰人生的蝇营狗苟，数算人的卑劣纷争，一种强大的、欲维护人类总体生存和延续的社会责任感油然而生。它把终极善作为现代人存在的绝对真理，在对终极善的始终关切、始终眷注中，根本恶的恶性被转化为空无状态。同时终极善被必然性地注入良心深处，生成了基于终极意义的维护人类总体生存和延续的自由自觉行为。这一过程与其说人成了终极目的，不如说人已经充分意识到，自己是个必然要以道德律为终极目的的存在者，想尽办法让根本恶退隐，以显现终极善、践行终极善成为活着的宿命，并以合乎理智的方式向全世界宣告，人是为一个最高的、最圣洁的、最神圣的，反映宇宙秩序、生命源泉的终极世界观和价值观活着的。所以，基于终极善的终极性道德信仰必然会走向宗教信仰，以牟宗三的观点，它们都是在根本恶的无穷后退中，对终极善高远境界的"顿教"。①

终极性道德信仰彰显的就是两个字"皈依"，就是在对根本恶虚化的"应当"中，投入终极善的怀抱，以心性的终极超越唤起对终极善的根本性道德觉悟，同时，人的本性也逐渐转化为创生终极善的本体。根本恶就在这本体中，被迷失了恶质的方向性，被摧毁了恶性的坚固性，使人处于自然而然的终极善状态，一个基于终极关怀的本体性精神家园就成型了。这个家园用四个字告白了终极善的终极探问："大爱无疆。""大爱"以无条件的呵护性，虚化了根本恶的本体意义，在宏观上把握了终极善的"神

---

① 樊浩. 中国伦理精神的现代建构 [M]. 南京：江苏人民出版社，1997：56.

性”所指，并在道德感受的极限层面不断体验着这种神性持续勃发的超越人类任何认识的无穷力，就是那种人的认识世界似乎永远难以达到的无限智心。正是这无限智心，使根本恶的自在性完全升华为实现生命终极意义的自由性，更营建出了对终极善意念形态、意境形态、意识形态上的笃信。反映在具体德目上，就是天下为公、仁者无敌、义薄云天等，这些德目既有普通人对自己作为主体的终极关怀，也有中国近现代历史上伟人们为了民族解放、人类解放那种无私无畏的牺牲型人格。

如果说，每个人都有可能随机地、偶然地践行超越性道德的一瞬，那么把这一瞬变成自身生命的一生，就是终极性道德。“恶”的德育之终极性德育，就是推动个体把这“一瞬”变为“一生”的过程。具体讲，终极性道德就是现代人在虚化根本恶，彰显终极善过程中所能达到的一种“神性”境界的道德自我确证体系。“恶”的德育之终极性德育，就是在公共生活中，在内在心性的彻悟下，现代人以终极性道德虚化根本恶，发扬终极善，生成“神性”道德自我的活动。其关键就是终极性信仰的形成，而信仰的形成无非两种：其一，在理性推导中慢慢获得；其二，在激情一跃的机缘中突然获得。前者被称为适应性理念信仰，后者被称为超越性启示信仰。严格讲，只有后者才属于信仰范畴，终极性信仰正属于后者。前者中理性是达到终极性信仰的工具，但同时又是“信”的障碍，所以康德说，只有限制和扬弃理性，为信仰留地盘，才会有真正信仰。所以理性信仰虽然可以通过个人长期努力而达到终极性信仰，但是保罗·蒂利希说，这需要生存的勇气。① 因为，理性信仰与终极性信仰最大的区别就是，是否具有“无我”地投身于终极道德实践的无限勇气。这意味着，作为人独特的根本恶，已然被完全虚化为“非存在”，人已然以一个基于终极善的“神性”面貌出世，这时，来自世俗社会的看不惯、威胁、否定等的打击会铺天盖地，一句话，不接受这样一个接近“神性”的人生活在普通人中

---

① ［美］保罗·蒂利希. 存在的勇气［M］. 钱雪松，译. 北京：中国轻工业出版社，2009：1.

间。于是，终极善需要迸发出巨大的生存勇气，去颠覆这种不接受，也就是必须生出一种不顾不被众人接受而把自我作为"被接受者"加以接受的勇气，可以说，终极性德育就是在对这种勇气加以孕育、培育中，熏陶一种"不顾性的自我肯定"的心理品质，从而达到终极善境界的日常化。

应该说，终极性德育是"恶"的德育的最高境界，也是最后归宿。这时根本恶在"他律""自律"向"神律"的自觉澄明的跃迁中，恶性已然完全被溶化在终极善中，被虚化为一种无意义的非存在。同时人生出了一种幸福的"向死而生"的终极性力量，推动着"大爱无疆"的终极善随处蔓延，在蔓延中，人的类特性追求的不朽、不灭、不死的渴望，获得了极致的确证。

小结

"恶"的德育绝不是在扬恶，也不可能扬恶，它的全部核心都是在"抑恶"，通过直接的"抑恶"来间接地扬善。"恶"是人特有的本质，它以结构化的形式在人身上存在着。根本恶构筑了其自然属性的基石，平庸恶构筑了其社会属性的生活方式，而歹毒恶构筑了其现实生命最极端的社会存在限度，它们三者的辩证运动，就是人类用高级类取代低级类的善恶超越的文明过程。现代社会中，善被遮蔽，恶被揭蔽，"私性、私欲、私心"成了现代社会的逻辑起点。按照孟子的说法，人的一切私欲都是可以被满足的。而善恶的泾渭分明就在于满足的方式，一般讲，私欲以非理性方式满足就是恶，以理性方式满足就是善，由此，"恶"的德育的基本过程，就是使私性、私欲、私心追求理性满足的过程，这是"恶"的德育的根本，也是现代德育的根本。

因此，"恶"的德育所要做的就集中在一点，就是想方设法"箍住"现代人不断合理化了的从私性出发的"恶性"。以底线德育的法权、陌生人德育的规则、超越性德育的准则、终极性德育的信仰，整合性地遏制歹毒恶以确证初善，克制平庸恶以普及一般善，掩蔽根本恶以广播至善，虚化根本恶以响臻终极善。整个过程包括一个目的两个阶段：第一阶段，旗帜鲜明地分清基于"私域"的私人生活与基于"公域"的公共生活；第二阶段，在公共生活中，努力塑造出现代人知恶、抑恶、化恶的自主管理机制。如此最终实现公共理性对于"恶性"全面接管的根本目的。可知，"抑恶"是"恶"的德育的根本，先压住恶，之后才能转化、移植、提升、发扬善。但是传统"善的德育"，以耻感作为"抑恶"的主导，已完全唤不起一点现代人做了坏事之后的羞愧心理，再厚颜无耻的言行，人们都没有了基本的耻意识。因为性善论虽有温情，但它对人对社会的审视缺乏本体意义的灵魂剖析，在适用于社会现实时，只能依靠一厢情愿的舆论谴责、不痛不痒的简单惩罚，这完全是掩耳盗铃般的自欺欺人。这样，用一种新的道德荣辱感来取代耻感，重新确立、树立人们内心围绕自我羞耻、自我惭愧、自我羞辱的社会良心意识，已是现代社会刻不容缓的大事，这个新的道德荣辱感就是"罪感"，而任何德育都是从塑造感受性开始的，"恶"的德育就是从全面塑造罪感开始的。

第四部分

始于"罪感"的"恶的德育"

第一节　"罪感"辨析

一、原罪、罪性及罪感

应该说，"原罪"是整个西方文化的奠基石。伊甸园里亚当、夏娃违背了与神的约定，在蛇的诱惑下偷吃了禁果，学会了辨别善恶，产生了自由意志，从而使人类始祖感觉到自己像"神"一样具有了全知全能的自主力量。在这股力量的推动下，人类始祖试图摆脱"神"的控制，一改过去以"神"为中心的"神"本生活，过以自己为中心的人本生活，其实质就是人希望自己成为神，这种以为有了自由意志，就可以自主地、独立地甚至放纵地僭越"神"，就构成了"原罪"的基本内涵。它也彻底激怒了"神"，人类始祖被赶出了伊甸园，带来了"必死"的严重后果。那么，基督教的"原罪"到底是一种什么罪呢？从现代法律角度，这是一种很普通的、常见的违约罪，具体讲是两种罪的整合，违背了对"神"的承诺的失信罪和相信了蛇的引诱的轻信罪，前者是"原罪"的核心。① 实质上，

---

① ［英］约翰·麦奎利. 基督教神学原理［M］. 何光沪，译. 香港：道风书社，1998：99.

"原罪"本身并没有什么大不了的，就是人性中的一些"错、弱、懒、惰"等。问题是，它产生的自由意志使得自我意识被唤醒，其内含的私性、私欲、私心也被唤醒，这才是对人类文化意识、历史意识具有深远影响的原动力。因此，马克思主义认为，"原罪"的全部所指就是个体身上从自由意志出发的自我意识内含的基于私性的主观能动性。①

如果仅仅把"原罪"放在宗教范畴内进行讨论，那么"原罪"本身对于人类生存的精神内涵就显得太单薄了，理解"原罪"对于人类生存的普遍意义，必须将它放在具有普遍性的文化哲学问题的范畴中。应该说，"原罪"意识是早在基督教之前，在人类诞生的第一时刻就已经存在的与生俱来的一种意识觉醒。② 人类诞生的标志，是从禽兽族群中具有了超拔出来的自我意识。马克思主义认为，当个体把自己的生命活动本身变成自己意志和自己意识的对象时，人的类特性随之产生，人与动物质的区别就产生了，意味着人意识到了自己是人类，于是，人类对自己的行为开始具有了反省能力。

首先进入反省视野的，就是人类自己屠杀"同类"的行为。由"万物有灵论"可知，原始人最初是把自己看作千万平等物种中的一种，他们天然地拥有众生平等的生命伦理意识，这是一种原始无意识平等观。在这种无意识平等观支配下，原始人为了自身生存去捕杀其他动物，完全是自然而然的行为。但是随着自我意识的觉醒，原始人开始对这种自然而然的捕杀行为感到了不安。因为"无意识捕杀"变成了"有意识捕杀"，致使他们突然明白动植物都是无辜的，他们将其他"同类的"动植物有意识地当作生活资料，就不那么理直气壮，常常有做贼心虚的感觉，所以，人每次杀死动物，对那些不幸被自己杀死的动物，天然地怀有一份愧疚之情。但是，人们又必须不断杀害动物以维持自己生命和种族的生存延续，只要这种活动不停止，人类的罪孽就会源源不断地产生，这是原罪的最初含义。

---

① 何向东，等. 中西哲学因果关系研究的回顾及其启示 [J]. 哲学研究，2010 (2).
② [英] 利文斯顿. 现代基督教思想 [M]. 何光沪，译. 成都：四川人民出版社，1999：222.

而在不断的杀害中,人类自身感觉是不光彩的,甚至是极其不光彩的,总有那种掠夺者的强盗意识。当人类在观念上给自己设定了掠夺者身份的时候,必然在道德上带来自觉丑陋的做贼心态,久而久之,人对于万物开始普遍地具有了一种亏欠的内疚感。这种情感使人类发现了自己与其他生物种类是不平等的,唤起了一种"有意识的不平等观",但是那种原始"无意识平等观"根深蒂固地存在于人类体内,在自我意识催化下,转变为一种"有意识平等观"。正是在这种有意识的平等与不平等之间,否定和肯定的辩证运动的内在矛盾性不断促使人类自我意识进行反省,将人对万物亏欠的内疚感整合为了原罪意识。所以,原罪意识是原始人对于动植物内疚感的升华,在远古时代,这是一种非常普遍的人类情感。① 基督教将其进行了揭示、提炼、概括,进行了宗教上的提升,将原始人从与自然和谐一体的自在关系嬗变为对自然具有支配的自为关系的这一过程,转型为了一种由自我意识内含的自由意志导致的人—"神"关系的断裂。

奥古斯丁说自由意志是中性的,既可以为善,也可以为恶,充满着向善、向恶的不确定性。② 但是人的向善能力与向善意愿是两回事,自由意志具有强大的向善意愿,但只有微弱的向善能力。正如保罗(St. Paul)说的"我所愿意的,我并不做;我所恨恶的,我倒去做"。"我觉得有个律,就是我愿意为善的时候,便有恶与我同在。因为按着我里面的意思,我是喜欢善的律。但我觉得肉体中另有个律和我心中的律交战把我掳去,叫我附从那肉体中犯罪的律。我真是苦啊。"③ 虽然自由意志能够知善恶、明羞耻、辨是非、晓智慧,但这只是自由意志作为个体主观的善良意向、意念、意想而已,一旦到了实践范畴,总是遵循"肉律"准则,不由自主

① [英]利文斯顿. 现代基督教思想 [M]. 何光沪,译. 成都:四川人民出版社,1999:221.
② 奥古斯丁. 论自由意志——奥古斯丁对话录 二篇 [M]. 成官泯,译. 上海:上海世纪出版集团,2010:117.
③ 闻骏. 论施莱尔马赫对基督教原罪教义的反思与重释 [J]. 武汉科技大学报(社会科学版),2012(6).

地按照私欲行事，情不自禁地按照私欲做事，几乎不能自拔。因此，奥古斯丁对人类的自由意志不抱希望，甚至说自由意志从一诞生就不可能向善，只会向恶，而且终生如此，这是人类"原罪"的实质所在。[①] 他断言，人自身永远不可能从这种"原罪"中解救出来，只有依靠外力，这个外力就是"神"。可以看出，所谓"原罪"正如马克思说的，"人来源于动物界这一事实，决定着人永远不能完全摆脱兽性"，为基于兽性的私性的"原罪"所支配，正是人类的天性。人不能为自己天性的产生负责，然而，人必须为自己由于滥用自己的天性的所作所为负责，这才是"原罪"在人身上的各种表现一定要得到追究的根本所在。

由此可知，原罪深刻揭示了人类生存永恒的、不可克服的悲剧性，一种无法克服的生存困境：有限性与无限性之间不可逾越的鸿沟。原罪就是对这条鸿沟的概括。决不能把原罪仅仅当作基督教的神谕概念，应该说哪里有人类，哪里就有人类的生存困境，哪里就有原罪。希腊语"罪"的含义是"未中目的"，未中什么目的？就是人没有活出他能活出的最好样子，没有成为一种作为"人"的实存者本质的存在，就是没有活出"神"的那种永恒的样子。人总是活在一种生存困境中，就是有限的肉体自我永远不可能达到无限的彼岸自我。尼布尔（Reinhold Niebuhr）认为，拥有自由意志并不等同于能够正确运用自由意志的情况。[②] 为了摆脱这种生存困境，人无所不用其极地运用着自由意志，于是，不可避免地出现了大量滥用自由意志的情况，滥用得越多，人离彼岸世界就越远，离"神"的那种永恒的样子也就越远，伴随的必然是原罪中大量的"罪性"被释放出来。奥古斯丁认为，自由意志、原罪、罪性都以自我意识为表达形式。[③] 不同的是，

---

① 奥古斯丁. 论自由意志——奥古斯丁对话录 二篇 [M]. 成官泯，译. 上海：上海世纪出版集团，2010：137.

② [美] 尼布尔. 人的本性与命运 [M]. 汤清，译. 北京：宗教文化出版社，2011：56.

③ 奥古斯丁. 论自由意志——奥古斯丁对话录 二篇 [M]. 成官泯，译. 上海：上海世纪出版集团，2010：137.

原罪是一种事实性的无意罪性，是自在状态的自我反应，而自由意志是一种意动性的蓄意罪性，是自为状态的自我反应。而私欲是它们两者的共同基础，共同表达的是精神对肉体无原则的妥协状态。

黑格尔认为，人类大量滥用自由意志，使原罪释放的罪性就产生在"人在他自在的即自然的状态，跟他在自身中的反思之间的连接阶段上"。① 这就是说，一个人意识到"罪性"，是因为他意识到，从自然状态迈向自我意识、从自在状态迈向自为状态，必然要受到私欲的阻碍，而人由于自由意志的脆弱性总是被私欲所控制，就是康德说的，感性原则总是战胜道德原则，恶的产生是必然的，那种"罪性"的产生也是必然的。因此，"罪性"深深扎根于自由意志无法控制的私欲中，私欲深深扎根于自我中，而自我的自行运行生成了人类社会的一切客观事实和现象，这样，奥古斯丁就把罪性作为人的生存状态，它不仅可以"在世俗社会中传递"，而且可以渗透在一切社会客观事实和现象中，形成共同体的罪性及其对个体不可抗拒的影响。② 这使得个体一出生就被抛置在渗透着罪性的世界中，任何人都无法免于罪性的侵蚀，无法逃脱这一铁律，它构筑了整个人类生存的牢笼，更是每一个个体的牢笼，即"我有罪，所以我存在"。于是，罪性被扩展为人的一种意识不到生存方式，"罪性"所渗透的自我就构成了人类先验的生存向度。它最深刻地反映了人类追求无限中对自身有限性的无奈、忧惧甚至绝望。

在绝望中，人们逐渐认识到，正是因为自由意志长期、持续地被滥用，甚至就是自由意志本身导致了无休止的罪性源源不断被产生出来，从而使人类无论怎样努力，都永远达到不了永恒的彼岸世界。人们开始动摇、怀疑自由意志的绝对性，伴随出现了否定自由意志，否定自己的私性，甚至否定自己自然存在的强烈趋向，自由意志从此开始走上了强烈的

---

① 张颐. 黑格尔与宗教［M］//张颐. 论黑格尔. 侯成亚，等编译. 成都：四川大学出版社，2000：35.

② 奥古斯丁. 论自由意志——奥古斯丁对话录 二篇［M］. 成官泯，译. 上海：上海世纪出版集团，2010：47.

内向化之路。就是尼采说的，把过去针对外界、针对他者的自由意志之释放通路掉转了方向，转而针对个体自身，即从折磨自身，在对自由意志的压抑、贬抑中，促使个体潜意识里萌发了一种"有愧于……""有负于……"的自我意向，伴随产生了一系列内疚、愧疚、亏欠的否定性情感，这就是罪感。"有愧于……""有负于……"什么呢？即人因获得了"神"的能力——自由意志，却没有活出"神"的那种永恒的样子而感到内疚，用黑格尔的话就是，有限性个体追求无限性中，突然感觉自己很"无能"、很"低贱"时产生的否定性情感。① 所以舍勒说，罪感是两种罪的合体。在现实的工具性上，内含伦理意义上"欠负"的"负罪之在"，在理想的本体性上，内含哲学意义上"欠负"的"欠罪之在"，"负罪之在"是人作为存在本体的此在，"欠罪之在"是人作为存在本体的彼在，两者共同构成了个体行为意志的存在之根。②

实质上，罪感是对滥用自由意志产生的罪性进行评估后的人类的道德反应，是推动人由"欠缺"走向"完满"的一种具有动力特征的特殊的道德情感。从关系角度表述"罪感"，就是一种对"人与他人""人与群""人与自然"疏离带来的与普遍关系断裂所产生的深深的忏悔感。

二、宗教罪感与法权罪感

这里的宗教主要指基督教。汤因比（Arnold Joseph Toynbee）认为，任何一个文明社会的精神活动都是以宗教为根基的价值活动，不同文明都是由宗教衍生出来的一套价值系统。③ 伊甸园的故事告诉我们，人类始祖偷吃禁果犯原罪，带来的是"必死"的惩罚。人类从此生活在一种有限的肉体自我永远不可能达到无限的彼岸自我的价值困境中，被死亡所掌控。海德格尔说："死亡是一种与众不同的悬临，因为此在本质上是对他自身是

---

① 张颐. 黑格尔与宗教［M］//张颐. 论黑格尔. 侯成亚，等编译. 成都：四川大学出版社，2000：125.
② 刘小枫. 罪与欠［M］. 北京：华夏出版社，2009：13-17.
③ 李泽厚. 中国古代思想史论［M］. 天津：天津社会科学出版社，2004：44.

展开的，而其展开的方式则是先行于自身，由是之故，终结生命的死亡虽未到来，却在死亡意识中'预先悬临'了，使人还没有死，却在'先行'体悟着死。"① 奥古斯丁说，这种"死亡意识"正是人类滥用自由意志的必然结果。滥用自由意志斩断了"人—神"关系，走上了"人本"代替"神本"的傲慢之路，其实就是一条死路。在这条死路上，人类越来越陷入那种毫无意义、毫无着落、毫无希望的虚无境况，处于绝望的无家可归、生无可恋、痛不欲生中，于是产生了深深的懊悔感和忏悔感，这就是宗教罪感，这是"恶"的德育中罪感的第一阶段。

可以说，"罪"一开始就是一个宗教词汇，其基本含义就是对宗教价值的否定，对神圣生活的违背。与宗教罪感最为接近的同义词是不敬神、不信上帝，用哲学语言表述就是，作为实存者的人类失去了某种超越性的支撑，滑向无秩序的否定之中，成了一种游离于无价值和无意义之虚空中的存在状态，整个过程被体验为一种"神"的缺失。这种缺失在人类体验到宗教罪感的那一瞬间就会产生。在其中，人体验到了某种高深莫测的"神秘"的东西，以致在人内心深处产生了"令人战栗的恐惧感"。它不同于任何一般意义上的恐惧，而是一种"敬畏"之上的畏惧感，既叫人产生自我的绝对的贬抑，也唤起人崇高的神往感，形成了一种"畏惧与神往"的奇特对立。在这种奇特的对立中，人类感觉到了内心深处缺乏神圣，又对神圣极端渴望的愧疚之情。正是通过这愧疚之情，宗教罪感感知到人的命运在神圣力量面前的渺小。出于对自身生存这种悲剧性的自觉性，人类在灵魂深处强烈地唤起了基于自我谴责和绝望的否定性，并把这否定性彻底地注入作为有限的具体的肉体中，成了它的存在方式。从此，人类置身于追求"虚无"的存在之路不能自拔。虚无成为他命里注定的一个生存归宿，向前进入更充分的存在，结果是虚无，向后滑入所由出的存在，还是虚无，人类完全陷于世间沉沦自我的"无"中。但是，人之为人的独特性

---

① Russac R J, Gatliff C, Reece M, et al. Death Anxiety across the Adult Years: An Examination of Age and Gender Effects [J]. Death Studies, 2007 (6).

不仅在于因生命虚无而以消极的态度放弃此生，仅仅是"经过"此生，而且更在于面对生命虚无能以积极肯定的态度担当此生以便"设定"此生。如尼采说的，就是为原本没有意义的人生创造出意义来，虽然知道这是一场伟大的自我欺骗，然而正由此显出了人的卓越和崇高。① 正是此处生成了人类区别于并高于其他动物的生存品质，那就是依据信念有意识地面对死亡而生，在未被死亡吞灭之际，我们就以巨大的热诚想方设法努力延长寿命，使生命获得价值和意义。就好比吹肥皂沫，尽管明知一定会破灭，然而还是要尽可能吹下去，从而使生具有了担当苦难，以至于超越自身生命、超越死亡，感受到自身永恒性的意义，这就是宗教罪感赋予人的伟大性和高贵之处。

更为重要的是，宗教罪感奠定了西方传统社会基本道德的底线。实质就是在有限的肉体与无限的彼岸世界之间形成了一种具有绝对依赖感的共通性。它以宗教罪感内含的对死亡的恐惧为中介，逐步出现了在感性上对"他心"的敏感性，理性上从"所有人"角度考虑问题的倾向性，从而激起了个体主动追求彼岸世界普遍的道德动机，推动其宗教德性不断醒悟，自觉转化为道德经验，自主提炼为道德规范，自动提升为道德能力，建构了一种"向内看"的蕴含普遍性义务和责任的绝对道德标准，生成了康德所说的一种出于责任的来自先天道德律的定言命令，使自己监视自己、自己监控自己、自己监督自己的良心机制成了超越利害、生死之上并延续世俗生活生存的精神支撑。从此，宗教罪感成为西方传统社会每个人身上的"第二自然"，人类走上了一条在宗教罪感推动下，依靠永恒信仰抗拒死亡，向死而生的自我救赎之路。救赎的核心就是如何拯救自己的灵魂。在西方文化中，尤其是中世纪的人们，对于灵魂死后归属问题是相当严肃认真的。救赎的路径非常多，洗礼、献祭、赎买、隐修，等等，但是其始终围绕着两个主题：纵欲、禁欲。基督教的一般观点是，放纵欲望是达到彼

---

① ［美］胡克. 历史中的英雄［M］. 王清彬，等译. 上海：上海人民出版社，1984：77.

岸世界的最大障碍，因此必须对私欲进行抑制，从本质上说，就是对肉体的否定，尤其是对性的否定。禁欲主义希望通过这种对自我肉体的否定，来达到灵魂的救赎，从而净化灵魂，使之升华到一种"神人一体"的永恒状态。在西方文化源流中，古希腊的柏拉图、斯多亚派以及新柏拉图主义等一直持这种观点。

而近代以来，随着基督教一次次宗教改革，"纵欲"走上了全面揭蔽之路，宗教罪感也走上了全面揭蔽之路。马丁路德（Martin Luther）首先确立了基于私欲的世俗工作是为上帝所喜悦的"荣耀神"的活动。而将此活动彻底纳入正轨的是卡尔文（Melvin Ellis Calvin）的"入世禁欲"，他认为，追求财富是最好的"荣耀神"途径，也是正当且高尚的人生追求，普通人不应该因这些追求有什么愧疚感，甚至罪感。① 洛克把它归纳为"生命、自由、健康、财富或私有财产"，具体就是吃饭、喝水、性欲、说话、交往等的人作为一个自然人赖以生存的一切功能的展开，又称"天赋人权"，任何他人都无权剥夺一个人的这些权利。② 其中马克思阐明得最深刻，他说："人作为自然的、肉体的、感性的、对象性的存在物，和动植物一样，是受动的、受制约的和受限制的存在物，也就是说，他的欲望的对象是作为依赖于他的对象而存在于他之外的；但这些对象是他的需要的对象，是表现和确证他的本质力量所不可缺少的、主要的对象。"③ 法国的《人权宣言》、美国的《独立宣言》以及《联合国人类权利宣言》把这些权利以国家宣言、共同体根本原则的形式，转化为了资产阶级的政治纲领和法律。

从此，现代社会被卷入了一场虚无主义放纵"私欲"的自我解放运动不能自拔。宗教被全面祛魅，"神"完全没有了，人的"罪性"自然没有了存在的前提，宗教罪感失去了合法的伦理基础，迎来的是现代性的解

---

① 马克斯·韦伯. 新教伦理与资本主义精神［M］. 西安：陕西师范大学出版社，2002：57-58.

② 周辅. 西方伦理学名著选辑：上卷［M］. 北京：商务印书馆，1996：111.

③ 史彤彪."天赋人权"论简析［J］. 中国人民大学学报，1992（3）.

放。于是，现代人自我意识中，内含的源自动物本能基质的意识到和能意识到的欲望冲动的总和获得了立体式的解码和去疆域化。禁欲精神完全烟消云散，自由意志的被滥用再不是什么错误，没必要内疚、愧疚，更谈不到什么罪感。相反，现代社会人们越来越确信，要摆脱生存困境，要真正克服对死亡的恐惧，就要充分地、全面地运用自由意志，就像马基雅维利说的，任何对自由意志的吝啬，都是对自己的犯罪。① 只有极大地发挥基于私欲的自由意志的全部生命能量，人们才能在有限的此岸世界和无限的彼岸世界之间建构起自主的解放之桥。由此，现代人进入了视享乐主义、个人主义、功利主义为人生终极意义的历史宿命中，追求私利成为全社会的一种意识形态化的责任，"满足私欲"成为现代人生存幸福、价值归属、精神支撑的信仰。这样，曾经被宗教罪感牢牢压抑的私欲，开始全面恢复了"德性"上的青春。在西方文化语境中，有两种罪，除了潜伏内心的未然之原罪外，还有原罪的衍生物，外在客观化的已然之罪，"私欲"的自我解放运动，就是对这种已然之罪的彻底释放。这意味着，现代解放在祛除宗教罪感的同时，彻底推动着原罪的衍生物——"罪性"，形成了一股超越个人并控制着每个人的外在力量，向社会的一切领域进行了衍生、扩散，这种衍生、扩散是本体论意义上的绝对扩散，这不仅是滥用自由意志的后果，应该是极度滥用自由意志的后果。康德认为，任这种状况发展下去，人不仅不会活出真正的人样，甚至会退回到禽兽。② 因此必须用有意识的实在法，对自由意志进行自我立法，在限制、规范、约束中，使自由意志的表达充分理性化、理智化。这样，法权罪感取代宗教罪感就是自然而然的了，这是现代"恶"的德育罪感的第二阶段。从而在现代社会，开始了从上帝面前人人平等到法律面前人人平等的伦理秩序跃迁。

---

① 周辅. 西方伦理学名著选辑：上卷 [M]. 北京：商务印书馆，1996：89.
② ［德］康德. 康德道德哲学文集：注释版上卷 [M]. 李秋零，译. 北京：中国人民大学出版社，2016：408-409.

克尔凯郭尔说，罪带来的一定是恐惧。① 宗教罪感是人由自身肉体有限性带来的对死亡的恐惧，而法权罪感则是对违反法规带来的对惩罚的恐惧。它是现代社会走"道德的法律强制之路"的必然结果，其遵循这样的逻辑：现代人总是认为，自己的私欲是合理的、正当的，因此对于自己的私欲带来的罪行是不会主动认的，也就是从不会认为自己的私欲产生的罪行是一种罪性。只有用暴力打碎其固有观念，将其推至无助、崩溃甚至非人边缘的惊恐中，才可能使其意识到由自己的私欲引发的罪恶所带来的危害，从而活出真正的人样，这就是西方现代法权中"暴力受洗"观点。它表明以法律为代表的暴力理性是解决现代社会私欲"公意化"最好的利器，这是人类科技理性产生的工业文明必然的"公意"。它通过选择以法律意志为本位的规范模式，用国家法权暴力进行"武器的批判"，使现代人产生恐惧，并萌发出他们愧疚的否定性情感，来无所不在地压制、抑制他们内心的私欲、私性、私心，在根本上完成从神意报应到法律报应的历史进化。因此在现代法律的长期训练和培育中，现代人敏感的神经系统甚至对微弱的法律刺激都会产生一些过激的惊恐反应。这种惧怕违反法律的心越强，人们的理性就越是敏感，内在心灵就更加无法自拔地陷于道德困境的反复理性思考、理性衡量、理性权衡中，致使个体不得不以某种自我疑惑、自我否定的心态恐惧于私性、私欲、私心的释放，进而在自己潜意识里萌发了一种自我愧疚的否定性情感，这就是法权罪感。正如李斯特（Friedrich List）所说，"现代社会最好的社会政策，就是最好的刑事政策。"②

它使现代人不得不在法权暴力中，考虑自己的私欲、私性、私心，必然产生了既在社会之中又在社会之外的紧张与恐惧。因为对于违反法律的惧怕越是强烈，人们的理性就越是敏感，自我越是加剧地陷于困境，内心就越是从过去宗教的"人—神"争斗场所变成私欲的自我争斗场所。于

---

① ［德］克尔凯郭尔. 畏惧与颤栗 恐惧的概念 致死的疾病［M］. 京不特，译. 北京：中国社会科学出版社，2013：330-332.

② ［英］约瑟夫·拉兹. 法律的权威：法律与道德论文集［M］. 朱峰，译. 法律出版社，2005：137-138.

是，现代人开始在对法律规则的遵从与违背的利害得失面前广泛展开分析、辨别和决断，在换位思考中，依赖自己的想象力，进行孤独的自我反省、自我反思、自我省察。如康德所说的，人想方设法构建出属于自己理性与理智的现代道德标准、道德取舍、道德空间以及道德定位。从而人彻底明白自身自由意志的有条件性、有限性和自我制约性，不得不对现代道德的基本"善""恶"做出正常判断。实质上，就是用法律的制度本位取代宗教的神本位，并使之成为现代人的终极信仰，这是现代"恶"的德育的根源性诉求。

具体就是，通过一系列轻过重罚的举措，使现代人不得不以某种自我鄙视的心态，羞怯于私性的张扬，而听从于法律隐蔽的约束力；使现代人不得不以某种自我疑惑的心态，焦虑于私欲的表露，而服从于法律无处不在的管制力；甚至使现代人不得不以某种自我否定的心态，惊悸于私心的爆发，而顺从于法律随处可见的束缚力。在其中，每个现代人于违背法律惊恐的罪感中逐步学会了一种"不得不"的自我节制、自我设限品质，即在进行公共生活时，通过理性对私欲进行调节、转化、提升的一整套"本能管理"技巧。整个过程渗透的都是在法权罪感带来的恐惧推动下，每个现代人不得不保证自己的日常行为普遍合于道德，使被法权强制的善良意志之伦理行为变成不得不的自律性道德行为，达到维护传统宗教罪感已然"失范"，而现代社会必须维护的共同生活秩序，从而人彻底走上了并逐步实现着从来世救赎到现世拯救的现代世俗之路。可以说，"恶"德育的法权罪感一改宗教罪感那种温情脉脉"劝人向善"的软弱无力，以法律的刚性抑制现代人内心基于私欲的"恶"，强制性地培养他们一种不得不的向善意识。如果说，宗教罪感代表的是西方传统德育的一种通过教义直接扬善的"善的德育"，那么法权罪感代表的就是一种通过以法律的国家意志直接抑恶达到间接扬善的"恶"的德育。它虽然需要较长的时间，但是这样的转化强度大，程度很深，且作用十分持久。正如康德说的"我们之所以需要法，是因为我们需要道德"。

走"道德的法律强制之路"是现代社会的时代诉求，它使得保持现代社会初善的任务落在了现代法制上，现代法制就成了现代社会推行基本善的最后平台。黑格尔说，在现代社会，人们对于他人表现出的诚信和善良并不是因为他们"心善"，而是因为在法律的威慑力下，他们不得不表现出善意。① 虽然法权罪感取代宗教罪感完成了现代社会的自我救赎，但就此丢弃、抛弃了宗教罪感。涂尔干说，现代法律崩溃是迟早的事。霍布斯说，不能丢弃、抛弃宗教罪感。因为宗教和法律是人类社会进化中的孪生兄弟，没有法律的宗教，就完全丧失了最世俗的社会性物质保障，没有宗教的法律，就丧失了来自神秘力量的绝对保障。② 实质上，西方现代法制一直就扎根于宗教土壤中，始终没有离开过。《圣经》中所描述的上帝与人的立约，是法律制度的最早期形式，还有犹太教摩西十诫所包含的律法精神，就构成了西方上千年来法制的核心。"教会法之父"格兰西（Decre-tum Gratiani）认为，世俗社会犯的罪，一是因为"原罪"，二是因为自由意志，两者结合产生了世俗社会的各种罪，所以世俗社会的各种罪本质上都是违反了"神—人之约"的缘故，而世俗社会的各种法律就是"神—人之约"的具体表现。③ 尤其是现代以来形成的那些诸如平等、公平、正义等理念之神圣感，都是在对宗教的神圣意义、崇高信仰进行了上千年体验的基础上生成的，其必然带来现代法制的神圣崇高。所以无论是西方现代刑法、民法、经济法等，都在与基督教相关教义千丝万缕的联系中产生出了深深扎根于宗教罪感，朝向崇高性和神圣性的那种自己监视自己、自己监控自己、自己监督自己的绝对定力，获得了那种没有任何外人在场也能够自主纠错、自觉改正、自动认错的良心谴责机制。这个机制就是对惩罚的恐惧和对死亡的恐惧的整合，其实质就是完成了法权罪感与宗教罪感在根本上的内在契合与融合，构建出了现代"恶"的德育追求的完整的罪感，从而在现代人内心树起了一堵阻塞私欲于无形的自觉的"理性之墙"。

---

① 张文显. 二十世纪西方方法哲学思潮研究 [M]. 北京：法律出版社，1996：55-58.
② 吕世伦. 西方法律思潮源流论 [M]. 北京：中国人民大学出版社，2008：111-113.
③ 占茂华. 自然法观念的变迁 [D]. 上海：华东政法学院，2005，6（16）.

三、儒家文化中的"罪感"

中国文化没有像西方文化那样明显的"原罪"，却有源于对父母养育回报的"原债"，但就此断定，中国文化完全没有"原罪"及"罪感"意识，也是失之偏颇的。西方文化中的"原罪"及"罪感"代表的是西方人性中基于私欲的阴暗面。而中国文化中对这种阴暗面的阐释，最有代表性的就是孟子的"幽暗"意识。孔子没有专门论述过人性问题，但孔子在他所处的礼崩纲坏时代，体察到了人性中的幽暗面，具备了一定的幽暗意识。孟子完整阐释了这种萌芽于孔子的幽暗意识，认为人的本心是善的，代表了人性中行仁义的大体，另外还有满足饮食、耳目等私欲的小体。他说："体有贵贱，有小大。无以小害大，无以贱害贵。养其小者为小人，养其大者为大人……饮食之人，则人贱之矣，为其养小以失大也。"（《公孙丑》）这里小体代表的是人作为动物生存必然需要满足的私欲。正是这些私欲成了个体获得高贵人性、体认为人的最大障碍，使人之特有的天地正气被掩蔽，凛然浩气被遮蔽，变为一股推动个体朝向禽兽的龌龊、邪恶、堕落的阴暗之气，这阴暗之气就沉积为个体心灵深处的幽暗意识。可以说，西方文化是以基督教为表征，对私性、私欲、私心进行的正面透视和直接彰显，而中国文化是以儒家文化的含蓄、乐观，对私性、私欲、私心做的间接的映衬与侧面的影射。从"幽暗"意识的定义就可看得出来，张灏先生在《幽暗意识与民主传统》中，将幽暗意识定义为"发自对人性与宇宙中与始俱来的种种黑暗势力的正视和省悟"，这种种黑暗势力的核心，就是基于人的私欲产生的人自身的缺陷性。①

这缺陷是什么呢？就是人类在自身一切活动中，有意识或无意识表现出来的为私性、私欲、私心所控制的个人局限性、文化局限性和社会局限性，人类作为要生存的肉体的存在，几乎不可能摆脱这种局限性，这是人的一种"在体性欠缺"。先秦以来，告子和杨、墨都从人的自然生命力角

---

① 张灏. 幽暗意识与民主传统 ［M］. 北京：新星出版社，2010：11-12.

度，把人的私性、私欲、私心看作人的本性，所谓"拔一毛而利天下，不为也"，来试图克服这个缺陷。孟子批判说，这是"顺欲"，"顺欲之欲，必将使仁义充塞，则率兽食人，人将相食"（《尽心上》）。人的本心是善的，顺欲将使人的私欲更加肆无忌惮地妨碍本心的存养、扩充与光大，因此发现"本心"最好的途径，就是控制欲望，甚至尽可能地减少欲望，即"养心莫善于寡欲"。但是"寡欲"并非"无欲"，孟子并不反对人们享受物质生活，甚至称这是人们应该追求的"幸福生活"。按美国学者赫夫（D. L. Huff）的观点，孟子是一个幸福主义者，即"本心"与各种私欲的全方位的契合满足是孟子认为的幸福，也就是实现了人生终极意义的最高善。①

可以认为，在基于"私欲"的"幽暗"意识与"本心"性善之间，孟子走了一条融合的路。他认为私欲只有在性善的"本心"施仁义、行仁义、践仁义的社会实践中，才得到满足，而且不断地被弱化、淡化，从而获得升华，转化为人生终极意义的善。而儒家体认的性善"本心"的出发点就是"仁"，它表征的是一种"二人为耦，则相亲密"的人际关系，反映到社会，"仁"就是一种亲密和谐的社会关系。因此，当儒家日益摆脱鬼神、天帝等神秘权威的强制而日益独立时，它自然而然就和社会群体形成了一种内在依附的人际关系，会在一种伦理性的社会秩序，如君臣、父子、夫妇、朋友等社会关系中产生一种充满亲情的满足感、个人存在的价值感，乃至个体终极归宿的意义感，生成一个具有超越性终极意义的无限伦理本体。当个体认同、践行这个无限伦理本体时，他就从自己的私欲中逐渐跳出来，体认到无限的道德生命；从瞬间的道德心灵中，体认到某种永恒的终极存在；从偶然的感性存在中，领悟到必然的绝对命令。这样，中国人安身立命的所有源泉都在社会群体的人际关系中获得了永恒、不朽的生存之根。

---

① Richard A. Houfue：Public Intellectuals：A Study of Decline［M］. Harvard University Press，2001：26-27.

　　所以可以说，西方基督教的"原罪"及罪感意识是人—神关系断裂的产物，而中国文化中的"原罪"及罪感意识是人—人关系断裂的产物。这些关系包括人与自我、人与他人、人与群体等，它们构成了文化层面中国人超然性甚至终极性的精神资源。那么这些资源是否正常，存在状态是否理想，是一种维系整个中华民族神圣关系的本体存在，其是否被破坏或破裂，则直接危害着中国人的根本存在及其民族文化建构。所以说，从人际关系破裂来理解基督教所言之"罪"，在中国文化氛围中是完全可能被接受的。诚然，中国人很难接受西方人那种一出生就有的原罪观念。但是，把原罪作为一种对人与人存在关系的破坏，在中国文化氛围中是可以接受的。那么在这些人际关系被破坏的罪行的恐惧中，体悟和揣摩出罪感来，从而在人际关系中找到某种罪感自觉、责任自省、道德自查的宗教情怀，开出当代中国"恶"的德育需要的"原罪"意识，是完全可能的。

第二节　"恶的德育"之知罪德育

一、从"知耻"到"知罪"

　　传统善的德育的"知耻"完全失去了对现代社会私欲爆发的限制和约束，必然进入涂尔干称为"失范"的状态。什么叫"失范"？就是那些铭刻在现代人灵魂深处的代表基本道德的初善被掏空，用康德的话说就是，自然法权回落为自然法则，自然法则退回到自然需要，自然需要回归到自然本能，而自然本能是人类绝不能接受的社会事实。① 因此，用法的"知罪"使现代人重新遵守道德，履行善良意志是必然的。孟德斯鸠认为，人类社会是模仿自然的产物，而法就是人类社会必然地从自然界脱颖而出的

---

① ［德］康德. 康德道德哲学文集：注释版上卷［M］. 李秋零，译. 北京：中国人民大学出版社，2016：434-436.

因果律，是社会作为人的第二自然的必然运作方式，① 就是用法从"自然本能"逆转回"自然法权"，以重塑人类社会的规范性。实现这一过程首先要实现建基于"知罪"之上的现代道德的个人主义制度，这是一条现代道德的法律强制之路，更是一条"法权德育"之路。法国法学家富勒（L. L. Fuller）认为："法律就是使人类行为服从于道德之治的事业。"② 霍布斯、斯宾诺莎在道德与法律之间都持"法律优先论"。霍布斯认为，解决现代社会一切人对一切人的战争状态，最好的办法就是法规，在法规利器下，所有人都会是个守道德的好公民。③ 斯宾诺莎强调，在自然状态下，没有罪的观念；在社会状态下，个人必须接受国家法律的约束，形成罪意识，生成良好的道德素养"配享"国家的权益。④ 庞德（Roscoe Pound）从社会控制的角度指出，传统社会的控制手段是道德、宗教和法律，但是现代社会，法律成了社会控制的主导手段。所有其他社会控制的手段，都只能是在"罪"的彷徨中，从属于法律、衍生于法律、听从于法律。⑤ 这正如罗尔斯（John Bordley Rawls）所说："离开法律制度来谈个人道德的修养和完善，甚至对个人提出各种严格的道德要求，那只是充当一个牧师的角色，即使本人真诚相信和努力遵奉这些要求，也可能只是一个好牧师而已。"⑥

但是"现代道德的法律强制"在当前中国争议很大，反对者甚多，主要原因有以下几点。

第一，儒家思想影响，所谓"导之以德，齐之以礼，有耻且格。导之以政，齐之以刑，民免而无耻"，害怕"民免而无耻"。

第二，法律是强制人"不得不"而不是"自觉"遵守的，完全缺乏道

---

① 萨维尼. 论当代立法和法理学的使命 [M]. 许章润，译. 北京：中国法制出版社，2001：50-52.
② [德] 富勒. 法律的道德性 [M]. 郑戈，译. 北京：商务印书馆，2005：55-57.
③ 丁大同. 论国家对道德生活的干预 [J]. 天津社会科学，2002（2）.
④ 王海明. 伦理学导论 [M]. 上海：复旦大学出版社，2009：44-46.
⑤ [德] 罗·庞德. 通过法律的社会控制 [M]. 北京：商务印书馆，1984：35.
⑥ 罗尔斯. 正义论 [M]. 何怀从，等译. 北京：中国社会科学出版社，1999：153-154.

德应有的内在需求下的心悦诚服，因此，法律不论其价值有多大、效用有多高，终将成为纸上的文字游戏。

第三，法律可以是好的也可以是坏的，不好的法律是恶法，恶法显然不可能阻止道德沦丧，改进社会风尚；好的法律是良法，而良法不能靠法律自身来确认，却要靠道德去保证，去确认。

应该说，"现代道德的法律强制"已是西方发达资本主义国家成功进入现代化的必由之路，我国虽然有自己的特殊国情，但是这种模式应该是很有借鉴意义的。历史上，从传统社会向现代社会彻底转型的过程，就是一大批法律法规孕育诞生的过程，19 世纪中期到 20 世纪初，英国政府通过了一系列立法，《儿童法》（1889）、《劳动争议法》（1897）、《员工补偿法》（1907）、《劳动委员会法》和《国民保险法》（1911）等，在社会治安、公民福利、儿童成长、医疗卫生等方面确立了现代法治体系；德国在19 世纪中期，以皇帝诏书形式向社会颁布《劳动保险法》《劳动疾病保险法》（1883）、《工人赔偿法》（1884）、《伤残和养老保险法》《补充救助法》（1911）、《国民救助法》（1948）等，在劳动保险、安全保障以及社会救助等方面确立了现代法治体系；法国 19 世纪中期到 20 世纪初，以议会名义颁布了《失业救助法》（1865）、《儿童保护法》（1889）、《疾病保险法》（1921）、《治安保障法》（1924）等，在工人人权、儿童发展、社会治安等方面确立了现代法治体系。

进入 20 世纪中后期，出现了"刑法扩充"趋势。正如涂尔干强调的，在高度有机团结的现代社会，相对于社会整体的离心倾向是始终强烈存在的，如果仅靠职业伦理、行业工会以及传统道德远远不够，因此用刑法作为一种补充性手段甚至主导手段来维护整个社会整合的必要性也始终存在。① 最典型的就是日本的《轻犯罪法》，这部法律主要是规范有关公共秩序与公共健康的行为，全文共 4 条，每条内含数十种具体罪名，诸如随地大小便、在公共场所举止粗暴、在公共场所插队、噪音妨碍近邻、在公

---

① 渠敬东. 涂尔干的遗产——现代社会及其可能性 [J]. 社会学研究，1999（1）.

共场所造成他人不快，等等，这些非常轻微的道德过错，在日本都可能是由法院起诉、警察负责执行的犯罪行为，在履行了罚款、拘押等处罚后，会以犯罪行为留下案底的。① 可见，该法贯穿的原则就是"轻微的道德过错，严重的刑罚处罚"。它使城市居民在严格的刑罚震慑下，形成了良好的知罪守法意识，生成了非常高的现代道德素质。除此之外，日本的刑法典、单行刑法与行政刑法所规定的罪行难以计数，基本上都是轻微的危害行为，诸如无故携带可侵入他人住宅用的工具，妨碍他人行走，接近、跟踪他人使他人感到不安，无故关闭公共场所灯火，等等，都被规定为犯罪。其理由是，现代社会生活的复杂性以及与犯罪的高科技化使得许多轻微犯罪行为一旦得逞，便会造成不可估量的侵害结果，因此，必须使刑法保护早期化、预警化，提前保护成为刑法维护社会秩序的必然选择。

　　这方面做得最极端的莫过于新加坡。说新加坡是个法治国家是不确切的，应该说新加坡是个极端法治国家，一个极法化国家。社会生活的每时每刻，你都在以政府为代表的法律的监控下，公园里有很多双眼睛在暗中监视着你，观察你是否乱扔口香糖，是否乱扔垃圾；写字楼里有人在另一栋大楼里用长焦望远镜监视着你，观察你是否在室内吸烟，是否在上班时间做私事；公共厕所里有人专门盯着你，观察你是否在方便之后冲了厕所；等等。更加极致的是，家里有蚊子或者积水也不行，还有专门的人检查，发现了就罚款。男士和男士之间不可以在公共场所有过于亲密的接触。要是有6个以上的朋友出去聚餐，不允许超过晚上十一点，不然就按非法聚集把你抓起来。而且就算你是在家里，也不能裸体地走来走去，要是被人发现举报，你就面临不菲的罚款。总之在新加坡，政府以法律的名义布置了无数警察，无所不在地进入人们最细微的生活场所，随地吐痰、在非紧急情况下乱按警报铃、逃票、破坏公共草坪、浪费食物等行为，都会得到相应的高额罚款及警告处分。如果做出了恶意破坏环境的行为，如涂鸦，甚至会被处以严酷的鞭刑，并被要求穿上醒目、丑陋的衣服进行社

① 王建华，何建民. 聊聊日本的《轻犯罪法》[EB/OL]. 梁园区法院网，2016-07-01.

区服务，以示悔改和补偿。新加坡的"鞭刑"是一种源自中世纪的酷刑，用长期的痛苦、无休止的煎熬、难以忍受的皮开肉绽来形容，都难以匹配，亲历者对鞭刑的形容是："那种疼痛无法形容，如果有比'惨'程度更深的词，就改用那个词好了……如果我的双手没有被绑着，我会用我的双手爬到墙上去。"在新加坡大到抢劫、贩毒，小到非法持有刀具、涂鸦、非法逗留、乱扔废弃物，等等，都会被施以"鞭刑"。用新加坡一位法官的话说："鞭刑的结果是在他们屁股上留下了终身鞭痕，这正好达到教育的目的，永远提醒他们再也不能犯罪，要懂得尊重规则。"① 在英国殖民时期，新加坡鞭刑适用范围颇为狭小，主要针对暴力行为，甚至因为英国废除鞭刑而一度趋于保守。新加坡建国后，为应对严峻的国内外形势，鞭刑开始走向扩张之路，其中对非暴力行为的适用，标志着鞭刑在刑罚角色上的重大转变，迈出了新加坡特有的现代刑罚之路。扩张后的新加坡鞭刑适用范围非常广泛，至今有 21 部法律规定其适用，至少 95 种犯罪情形被法定施以鞭刑，其朝着惩罚非暴力化轻微违法行为的倾向非常明显，其预防功能也越来越明显，已细致涉及社会的所有领域，成为管控社会稳定的重要手段，甚至已超越了刑罚的角色，成为一种新型刑罚角色。这同时造就了新加坡特殊的法治环境，从而使得在这种特殊法治环境教育下成长的人们有着极强的抑制自身"恶性"的现代道德认识能力、道德评价能力和道德行为能力，对现代道德的遵从近乎本能，在根本上完成了法律道德化的自觉转型。

开国之初，新加坡人民行动党经过反复考虑，决定对鞭刑向非暴力违法行为改良扩张时，当时的新加坡检察长拒绝在这份法律文件上签字，理由是它违反了"刑法的良知"。李光耀却认为，法律首先应该考虑对社会的良知，而不是对自己负责的良知，却忽视了小破坏可能对社会所造成的

---

① 蒋凌申. 新加坡鞭刑制度争议的实质及启示——以刑罚基本立场为视角的分析 [J]. 云南大学学报法学版，2016（5）.

大侵犯。① 尤其是对涂鸦施以鞭刑，李光耀就认为涂鸦犯出没无常，警员需耗费大量的精力，如处以轻刑，并无吓阻该种行为"恶性"的力量。而不在公共场所涂鸦是任何人都能做到的事情，鞭刑则是任何人都害怕的惩罚。用任何人都害怕的惩罚，去让人做任何人都能做到的事情，其结果必定是既少有人涂鸦，也少有人挨鞭刑，这叫"以刑去刑，刑到德成"。② 这也反映了道德法律化的核心立场，就在于国家享有对道德实务的判断权，并可以将某些不道德行为非法化，如此一来，公民的自由有可能会被打着法律旗号的道德强制所侵害。但是新加坡国家法院大法官不这么认为，他说："刑事司法的目的必须是保护公众，这是任何一名主审刑事案件法官最优先最重要的考虑。法庭判刑时，公众利益永远比被告人的处境更重要。"③ 所以，在新加坡的国家法典里面，永远没有"民主"的元素，只有整个社会守道德的好秩序和最大多数人实质性的好生活，以"处处皆罪"的刑罚务实，获取"处处皆安"的道德务实，才是"严刑峻法"的根本所指。

应该说，日本的《轻犯罪法》和新加坡的"鞭刑"都有着比较浓厚的现代法律极法化倾向，也是迫不得已而为之。两国的共同点都是"地少人多"，尤其是在新加坡700多平方千米的岛国上，生存着多种族、多宗教、多文化的人口570万，资源匮乏，连淡水都无法自给，生存空间的压力极大，超高的人口密度和极小的生存空间，必然会带来难以计数的纠纷、冲突、攻击、暴力，所以造成了"国家刑罚至上"的知罪意识，是新加坡人第一的"生存意识形态"。

虽然日本、新加坡是走现代道德的法律强制之路的极端，但是现代道

---

① 蒋凌申. 新加坡鞭刑制度争议的实质及启示——以刑罚基本立场为视角的分析 [J]. 云南大学学报法学版，2016 (5).

② 蒋凌申. 新加坡鞭刑制度争议的实质及启示——以刑罚基本立场为视角的分析 [J]. 云南大学学报法学版，2016 (5).

③ 蒋凌申. 新加坡鞭刑制度争议的实质及启示——以刑罚基本立场为视角的分析 [J]. 云南大学学报法学版，2016 (5).

德的法律强制是现代"恶"的德育的必由之路，具体说，就是在对现代人基于私性、私欲、私心的恶行的"重罪重罚、轻罪重罚"，甚至"轻过重罚"中，钳制住他们恶性的萌动，是进入现代国家绕不过去的道德塑造路径，欧美各国至今都没有离开这条路径。一般来说，现代立法有两种模式：其一，集中立法；其二，分散立法。日本的《轻犯罪法》属于前者，新加坡的"鞭刑"属于后者，而欧美发达国家也属于前者。不分轻罪、重罪统统纳入刑法典，因此，它们刑法规定的罪名有数千个之多（我国仅有400多个），它们把许多轻的道德过错，全部以"罪"的名义纳入刑罚处罚的范畴，如澳大利亚、美国、法国、英国、加拿大等，把诸如公然酗酒、乱放鞭炮、乱涂乱画、见死不救、游荡、非法按门铃、未成年人文身等，分别以"有失风化罪""违警罪""污损产物罪"等罪名进入刑法执行下的罚金、良好行为保释令、分期服刑令、中途训练所、连续报告制度等。过错很轻，处罚也不重，但是都是以"罪"的形式和名义对现代道德规则进行的强制性的刚性理性化过程。因此，法制越完善健全，其法律中所体现的道德规范便越多，对恶行的规范约束就越细致周到。① 可以说，一个现代国家法制是否完善和健全，主要取决于道德规则被纳入法律规则的数量，取决于人们对法和德以及罪和德之间必然连接的实践体认，这些都要转化成人们以一种内在的道德观点看待法律的日常生活意识，以便随时抑制自身内在人性中的"恶性"。从某种意义上讲，在一个法制完善和健全的现代国家中，法律几乎已成了一部道德规则的汇编。我国也正走在这条"现代道德的法律强制"之路上。从醉驾入刑、国考作弊入刑、国考替考入刑、校车超员入刑、言语冲突致伤害入刑等，都深刻说明，传统善的德育那种温情脉脉知耻感是多么软弱无力，只有在对法律严惩的恐惧中生出的知罪感，才能抑制、压制现代人内心无所不在的"恶心"，强制性地培养现代人一种不得不的"抑恶向善"意识。所以，传统善的德育是一

---

① [德]鲍曼.道德的市场 [M].肖君，等译.北京：中国社会科学出版社，2003：50-51.

种通过礼教，直接扬善的"知耻德育"，而现代"恶"的德育是一种通过以法律为代表的规则直接抑恶，达到间接扬善的"知罪德育"。

当然不是任何道德都可以归入法律范畴，归入刑法更要慎之又慎。可以归入法律的道德，一般必须具备三个特性。

第一，普遍性：只有那些为大多数人共同遵守、共同认可的，在几乎最广泛的现代生活中都有所体现的道德，诸如诚实守信、安分守己等。

第二，基础性：也就是底线性。只有那些维持社会集体意识根本存在的，那些现代社会基本运行不可缺少的道德，诸如不伤人、不害人、不骗人等。

第三，主导性：只有那些对社会集体意识具有支配、控制作用，并对现代社会集体意识的进步发展具有保障作用的道德，诸如公平、正义、平等。

只要其中一个特性的道德被败坏了，就可能使现代社会某种恶行广泛蔓延，给现代社会带来基础性破坏，而不是忽略不计的影响。具体以怎样的标准来衡量，美国社会学家德弗林（Sms Derfflinge）给出的方案是一个"正常理性人（right-minded man）"的标准。亦即当且仅当一个行为超出了一个正常理性人所能够容忍的必要限度时，就是失德或败德的，也只有在此时，对其进行法律打击才具有正当性。[1] 因为，失德或败德中的恶行对公共利益的危害越大，促使人们对这种恶行无限模仿重复的力量就越强，制止这种恶行的手段就应该越强有力，这时道德的法律强制才是必要的。比如1994年的《法国刑法典》对"见死不救罪"的确认："任何人对处于危险中的他人，能够采取个人行动，或者能唤起救助行动，且对其本人或第三人均无危险，而故意放弃给予救助的，处5年监禁并科50万法郎罚金。"[2]理由是，虽然刑法没有增进国民伦理道德的任务，但是现代社会是一个风险社会，面对层出不穷的新的危险，有必要通过刑事立法来敦促

---

① 沈宗灵. 现代西方法理学［M］. 北京：北京大学出版社，1992：227.
② 沈宗灵. 现代西方法理学［M］. 北京：北京大学出版社，1992：200.

国民，对其他处于危难之中的社会成员履行自己力所能及的救助义务，如果任由这种"见死不救"的"恶意"继续下去，我们的社会将变成一个极度冷漠的社会。因为现代法律认定罪名的作用，并不仅仅在于提供一个让人们有机会过上有道德的生活的环境，而是要求人们在对罪的自我分析与反省中，思考什么是现代社会的"恶"。它可能不是那种杀人放火的自然恶，而是长期浸淫在日常生活中，为自己带来方便舒适的各种微观"私行"，诸如插队、作弊、倒污水、大声喧哗等，它们具有很低的现代生活能见度，也不具有社会秩序、个人生活价值，以及人格形成过程中的重大影响力，但是为每个现代人的私人自治、私权表达、私利不受侵扰的现代道德主体的法律权利的履行带来了最大障碍。现代社会是个主体社会，每个人都有权表达自己基于私性、私欲、私心的主体权利，而这些权利都是以法律形式赋予每个人的，因此现代社会的主体是一种法律权利赋予下的道德主体，这些法律权利不能有效履行，必然带来的是现代道德主体乃至现代主体社会的土崩瓦解。

所以进入现代社会，明确的"恶"分为两种：其一，人类社会固有的"自然恶"；其二，现代法律规定的"法定恶"。前者不加控制带来的是人类社会的土崩瓦解，后者不加控制带来的是现代社会的土崩瓦解。而"恶"的德育正是在对这两种恶，尤其是"法定恶"的约束、克制、遏抑中，让现代人明白什么是人应该有的、好的道德生活，什么是自身内心之私性、私欲、私心最适当的表现方式，以便"见贤思齐"。而现代国家之所以是法治国家，并不是现代性对法律有多么青睐，而正如康德说的："我们之所以需要法，是因为我们需要道德。"人和人打交道是靠道德，而不是靠法律，现代社会也不例外。但是为什么现代社会把法制放到第一位，因为现代社会那种道德的自主、自觉、自动状态没有了，于是现代法律不得不以各种罪名全面僭越道德，强制性地成为现代社会日常生活无所不在的调节系统，也就是现代社会人与人打交道的道德规则，就是被强行介入的法律规则。这样"恶"德育的实质就是，在对违反法律规则带来的惩罚产生的恐惧伴随的罪感中，不断地识恶、抑恶、化恶，逐渐理解、掌握、践行现代道德规则，学会理性表现自己私性、私欲、私心的实践过程。这一过程的关键，就是通过以法规为代表的强制力，使人们在表现自己私性、私欲、私心之前，强制性地唤起一种有意识的意罪、识罪、抑罪的知罪心理，所以"恶"德育的核心就是在现代社会中如何唤起"知罪"。在意罪、识罪、明罪、悟罪的知罪意识中，让现代人深切感受在"法定恶行"中为与不为的伦理意义来避免对法律神圣感亵渎的惩罚，进而确证现代社会的神圣孕育出现代道德的神圣，提炼出规避了"法定恶行"后的自我神圣感。故而知法以至于知罪以至于规避恶行，就是让现代人明白，现代法律就是通过理性惩罚个体，引导他们达致一种基于理性的属人的、有德性的神圣生活，所谓以重刑达到"无刑"以至成德。

而现代社会，善与恶评判的价值边界又经常发生重叠，"罪"与"非罪"也只在某个生活情境的一念之间，正因为如此，就需要厘清二者的边界，这是把握"道德的法律强制"的必须过程。一般来讲，道德的法律化，在立法和执法两个方面，更侧重于立法过程。其指的是立法者将一定的道德理念、道德规范，借助于立法程序，以法律的国家意志形式表征出来，使之规范化、制度化地强制调节人们社会生活的过程。因此，现代法律又被称为基于制度的道德，就是基于法律制度的一种"制度化利他主义"的"抑恶"机制。其路径多种多样，可以直接使一些道德规范上升为法律规范实现德与法的直接融合；或是通过将一些道德规范转化为法律原则的方式，使之具有一定的法律效力；或是将道德规范渗入法律原则当中，形成法律的内在道德，实现德与法的间接融合；还可以通过司法解释，承认判例的法律效力，使道德规范成为法律规则之外的有效补充，以实现德与法的弹性结合；等等。

中国古代，最早用来表达法的是"刑"，如夏朝时的《禹刑》，后来的《吕刑》《汤刑》。这个"刑"，就可理解为法。到春秋末期，法字才取代"刑"被广泛使用。"法"的出现虽然比"刑"晚，但人们对"法"的理解基本上沿袭了"刑"。而"刑"特指对犯人的体罚，如"刑"讯、受"刑"等，这一过程就是受罪的过程，所以人们对法的认识基本沿袭的是

"刑—法—罪"的历史逻辑，于是"知法"显然就是"知罪"。而"罪"在中国古代有一种违背天意，惹得天怒人怨的"大恶"意识，"知罪"就是对这种意识的唤起、识知、洞察的自我过程。从历史上看，日本《轻犯罪法》就是最典型的"知罪"，它始源于日本学前教育中一种"嘲讽式"知罪教育。① 在学前教育中，通过对未成年人日常错误进行不留情面的嘲笑、挖苦甚至体罚，指责他们，因他们的错误给集体、给大家带来了巨大的损失，甚至羞耻，使他们在追求自己私性、私欲、私心的满足时始终伴随一种自我疑惑、自我焦虑的否定性情绪。随后，他们的成长往往在对嘲笑、挖苦以及体罚的惶恐中，害怕给集体、给大家带来损失，甚至羞耻，逐渐唤起其对于违规行为比较强烈的自我贬斥、自我贬低的愧欠、内疚感，即一种自我否定的罪感意识，从而奠定了他们将来在表现自己"私欲"时一种小心翼翼的、谨慎内敛的、考虑周全的，道德"知罪"心态的人格化伴随。

在现代生活中，当人们意识到某种行为是违法行为时，紧接着意识到的就是这种行为是会带来某种严厉惩罚的犯罪行为，伴随的就是这种严厉惩罚唤起的人们的恐惧感，该"恶行"会戛然而止，之后，会逐渐形成一种自主、自觉、自动的，基于负强化的"恶意"把控机制。研究表明，在私有产权得到有效法律保护的社会，人们之间的信任度通常较高，这就是基于法律惩罚这个负强化在"恶意"被牢牢把控后建立起来的信任机制。这是基于"知罪"的"道德的法律强制"的一般性"抑恶"机理，也是"恶"的德育的一般性"抑恶"机理。它反映的是，主观的道德感受被外化为基于各种"罪名"的国家法律条文的客观化过程，实现的是现代人作为法律主体不得不进行的"法定恶"被自我抑制的过程。

实质上，对失德或败德的"恶行"的法律惩罚表达的是社会用法律语言尤其是刑法语言实现的对失德或败德者的道德谴责。它最大地体现了刑法"以儆效尤"目的中的一般"恶行"预防论，可以分为通过刑罚预告的

---

① 王建华，何建民. 聊聊日本的《轻犯罪法》[EB/OL]. 梁园区法院网，2016-07-01.

一般预防论和通过刑罚执行的一般预防论，新加坡的鞭刑就是通过刑罚执行的一般预防论。其在个别人"恶行"的刑罚惩罚中，威慑一般人恶行的萌芽，从而达到"对小罪适用重刑，恰恰是为了防止小恶大量支出"的道德的法律强制目的，最终达到使恶性始终滞留在恶意与恶念的一闪念间，永远达不到"恶行"的现实化。这虽然会带来整个社会的防范、隔离和冷漠，但是正如亚里士多德在《政治学》中说的，法律是没有感情的智慧。法律以各种罪名"抑恶"的现代社会，把人隔离成自由而孤独的个体，这是人类必须付出的代价，更是现代人享受私欲满足必须付出的代价。因为长期"知罪抑恶"的法律积淀必然带来的是，法律内含的道德的性格化、人格化乃至信仰化。在法律信仰中，法律义务必然转化为道德义务，代表法律权利与义务的法律主体就转化为了纯粹道德义务的现代道德主体。这种转化虽不能保证无私奉献的雷锋出现，却可以划定每个现代人私欲的彼此界限，保证彼此在私人领域内的自治自主，互不侵犯，所谓"自得其乐可以，伤害他人莫为"，由此确定了一种现代社会独特的井然有序。虽不能使每个人进入完全的无差别，但每个人各施潜能的主体性平台已然搭建，每个人的发展都可以得到尽情的理性释放；虽不能提供人生归宿的彼岸世界，却在法律的公平意义中看到了终极善的源泉和曙光。所以康德说："法律和道德的关系实际上是感性自由和理性自由的关系，感性自由似乎是大自然冥冥中安排的，人类一步步通向自己的本质即理性自由的一个过渡的桥梁。大自然利用人类的贪欲完成自身的终极目的，成就道德的事业。"[1]

应该说，法律对道德的影响，不是为了形成个人确实的道德观，而是要深刻唤起一个群体，在"罪"和"道德"这两个领域之间迅速建立起具有利害关系的自由意志，基于罪感意识的抑恶意识。它的要旨也不在于塑造"真君子"，却是对"真小人"的强烈规制。所以现代法律是促使现代

---

[1]　[德]康德. 康德道德哲学文集：注释版上卷[M]. 李秋零，译. 北京：中国人民大学出版社，2016：599.

人意识到现代道德的一种导引性训练，它使用的以刑罚为代表的压制性社会控制，使现代人在"利益"和"恐惧"的纠结中"知罪"，想做但不敢做违背规则的恶人，以此塑造出现代道德规则之神圣、崇高、不可逾越，现代法律才真正具有了法的精神，现代道德也才有了绝对的保障。

二、法权罪感—道德"罪感"—现代羞耻感

现代法律的目的，最终是要造就出现代道德人来。这一过程是通过"法—刑—罚"的逻辑实现的，所以"恶"的德育是这样的流程：违背法规—产生罪行—带来惩罚—想象恐惧—自主抑恶—积淀罪感—遵守法规—遵守道德—自觉扬善。对于违反法律规则产生的罪行的惩罚的恐惧，促使人们对以法律形式表征的道德规则产生了深深的敬畏，伴随的是自主地淡化恶性，祛除恶意，唤起罪感，进而泛化为了对一切道德规则甚至规则的违反都产生了某种害怕和恐惧。于是，基于各种"罪名"的客观的国家法律条文，就成了现代人衡量自身是否违反了道德规则的尺度，同时，基于愧疚的罪感内含的否定性道德情感，就成了把控现代人追求私性、私欲、私心满足的最后一道阀门，这就是"恶"的德育的发生机制。

可知，实现"恶"的德育最关键的一环就是"罚"，其次是"惧"。

涂尔干认为，人类法律分为两种：其一，压制性法律，以刑法等为代表；其二，恢复性法律，以民法等为代表。现代人对违反刑法产生的罪行的惩罚的恐惧生成的法权罪感，产生了"恶"的德育的第一阶段——底线德育。刑法使现代人意识到，别人是同自己一样，是活着的、有血有肉的实在生命，维护别人的生命权就是维护自己的生命权，这就是康德说的"对他人的完全的法权义务"，即"不害人、不应做什么""不能……否则……"的底线道德，反映的是刑法对歹毒恶的遏制、对初善的张扬。进一步地，现代人对违反民法等恢复性法律产生的罪行的惩罚的恐惧生成的法权罪感，就产生了"恶"的德育的第二阶段——陌生人德育。现代社会通过底线道德实现了陌生人的共在和共存，接下来就要在公共平台上实现

共生、共享，要做的关键就是通过民法等恢复性法律，克制平庸恶，打破这种陌生性。通过民法等恢复性法律使现代人明白，别人同自己一样也是一个充满了价值、利益、尊严，具有自我意识的个体，帮助、维护别人的价值、利益、尊严，就是帮助、维护自己的价值、利益、尊严，这就是康德说的"对他人的不完全的法权义务"，即"公平、正义、合作、助人"的陌生人道德反映的是现代社会的一般善。最后，经过刑法长期稳定的压制，现代人形成了对于自己以及别人生命的神圣不可侵犯的永恒意识。经过民法等恢复性法律的长期熏陶，现代人形成了对自己以及别人利益的神圣不可侵犯的永恒意识。这两种永恒意识整合成了对于根本恶进行掩蔽的自动化的、无意识的法权罪感，就产生了"恶"的德育的第三阶段——超越性德育。这意味着那种不管陌生人如何对己，都会主动地、无条件地信任、信赖对方的实践理性，唤醒了现代人从自我立法向普遍立法的自由意识，从而实现了康德说的"对他人纯粹的不完全的法权义务"，即爱人如己、舍己为人的超越性道德，反映的是现代社会的至善。

从底线德育到超越性德育，涂尔干说，对于现代人都是一场触及灵魂的革命。① 在其中，人要处理三重关系，人与自身、人与社会、人与宗教，而人与社会的关系最为关键。现代性使每个现代人都获得了基于私欲尽情满足的凌驾于社会之上的优越感。但是人类人性中最重要的那部分，都是在"社会集体"的情感强度中孕育并被滋养的，而且凡是使人类生命在层次上高于动物生命的一切东西，都源于社会集体文化。更重要的是，社会所具有的共同体特性，共同的语言、共同文字、共同的风俗习惯等，都是每个现代人诞生前就已经存在的现实，是个体身心本质存在的策源地，所以，任何形态的社会，个体全部命运所在，都在社会集体的归属中。然而现代人身上都存在着一种基于私欲尽情满足的，与社会集体剑拔弩张的对立，这种对立无处不在地朝向社会，唤起了现代人脱离社会的意向，这

---

① ［法］埃米尔·涂尔干. 道德教育［M］. 渠敬东，译. 上海：上海人民出版社，2000：50-51.

样，一种无家可归的归属感缺乏就渗透在现代人的本体中。内含的问题是，每个现代人都不知道"自己是谁"，像罗尔斯说的，现代社会我们需要追问的不是"我们应该成为什么，我们应该过什么类型的生活"，而是"我们是谁"。①

如何知道"我们是谁"很简单，在社会规范的社会互动中，只有现代人在社会集体和自身的私性之间建立一种基于互构的互动性平衡，回到社会集体的母体中，现代人的身份认同就会迎刃而解。但是这一过程，对于现代人是很不情愿甚至很痛苦的，如海德格尔说的，在现代性下，"自发的集体生活几乎是不可能的"，因为这是要让现代人，放弃自己的神圣私性，如同放弃生命。② 所以，每个人进入现代社会，都要面临一种抉择，就是在自己私性和社会集体间进行选择。大多数人都会选择自己的私性，其结果自然是，属于人的基于社会集体的高贵精神不复存在，人必然滑向动物边缘。而选择社会集体，很可能会导致所有人高度相似，只有人类、人种，绝无个体、个性。由此，任何单方面选择对于现代社会都不可取，必须是两者兼得的"兼顾"，建构一种自己私性和社会集体之间对应性、互补性、交织性的悖论型关联。既在私性的自我归属中获得个人意志的发展提升，又使社会集体的历史责任得以实现；既在私性的追逐满足中获得人性自我解放的自由空间，又使社会集体在有序性中开启基本伦理对"至善"的追求。这种"既……又……"的生活模式就是现代人在现代社会必须具备的心灵结构，但是也是一个非常痛苦的结构。因为，它总是在打压各种随时从心灵深处冒出来的"合乎天理"的私性、私欲、私心，以避免它们被转化为恶意、恶行。用尼采的话说，就是不断地在自我压抑、压制甚至压缩自己本能的难熬中寻找"我们是谁"。③ 因此对于现代人，现代

---

① ［法］罗尔斯. 正义论［M］. 何怀宏，等译. 北京：中国社会科学出版社，1988：247.

② 马琳. 海德格尔论现代性纪元中科学与技术逆转的关系［J］. 学术月刊，2006（1）.

③ 张盾，王华. 在道德与法之间——现代性反思的主客观二维之争及其解决［J］. 江苏社会科学，2011（1）.

性就是深层"价值秩序"的重建和重构,是一个从"唯认识论"向"唯意志论"的转变过程,这不啻是一场革命。

福柯(Michel Foucault)称这一过程是"现代性的自我规训",它是从法律的惩罚开始的。① 惩罚由开始的肉刑,逐渐过渡到了财产刑、名誉刑、自由刑,这也是民法与刑法的显著不同。现代社会虽然对肉体折磨的承受力在减弱,可人们对自由、尊严等更加注重,因此在惩罚方面,民事处罚明显带有更多的补偿性特征。也就是说,民法法律制裁的目的是,通过降低、弱化、祛除违法者荣誉、自由、尊严等,极大损害他们的生活质量,来逼迫违法者补偿由他的"失德行为"造成的损害,或恢复损害发生前的状态,以促进和保障现代社会关系的正常运转,所以,现代社会更多的是用民事处罚来进行自我规训的。但是也不能一概而论,如涂尔干指出的,任何社会刑罚的力量、功能、方向,就是社会基本团结的道德力量、功能、方向,所以刑罚的真正任务就是在严厉惩罚所有失德行为的"抑恶"中支持社会的绝对道德情感,去打造凝聚社会基本团结的道德制度,其实质是作为一种传达基本道德信息,并指出该信息背后的绝对道德情感力量的工具而存在的。② 所以现代社会是一种刑法、民法并重的自我规训,不能偏向任何一方。它使基于刑事处罚和民事处罚共同发生的法律惩罚以及由此产生的法权罪感,是现代社会现代道德产生的充分条件。

每个现代人都在这种基于"罚"的规训所带来的"法律的微观物理学"如毛细血管般运作于"社会身体最细微处"的监视、监督、监控中,被触及了身心的全方位,他的行动、对话、学习过程和日常生活,无处不在地意识到、感受到、洞察到了隐隐的法权罪感带来的隐隐的畏惧和恐惧。于是,有一种诚信叫基于法律的信任,它是一种当事人由于害怕受到惩罚,而保持其行为与契约规定相一致时获得的信任;有一种拾金不昧叫

---

① [法]米歇尔·福柯. 规训与惩罚[M]. 刘北成,杨远婴,译. 北京:生活·读书·新知三联书店,1999:134.
② 任宇宁,刘艳敏. 犯罪·集体意识·惩罚——涂尔干法社会学的三个核心概念[J]. 东南学术,2014(5).

基于法律的拾金不昧，它是一种捡拾者由于害怕受到惩罚，而不敢私吞被迫上缴时获得的荣誉；有一种见义勇为叫基于法律的见义勇为，它是一种旁观者由于害怕受到惩罚而不得不硬着头皮上去施救时获得的赞许。从最轻微的失德行为到最严重的失德行为，都在这种基于法权罪感的道德矫治的自我规训中，促使"罚"在现代人身上留下了深深的印记，并成为个人道德自我的核心要素，驱使现代人自主抑制潜在的攻击行为，克制自身未加修饰的情绪流露，压制自身感性的自然冲动行为，进而使与私性密切关联的性、暴力、身体本能等从公共领域消失，隐身于社会生活场景之后，形成隐私意识，转移到各个私人领域，如盥洗室、卧室、卫生间、更衣室，等等，这是"法律化道德心理"的发生过程。随着这种心理越来越普遍，现代人就越有理性，越不那么任意且越少徘徊在极端之间，而那些非理性的身心冲动受到彻底嫌恶，并被现代人自主地禁止出现在公共场合。经过这样自我规训后，现代人掌握了一整套私性的管理技巧。身体从此变得既顺从又有用，顺从于法律，有用于道德情境，最终器质性地转变了他的人格，从而使"恶"的德育追求的"基于私心的善行"取代"基于私心的恶行"成为现实，这是"法律化道德伦理"的发生过程。

实质上，现代法律之惩罚并未赋予现代道德以权威，但它能防止现代道德丧失权威，它的关键在于高调展示了法律施予的惩罚的力量远远高于失德行为展示的攻击力量，这是现代道德最真实的力量。因此，现代法律的目的在于，通过日常的细节性介入，生产出合乎现代道德的个人，而不是在于施加惩罚本身。其功能绝不是断断续续地予以抑制，而是不仅在于彻底而全天候地进行管制，更在于彻底而全天候地进行警醒，管制和警醒那些惹是生非的现代人，管制和警醒那些准备惹是生非的现代人，使他们在法权罪感的知罪中，生出现代道德的罪感来。一般讲，道德是不会生出罪感的，现代道德更是如此。不过本尼迪克特认为，耻感文化是他人监视自己的产物，罪感文化是自己监视自己的产物。

法权罪感通过强制力，使现代人获得了"不得不"的现代道德，这种现代道德需要强力监督才能被遵守，如果外部强力丧失，这种现代道德的遵守就会大打折扣，失去主动性和自觉性，甚至完全不遵守。所以用法权罪感产生的现代道德，不能算严格意义上罪感文化的产物，只能算是"罪行文化"的产物，它对恶的抑制带着很大的即时性、随机性和变通性。要想使现代道德成为本尼迪克特说的那种无须外力参与的认错、弥补过失、纠正不足，并不会因为没有人发现而庆幸的自主、自动的良心谴责机制，必须在现代道德和罪感之间，生成某种直接的、条件反射式的关联，即现代道德的罪感意识，只有这时，现代道德自主、自愿、自觉的遵从机制才算生成，这一过程可以有三条路径。

第一，长期地浸淫在法权罪感的威慑之中，无时无刻不在法律惩罚的监视、监督、监控中，变得绝对服从。它使对现代道德的遵守直接来源于现代人内心深处隐隐的惧感，对恶意、恶念的全面压制近乎本能。这被称为"幕后型道德罪感"，如新加坡的"鞭刑"、日本的《轻犯罪法》等。

第二，法权罪感与宗教罪感历史性的文化融合。在西方文化中，基于法权罪感的现代道德总是伴随着非常浓厚的原罪意识，它使对现代人"恶性"的抑制，总是带着某种先天的自主性与自觉性，总是具有一种违背现代道德伴随的先天的愧疚意识，这被称为"先天型道德罪感"。

第三，以法权罪感的长期监督为主导，辅之以传统道德广泛渗透。这时法权罪感必然带有了传统社会那种维系整个民族超越世俗的神圣关系。这时违背现代道德的各种恶行，就意味着对这种超越世俗的神圣关系的破坏，带来的必然是现代人责任自省、道德自查的罪感自觉，这被称为"后天型道德罪感"，也正是我国正在走的"道德的法律强制之路"。

通过法权罪感产生的道德罪感使人对现代道德的遵守具有一种发自内心的内化诉求，这种诉求在道德罪感否定性力量的策动下，在现代社会自动化地推动着人们抑恶的实践意向，以向善特有的德性冲击力，解除着"恶性"向一切方向扩散的恶行，这是"恶"的德育发展的必然要求。但是没有哪个现代人会带着道德罪感进入现代日常生活。因为人不能带着罪感生活，只能带着耻感生活，因此，"恶"的德育通过法权罪感产生的道德罪感，一定要转化为耻感，才能进入正常的现代生活。这里的耻感，不是传统善的德育的那种软弱无力的耻感，而是一种现代羞耻感。它与传统善的德育的耻感有四方面不同。

第一，评价标准不同：传统耻感的评价标准是外在的来自圣贤的有限"至善"价值，随时把自我与这个有限至善价值进行比较，发现差距、不足；现代羞耻感的评价标准是外在的来自法律规则与国家神圣力量相结合产生的无限"至善"价值，随时把自我与这个无限至善价值进行比较，发现差距、不足。

第二，惩罚机制不同：传统耻感的惩罚机制更多来自乡规民俗的道义谴责，以舆论导向的间接惩罚为主；现代羞耻感的惩罚机制来自刑事处罚与民事处罚共同整合的一个惩罚体系，以法律鞭挞的直接惩罚为主。

第三，否定性情感体验不同：传统耻感伴随产生的是在众人面前一系列自我羞耻、自我羞愧的表面性"丢人""颜面尽失"的否定性情感；现代羞耻感伴随产生的是在众人面前自我惭愧、自我内疚的深层性"忏悔""懊悔"的否定性情感。

第四，发生机制不同：传统耻感是在外部舆论监督下，在自己潜意识里突然萌发了一种"非人"的深陷动物式局限与贫乏中的自我意向，唤醒了"本不该如此"的羞愧意识；现代羞耻感是在内部良知的监督下，在自己潜意识里突然萌发了一种"心灵"分裂、断裂，深陷空虚、空无的自我意向，唤醒了"真不该如此"的内疚意识。

可以说，现代羞耻感就是道德"罪感"的直接表现形式。它的更深层发生机制是现代人对于自己基于私性的主体能力，在强大的现代社会这个"无限"群体面前，微不足道、不值一提的境况的深刻理性认知的结果。人认识到自己引以为豪的基于私性的主体能力无论怎样尽情表现、尽情展开，在现代社会都是如此不堪一击。现代人进一步认识到，自己私性的满足是以他人私性满足为前提的，反过来，他人私性满足是以自己私性满足为前提的。于是，现代人开始在现代群体生活中学会收敛、克制、压抑自己的私性，淡化自己的恶性，学会了谦逊、谦恭、谦卑，一旦自己的私人行为冒犯了他人或群体利益，会产生一种发自内心、由衷的不安、羞愧、愧疚，这就是现代羞耻感。可以认为，传统耻感的确立是传统社会耻德确立的标志，现代羞耻感的确立是现代社会耻德确立的标志，它是在长期法制训练中，通过对罪感这种否定性情感的理性提炼，强制性获得的一种自主"抑恶"情感，康德称之为"理悟"下的理智德性。

第三节 "恶"的德育之理智德性

一、现代性—理性—数理理性

现代性就是一种人类通过科学技术"超越了神"的特性，或者说当"人"在自然面前有了主人意识，现代性就确立了，这是现代性的基本范式。英国科学史家麦考利（Thomas Macaulay）在《论培根》中，对科学技术的地位有一段非常形象的描述："随便问一个培根的信徒，科学技术为人类做了什么，他就会立即回答说：'它延长了寿命、减少了痛苦、消灭了疾病、增加了土壤的肥力、为航海家提供了新的安全条件、向战士提供了新武器、在大小河流上架设了我们祖先所不知道的新型桥梁、把雷电从天空安全地导入地面、使黑夜光明如同白昼、扩大了人类的视野、使人类的体力倍增、加速了运行速度、消灭了距离、便利了交往通信、使人便于执行朋友的一切职责和处理一切事务、使人可以坐着不用马拖曳的火车风驰电掣般地横跨陆地、可以乘着逆风行驶每小时时速十浬的轮船越过大洋。这些只不过是它的部分成果，而且只是它的部分初步成果。因为它是一门永不停顿的哲学，永远不会满足、永远不会达到完美的地步。它的规律就是进步。昨天还看不到的一点就是它在今天的目标，而且还将成为它在明天的起点。'"①

---

① ［英］贝尔纳．科学的社会功能［M］．陈体芳，译．桂林：广西师范大学出版社，2003：绪论.

那么科学技术是从哪里来的？马克思主义认为，这是人类在改造自然中，自身的主观世界也被改造的产物。这产物就是科学思维，具体就是人的抽象思维能力，笛卡尔称之为"理性理解力"，简称"理性能力"或"理性"。康德认为，所谓理性就是"在人们自身之内确实存在着把他们和其他物件区别开，以至把他们和被对象所作用的自我区别开的能力"。实质就是一种把人与物、人与人、人与自我区别开并且又普遍联系起来的能力，① 这种能力是如何发生的？笛卡尔说，"我思故我在"。世间万物分为"物质实体"和"思想实体"两种，作为思想载体的人，要在客观物质世界生存发展下去，就必须对客观物质世界有一个透彻的实质把握，不能仅凭"看""触""摸"去把握事物的"深度""广延""伸缩"等特性，而必须把"看""触"获得的最基本的感性的东西抽象、概括为普遍性的东西，这样"我"不仅要"看""触"，更要用心灵去"思考""思想"，而"思考""思想"的第一步就是"怀疑"。这是理性最为关键的一步，没有这一步人就盲目信仰"天地神"，回到了古代。有了这一步，人就开始在内心深处通过怀疑中的否定，与自然、与他人拉开了距离。进一步地，在感性与感觉基础上，建构出一套自己认可的思想体系。它不仅反映事物的存在，更反映事物的本质。动物也可以通过感知反映事物的存在，但反映不了事物的本质。只有人在自己思想体系的思维中，反映了事物的存在，更反映了事物的本质。因此，笛卡尔认定，"思维是人的本质属性"，具体应该是"基于抽象思维的理性思维，是人的本质属性"，也确证了亚里士多德的断言："人是理性的动物"。但是问题是："物质实体"和"思想实体"两者之间没有任何联系，彼此之间完全是异质的，拉开距离很容易，建立反映它们本质的理性联系却不易，也就是理性思维中的"理性"是从哪里来的？

笛卡尔认为，有一个条件是必不可少的：思想实体必然先天具备与物

---

① ［德］康德. 道德形而上学原理［M］. 苗力田，译. 上海：上海人民出版社，2005：23.

质实体的性质相对应的性质。这是笛卡尔给出的假设,他称之为"天赋理念",① 后来涂尔干给出了论证。涂尔干认为,人类在自然界上百万年的生存、发展中,自然万物的各种特征以及万物之间的各种关系特征都必然映射进了个体心灵中,诸如万物的大小、方圆、多少、形状、空间,等等,还有万物之间的因果关系、类属关系、比例关系,等等。② 这些特征被黑格尔认为是"世界的灵魂,寓于世界之中,是世界的内在东西,是世界最固有、最深邃的本性,是世界的普遍东西"③。它们对于个体来说,是先天的心理性文化结构,但是对人类整体实践来说,是人类在自然界上百万年的生存、发展中,与自然界无休止的相互作用中,映射进人类的心灵深处,以遗传的方式代代相传下来的社会性心理文化结构,比如皮亚杰的"图式"、苛勒(Wolfgang Kohler)的"格式塔"等。因此,每个人生来就有一些基本的理性观念,它们是人类理性的基石——"天赋理念"。这些天赋理念有两个特征:其一,具有自发的、朴素的普遍性;其二,具有自发的、朴素的数学物理性。从这些天赋理念出发,人类开始了对物质实体的思考,即理性思维的过程。这样,理性思维就在"物质实体"和"思想实体"两个没有任何联系的实体之间建立了初步的理性关系。

在西方文化中,这种关系是从古希腊毕达哥拉斯的"万物皆数"开始的。毕达哥拉斯敏锐地发现,"宇宙万物和几何学之间有一种可能的必然联系,宇宙万物现状如何、变化如何已经不重要了,我们只需研究几何学,一切尽在掌握之中"④。美国科学史家克莱因(Jacob Klein)说:"摒除故弄玄虚、神秘主义和对自然运动的杂乱无章的认识,而代之以可理解的规律的决定性的一步是数学知识的应用。"⑤ 柏拉图则更直接认为,

① [美] T. 丹齐. 数科学的语言 [M]. 苏仲湘,译. 北京:商务印书馆,1995:32.
② [法] 埃米尔·涂尔干. 宗教生活的基本形式 [M]. 渠东,汲喆,译. 上海:上海人民出版社,1999:36-38.
③ 张志伟. 西方哲学视野下的因果问题 [J]. 宗教研究,2016(8).
④ [美] 洛西. 科学哲学历史导论 [M]. 邱仁宗,等译. 武汉:华中工学院出版社,1982:39.
⑤ [英] 克莱因. 现代理性主义 [J]. 科学文化评论,2014(3).

"数"只能由理性把握，而且这是人类彰显自己理性最好的形式，进一步认为世界是按照数学模式被创造出来的，理解了数学就理解了自然界的一切。① 由于柏拉图对西方哲学巨大的影响，通过数学来认识自然界的本原和规律就成为西方文化的一个悠久的传统。这一传统是通过经验数学发展为演绎数学，直至上升为形式数学发展而来的，通过对具体数字的推理、判断、论证，进而对抽象数字进行推理、判断、论证，进而对抽象数理进行推理、判断、论证，折射出的是理性就是基于逻辑运算之上的一种有序的秩序，反过来，秩序就是一种理性，其核心便是逻辑性。柏拉图认为，理性秩序既是支配宇宙的秩序，也是人类生存生活应该遵循的秩序。② 因此可以说，理性并不是人主观意识的属性，而是客观世界本身的本质属性。人类各种文明都有自己独特的理性秩序，人们按照这种理性秩序生活，就是自然的生活，诸如中国的人伦理性、阿拉伯世界的伊斯兰教理性、非洲部落的图腾理性，等等。也就是说，人类“天赋理念”在中国演化为了人伦理性，在阿拉伯世界演化为了伊斯兰教理性，在非洲部落演化为了图腾理性。马克思主义认为，这是由当时的生产方式决定的。孟德斯鸠认为，这是由当地的自然地理决定的。这些独特理性都使人类与所处自然环境拉开了距离，同时又用人伦礼仪、伊斯兰教信仰、图腾崇拜等普遍性的东西，把人类与所处的自然环境紧紧地有机联系到了一起，使人类与所处的自然环境在一种独特的礼仪秩序、信仰秩序、崇拜秩序中融为一体，从而有效地繁衍、生存、发展下去。

而发源于古希腊的西方文化，用数字使人与所处的自然环境在一套独特的数学秩序中融为一体，这就是数理理性。但是古希腊传承下来的数学有一个明显缺陷：对希腊人来说，数因其本性就意味着“确切事物的确切数目”，例如三张桌子、一个馒头、五把锤子。

（1）三张桌子加四张桌子等于七张桌子。

---

① 杨桂森. 古希腊理智主义与生命本体论［J］. 社会科学，2002（6）.
② 杨桂森. 古希腊理智主义与生命本体论［J］. 社会科学，2002（6）.

（2）两个未知量加七等于十八。

（3）a+bx+c＝d。

从（1）到（2）过渡，可以被称为从具体数到抽象数的过渡，基本属于算术范畴，但是（3）绝不是更大程度的抽象，它是笛卡尔称为"普遍数学"的一个代数方程，它意味着具体的数字不是演变为了抽象的数字，而是演变为了普遍的或者一般化的数理，它是具体数字的符号化。古希腊数学没有生成"（3）a+bx+c＝d"，这意味着"用数字使西方人与所处的自然环境形成的一套独特的数学秩序"并不是严格意义的数理理性，只能说是一种数字理性。笛卡尔认为，数学面对大自然，不能满足于找到一些或然性的存在知识，而必须为这些或然性的知识寻找确定性的本质根基。①而确定性就是自明、清楚和确证，也就是从既简单而又无法置疑的东西出发，再从简单到复杂，构造起一种确定的、普遍的、本质的知识体系，而古希腊数学之所以只找到了一些或然性的知识，根源在于方法有问题，于是首先要修正方法。不能再用简单、表象的数字作为工具构造普遍、本质的知识体系，只能用同样普遍、本质的数字构造普遍、本质的知识体系，这就是符号化数字。美国科学史家克莱因强调："正是符号这种是其所是，又是其所不是的，可以无穷尽的表征，正是自然的普遍性最恰当的叙事方式。"② 有了符号，笛卡尔进一步认为，人可以从天赋理念出发，经过符号化数字的演绎、推理、判断等，就能知道事物存在的"秩序"和"量度"，而有关"秩序"和"量度"的知识，就是关于事物普遍、本质的知识，笛卡尔称之为"普遍数学"。③"普遍数学"实现了西方哲学史上"认识论的转折"，不再以存在及其属性为对象，而是用"逻辑""秩序""量度""向度"等来研究事物的本质及其特征，比起"知识论"更关心事物的广度，基于"普遍数学"的认识论更关心事物的深度。可以说，现代理性就是以这种基于数字符号的"普遍数学"为根基的数理理性，所以现代理性

---

① 胡作玄. 现代数学的巨人［J］. 自然辩证法，1982（2）.

② ［英］克莱因. 现代理性主义［J］. 科学文化评论，2014（3）.

③ 胡作玄. 现代数学的巨人［J］. 自然辩证法，1982（2）.

也被称为符号理性主义，就是它，彻底实现了西方人和自然环境之间融为一体的数学秩序。

海德格尔说："现代数理科学的根本特质在于技术性，这种技术性通过现代物理学而建构了关于现代社会的新的本质性格式塔。"① 韦伯称之为"合理性"，无论是目的合理性还是价值合理性，都是使现实社会的一切事物合乎数学理性。合理性的任务就是使数学理性从形而上学的沉思中回到人类的实践活动中，必须依据实践推动人类的数理生存状态，这已成为现代合理性理论的基本共识。于是，从《天体运行论》开始，伴随数学主义的科学革命，数学理性的普遍化趋势一浪高过一浪。人们因数学的精确性、可靠性、自明性，而彻底放弃了对终极目的、彼岸世界的追求，转向了对自然精确测量的关注。在对自然进行还原、分类和计量中，自然的客体化趋势越来越严重，它极大激发了人们将科学问题转变为数学问题进行研究的理性思维能力，明确提出将自然由"在者"变为经过"我思"而"科学化了"的"被在者"，从而在自然的"数学化"中获得关于大自然的实际因果关系。这方面做得最好的是牛顿。他将实验观察与数学演绎完美地结合起来，彻底完成了自然界物性的广延性，即可度量性。在理论上构建了自然界物性向人性转化最清晰的逻辑体系；在功能上达到了自然界物性向人性转化超乎想象的确定性；在根本上确定了自然界物性向人性转化的最坚实的本体性前提。它为自然界物性被人类所掌握、转化、改造奠定了无与伦比的基石。所以，在韦伯看来，现代性、现代化、现代社会是西方文明独有的，其他文明只是有个萌芽，并没有孕育、发生、发展出来，它的脉络是这样的：②

天赋理念—自然环境—生产方式—数字理性—数理理性—科技理性—现代性—现代人。

---

① [美] M. 莱因. 西方文化中的数学 [M]. 张祖贵，译. 上海：复旦大学出版社，2005：5.

② 吾淳. 马克斯·韦伯比较儒教与犹太教：未彻底祛魅的理性主义与彻底祛魅的理性主义 [J]. 现代哲学，2018 (6).

其中，数理理性嬗变为科技理性是现代社会最为关键一环。海德格尔认为："何谓现代科学？就是'技术'；何谓现代性？——'技术之完满实现'。"① 那么数学如何转化为技术？海德格尔进一步认为，数理理性把自然当作运动着的点质量按照一定数学原理构成的在时间、空间中获得其秩序的物质性。② 于是，人们把与自己利害相关的物质性内含的数学原理，用一定的工具设备表征出来进行仿造，自然之物性就在处于数理之投射的可度量性制约之下，变成了被生产出来的东西，同时数理理性就转化为了科技理性。因此，海德格尔说，技术就是在某事中，尤其是在制作某物中，把在场的东西用数学知识开启与显示出来的数理之道，而现代理性思维就是"从事开启的技工"。③ 由此，数理理性在不断转化为科技理性的过程中不断生成技术，成了现代人满足欲望、实现需要、追求幸福的工具，正如马克思指出的，"科学技术是一本打开了的关于人的本质力量的书"，而"这个本质的基础必须是感性"，这一过程，就是数学理性的世俗化过程，它使现代社会处处充满了数学秩序。按照海德格尔的看法，所谓"数学秩序"，是事先在人大脑里就有的关于自然而又不是从自然那里获得的，对自然的一种公理性筹划。凡是进入这一筹划的自然就被架置起来，进行数学运算、演算，算的内容就是自然界中存在的必然性，算的过程被称为对自然的解蔽。在这种解蔽中，自然的那些能源与物质被分割、存储，被控制、支配，从遮蔽进入揭蔽状态，在这种世界被人类当作图像来掌握和征服的过程中，笛卡尔说，"我们自然成为自然的主人与占有者"，于是，人作为主体被大大地凸显出来了。④

这里的问题是：为什么在现代性之前的传统社会，也存在很多理性思维，诸如中国的人伦理性、阿拉伯世界的伊斯兰教理性、非洲部落的图腾

---

① 马琳. 海德格尔论现代性纪元中科学与技术逆转的关系 [J]. 学术月刊, 2006 (1).
② 马琳. 海德格尔论现代性纪元中科学与技术逆转的关系 [J]. 学术月刊, 2006 (1).
③ 马琳. 海德格尔论现代性纪元中科学与技术逆转的关系 [J]. 学术月刊, 2006 (1).
④ [美] M. 莱因. 西方文化中的数学 [M]. 张祖贵, 译. 上海：复旦大学出版社, 2005：45.

理性等，都没有把人作为主体凸显出来，只有西方文化的数理理性，把人凸显出来了？那么，“人”一定内含着某种与数理理性高度同一的特质，当数理理性凸显出来之后，这种特质也跟着凸显出来，于是人作为主体也被凸显出来，两者是并行不悖的，这种特质是什么呢？

现代发生心理学认为，很多高等动物同样具有“天赋理念”：“图式”“格式塔”等。为什么它们没有发展出人的类特性？马克思主义认为，动物在自然环境中，只有作为生命的自发活动，只会消极、被动地使天赋理念适应自然。而人类积极、主动地运用天赋理念，进行改造自然的自为活动，学会使用火、创造工具、发明文字，等等，换句话说，将人与动物区别开来的就是，“能否主动运用天赋理念”。① 孟德斯鸠认为，在古代社会，这种主动性在严酷的自然环境的生存竞争中被压抑、扭曲而转型了，② 比如，中国人主动运用天赋理念，在农业生产遇到洪水、地震、旱灾等无法抗拒的灾难时，被迫把天赋理念转化为人伦礼仪的宗法制度，以图有效地生存、繁衍、发展下去；阿拉伯世界主动运用天赋理念，在沙漠的干旱、酷热、贫瘠等无法抗拒的灾害环境中，被迫把天赋理念转化为了信奉真主的伊斯兰教，以图有效地生存、繁衍、发展下去。可以说，人类各种古代文明都是在压制自身主动运用天赋理念中进行着各种转化、转型。但是有一点是肯定的，那就是人类主动运用天赋理念的能力虽然被压制，而有所淡化，但从来没有丢失过，都深深积淀在各个文明的潜意识中。只有在西方文明中，西方人主动运用天赋理念，在商业贸易的精打细算中进一步创设了数字、数量、数理，由经验数学发展为演绎数学直至形式数学，最后升华为数理逻辑，换言之，西方文明的发展始终就是在“主动运用天

---

① 张鹏. 马克思关于“现代性”的批判与超越［D］. 长春：吉林大学，2018，5：78-79.

② ［法］埃米尔·涂尔干. 孟德斯鸠与卢梭［M］. 李鲁宁，等译. 上海：上海人民出版社，2003：36-37.

赋理念"的主导下，没有发生过压抑、扭曲和转型，直到最后升华为数理理性。① 但是，由于西方古代社会的数学抽象度不高，形而上学化浓重，社会现实需要微弱，宗教色彩深厚，数学知识积累不够等原因，一直没有形成改造自然的主导性生产力。直到现代社会，随着现代数学物理体系的彻底完善，"天赋理念"借助于成熟、强大的现代数学物理体系，才被定立、被确证，"主动运用天赋理念"才在现代数学、物理的强大支撑下，迅速成为挖掘自然可用物质性的无穷尽的生产力，这是人类成为自然主人的根本保证。只有这时，基于"主动运用天赋理念"的人的理性本质作为类特性才真正凸显出来，"人"才在现代社会成为"主体"。

韦伯认为，理性有两个特征：其一，逻各斯系统；其二，超越性。正是超越性使人类实现了现代性的祛魅，也使现代理性转变为基于主体性的理性主义。② 它有三种意涵：首先，是一种以技术来支配事物，围绕科学技术的工具理性主义；其次，是一种在思想上把"意义目的"加以理性探讨的形而上学伦理的理性主义；最后，是一种反映人与人之间利害关系制度化的世俗理性主义。理性主义在使用技术中使现代人获得了自信，信任自身以外的感性自然和自身的感性本性，更信任自己那种作为理性思维的思想。它使人意识到了自己的兴趣、志业、成就中难以名状的乐趣，因为其中有情理、有道理、有事理，更有理智，从而在自己栖身的土地上，那种活着的价值、意义成为存在的真理。因此涂尔干认为："理性主义不过是个人主义诸多方面中的一个方面而已，是个人主义的知识层面，或者说它就是个人主义的知识表达。"③ 事实上，人类早期主动运用天赋理念，就是为了解决自己衣食住行的私欲，也就是在私性、私欲、私心的推动下，

---

① [美] M.莱因.西方文化中的数学 [M].张祖贵，译.上海：复旦大学出版社，2005：70.
② 吾淳.马克斯·韦伯比较儒教与犹太教：未彻底祛魅的理性主义与彻底祛魅的理性主义 [J].现代哲学，2018 (6).
③ [法] 埃米尔·涂尔干.道德教育 [M].渠敬东，译.上海：上海人民出版社，2000：50-51.

人类才主动运用天赋理念，因此没有个人主义的发展，理性主义是不会发展的，而发展起来的理性主义反过来成了个人主义的一个组成部分。进入现代社会，这个组成部分必须激发和引导个人主义转变成一种道德的个人主义，形成理智德性，这是人的现代化的标志。

二、理智德性及其生成

（一）启蒙理性

现代性通过理性把人以"大写"的方式凸显出来，这一过程的第一步就是，人首先要敢于独立地运用自己的理性，这就是启蒙。康德认为，"启蒙就是人从他咎由自取的受监护状态走出"①。在德文中"受监护状态"（Unmündigkeit）的字面意思是和"嘴"（Mund）联系起来的，即一个人不能通过他自己表达，而必须依赖他人去表达。这种状态实质就是，一个人没有他人的引导，就不知道如何运用自己理性的蒙昧状态。启蒙就是使一个人没有他人的引导也能够自由地运用自己的理性。因此，现代社会与其说是在法制面前人人平等，不如说是在理性面前人人平等。康德认为，现代性是通过政治解放的方式解放了人的理性，所以，人与人在理性上的大致平等是最根本的。② 由于大多数人并不缺乏理性，他们长期以来对少数精神权威的依赖有文化上的原因，有历史的原因，有宗教的原因，但更为关键的是他们自己意志上的原因，如怯懦和懒惰等。而现代社会打倒了权威，从此，任何人的生存发展再无权威可依靠，更不要幻想有什么神圣的东西会来帮助、拯救你，一切都要靠你自己，靠你自己的理性，"跟着理性走"，独立地进行思考和判断是现代社会的圭臬。所以韦伯说："在今天，感叹现代社会缺乏意义和价值的人们，在通常情况下，就是那些在精

① ［英］詹姆斯·施密特. 启蒙运动与现代性［M］. 徐向东，译. 上海：上海人民出版社，2005：301.
② ［英］詹姆斯·施密特. 启蒙运动与现代性［M］. 徐向东，卢华萍，译. 上海：上海人民出版社，2005：288.

神上软弱到无法独力承担自己独特的伦理和价值，而又不愿意接受普遍的原则和观念的人。"①

这使得现代人不得不在敢于运用自己的理性的同时，独立面向他者，面向群体，面向整个世界，可知"现代人很孤独"，基本处于精神上的无政府主义状态。关于这种状态恩格斯说："一切社会变迁和政治变革的终极原因，不应当到人们的头脑中，到人们对永恒的真理和正义的日益增进的认识中去寻找，而应当到生产方式和交换方式的变更中去寻找；不应到有关时代的哲学中去寻找，而应当到有关时代的经济学中去寻找。"② 正是科技理性的技术性，广泛渗透进现代人的日常生活，扩展为整个社会的一种统治制度和意识形态化的支配力量。于是技术的理性化必然带来的是政治、道德、文化的理性化。在这种情况下，一切现代性现象都被"技术的理性化"打上了深深的烙印，其核心就是"道德的理性化"，正如马克思说的，"人们不得不用冷静的、理智的眼光来看他们的生活地位，以及他们与别人的相互关系"③。

（二）理智

涂尔干认为，精神上的无政府主义导致的必然结果就是超出自身需求和欲望的无限病，这种病使现代社会成了"无恶不在"的社会。④ 亚里士多德倡导的那种伦理德性已经不足以压制这些恶性，只能用理智德性进行抑制。道德规范在个体身上长期的、稳定的、持续的体现形成的品德，被称为德性，个体带着这种德性进行各种现实生活，被称为德性生活。亚里士多德将德性生活分为两种，一种是伦理德性生活，一种是理智德性生活，前者是人在生活实践中自然形成的道德品质，后者是人在一定概念、

---

① [德] 马克斯·韦伯. 社会学的基本概念 [M]. 顾忠华，译. 桂林：广西师范大学出版社，2005：32.

② 秦裕华. 科学技术与人的主体解放 [J]. 自然辩证法研究，2001 (9).

③ 王华英. 历史发生学视域下的马克思技术思想 [J]. 自然辩证法研究，2008 (2).

④ [法] 埃米尔·涂尔干. 社会分工论 [M]. 渠东，译. 北京：生活·读书·新知三联书店，2000：56-58.

判断、推理的认知活动中筹划而成的道德品质。比如，一个人在大多数情境中都很诚实，因为他的成长实践告诉他应该这样，另一个人却随着环境的变化，根据环境的不同条件，进行着相应的判断推理，有时候很诚实，有时候部分诚实，有时候假装诚实。因此，在亚里士多德那里有两种诚实：伦理诚实、理智诚实。显然在现代社会，一以贯之的伦理德性已经无法抑制现代人各种恶的释放，只能在理智德性筹划的"我思"中，唤起他们用意志强力抑制恶。所以，现代社会基于私欲的各种恶是由理性释放出来的，最终还是要由理性来管制它，所谓"谁捅的窟窿，谁去补"。这个理性具体说就是理智，由此也可以说，"恶"的德育对于现代人所要塑造的基本品德是理性，核心品质是"理智"。它包括三个方面：其一，自我意识；其二，自由意志；其三，道德实践能力。"自我意识"即纯粹思维的理性能力，"自由意志"即意志的"独立性""选择性"和"自决性"，"道德实践能力"即意志具有依照道德准则行动的能力。理性和理智都是理性思维能力的表征方式，二者略有不同。理性是贯穿、渗透着静态情绪情感的概念、判断、推理能力，理智是贯穿、渗透着动态情绪情感的概念、判断、推理能力。在西方的宗教传统中，却与此有较大不同。在阿奎那那里，"理性"是对应着推理活动而产生的名称，它沿袭的是希腊哲学的"逻各斯"传统，包括抽象、概括、分析、比较等过程；而"理智"是对应着理解活动而存在的名称，它沿袭的是希腊哲学的"努斯"传统，包括耐心观察、细致概括、严谨归纳、认真推理等。① 如果说前者代表的是规范、规则构成的世界的合目的性的善结构，那么后者代表的就是规范、规则构成的向更高处不断攀升的更合目的性的善结构。整合起来讲，理智就是动态化的、实践中的理性，就是更准确、更高效、更完善地运用和使用理性抽象思维能力进行道德实践的心理过程。

　　所以亚里士多德把理智德性称为实践智慧。他认为，人的私欲不断变

---

① 董尚文. 论阿奎那伦理学的理智主义 [J]. 哲学研究，2008 (7).

化，再与环境变化相结合，私欲的表征方式就更加复杂不可测，难以把握。① 因此，必须进行反复计算，在对自己利益、他人利益、群体利益的反复分析、判断、比较的深思熟虑、再三考虑中，把特殊情境、普遍规则、个人情趣有机地结合起来，找到三者整合中对自己最有利的那种形态，这在孟子那里称为经权智慧。理智德性就是现代人的经权智慧，这是一种在具体的情境中智能地运用普遍规则的能力，是一种既考虑特殊情境规则，又考虑普遍道德规则的追求善的能力，如果说理性在其中扮演的角色是"识恶向善"，那么理智在其中扮演的角色就是准确地"识恶向善"，就是阿奎那说的"快速找到正确的理性"。

托马斯·阿奎那认为，正确理性包括"良知"和"良习"两种。② 前者是指一种把握社会生活中普遍道德规则的能力；后者是指把良知所把握的普遍道德规则具体落实于个别情境中的能力。理智德性集中体现在普遍道德规则具体落实于个别情境所伴随的一系列反思权衡的过程中。第一，在某一行为之前，对它的是非善恶性质进行评判；第二，在进行某一行为时，对行为的道德意义和价值随时监控修正；第三，已经做出某一行为之后，对它的是非善恶性质进行评估；第四，权衡是否做出了一个符合道德意义和价值的行为。这些过程只有一个目的，就是随时使现代人警醒，应该做什么和不应该做什么才合乎普遍道德规则，即准确地"识恶辨善"。在这个意义上可以说，现代人的道德行为首先关涉的就是理智的"明知"，即人的深层次的认知、认识能力，才是最可靠的道德指南，如敏锐的知觉、深刻的概念、严谨的推理、一针见血的判断，等等。正是基于这些深层次的认识能力形成的人的思维品质，使现代人能够准确而快速地避恶免错、行善成真，因此理智德性又被称为"能力德性"。美国学者索萨（Dinesh D. Souza）最早定义了理智德性。他说："处在某一环境 E 中的主体 S，因为拥有某些内在能力 I，所以对与 S 所处的条件 C，相关的领域 F

---

① 董尚文. 论阿奎那伦理学的理智主义 [J]. 哲学研究, 2008 (7).
② 董尚文. 论阿奎那伦理学的理智主义 [J]. 哲学研究, 2008 (7).

中的任何命题 X，S 都具有极大可能的正确性。其中的 S 代表人，I 代表拥有好的眼睛和拥有好的、思维清晰的神经系统，等等。"① 简单讲，就是一个人只要具备了高超的认识能力，在任何复杂环境中，都能准确而快速地辨别真假、分出善恶。

按照索萨的理解，基于一般认识能力的理性只会在直线式的、简单的、毛躁的判断分析中直接追求自己的利益，这属于现代人的一种恶习。② 但是基于高超认识能力的理智，是在曲线式的、细致的、审慎的，甚至超脱的判断分析中，多角度地在自己利益、他人利益、群体利益等多方利益的权衡利弊中，通过思前想后、考虑再三的分析判断概括，或追求获得部分的自己利益，或追求帮助别人获利的同时自己获利，或追求帮助群体获利的同时自己获利，等等，无论哪种追求都要务必使自己首先处在一种基本的合法地位，其次是合理地位，再次是合情地位，其中最重要的是合法地位。比如，爱国心有两种：一种来自本能与情感，另一种来自理智。相比较而言，后者更为坚定。理智的爱国心虽然可能不够豪爽和热情，但非常坚定和持久。它来自真正的理解，并在法律的帮助下成长。所以康德把"法律"视为最根本的、普遍的判别善恶的正确理性，它是关乎整个现代社会共同利益的客观命令。总之，要使自己在理智分析后产生的行为态度不断地变得更具客观性，这种冷静和客观的行为态度便是人们通常所指的理智感，它的实质就是，主观的心理因果关系转化为了客观的规则因果关系。

也有学者把理智德性称为"反思性道德"。③ 在现代社会，现代人会不断意识到自己处于不确定性状态，都想使自己与某种普遍的事物发生联系，这种事物在现代社会就是法律。由此，现代人总是在现代生活中，通

① 郝苑. 理智德性与认知视角——论欧内斯特·索萨的德性知识论 [J]. 自然辩证法研究，2011 (4).
② 郝苑. 理智德性与认知视角——论欧内斯特·索萨的德性知识论 [J]. 自然辩证法研究，2011 (4).
③ 孔文清. 理智德性辨 [J]. 道德与文明，2010 (5).

过理智使个人行为在以法律规则为标准的双重反思中去获得自己的确定性生存状态，也就是现实的"经验自我"反思与以法律为代表的普遍规则的"超验自我"反思的有机统一。在"经验自我"反思中，个人总是想方设法满足自己基于私欲的平庸恶，但是"转念一想"，它可能是违反法律的，违背某些规则的，于是"超验自我"不得不反思并用意志力压制这种平庸恶，按照法律为代表的规则行事。比如某人抓住了一只鸟，"经验自我"反思告诉他，这只鸟可以卖钱，或者吃了，或者可以养着玩，但是"转念一想"，这只鸟是不是国家保护动物，是不是珍稀动物，私自捕捉蓄养可能是犯罪行为，是要被判刑坐牢的，于是在这种"超验自我"反思中，他不得不放掉这只鸟，或去相关部门上交这只鸟。可以说，理智德性非常推崇这些普遍规则在具体情境应用中的"转念一想""回头一想""仔细一想"，正是这些在过去经历、经验、教训推动下的理智转换机制，使个体对法律规则的认识，变成了对因果判断的认识，而理解因果关系意味着个体把握了某个在世界中真实存在的自然机制中的理性关系，必然会自主、自觉地淡化、放弃、消除各种非理性私欲，走上理性选择之路，于是，准确的"抑恶扬善"随之自然产生。在上述案例中，个体明白了人与动物在大自然中共存共享的因果关系，也就明白了人与动物共存共享的理性关系，为了自己的生存，他放弃了各种非理性的基于私欲的恶念，选择了理性的人与鸟共存的善，尽管这种明白是在法律强力惩罚的震慑下得到的。

这说明理智德性的生成绝不可能是内在自发的，亚里士多德说，它一定来自某种强大的外在律令，而法律是其中的典型代表。① 在现代社会，以法律为代表的理性规则无处不在，这使得理智成了一个现代人如影随形的隐秘伙伴——"超验自我"，非常隐秘地蕴藏在现实"经验自我"的社会实践中，随时监控、审视、反思着现实"经验自我"的社会行动，泯灭掉基于非理性的恶行，输出着基于理性的善行。但是人的理智的有限性决

---

① Roberts R，Wood W J. Intellectual Virtues：An Essay in Regulative Epistemology［M］. New York：Oxford University Press，2007：57-58.

定了"恶"是不可避免的。唯一使人少行恶的方法就是，牢记"在我没有把事情的真相弄清楚以前，无论如何不去下判断"的诫，这种对理智德性的遵守，也被称为"双重反思性遵守"，它是反复思考、不断思考的产物。

（三）思考

阿伦特认为，平庸恶产生的根源是无思。在现代社会，人们逐渐丧失了对自己具体处境的理性思考，一味听从于某个势利庞大的集团，完全丧失了现代人应有的理智判断、分析，艾希曼是如此，每个现代人都可能是如此。其后果就是平庸恶的泛滥。如何阻止？就是每个现代人都要学会思考，因为理智德性把人的认识能力作为最可靠的道德指南，而认识能力的典型标志就是思考，人是思考着的存在者，这是笛卡尔的格言。但是在现代社会，思考是每个人都必须进行的活动，甚至是人生在世所必须承担的责任。因为恶意、恶念是每个人在现代社会都会有的，恶行、恶习更是每个人在现代社会都可能做出的行为。这样推理、反思、判断就是拥有有价值的现代人生的必需品，唯有思考才是抵制邪恶再现的前提条件。它绝不是"哲学家"那样的职业思考者才有的，每个现代人都要在细致的推理、习惯的反思、冷静的判断的理智思考中分辨善恶对错。这是现代社会个体基本的生存能力。它使普遍的道德规则在现代多元化社会中与纷繁复杂的各个特殊情境结合起来，从而促使理性的私人运用转化为理智的公共运用。整个过程要求现代人不盲从于道德规则的权威，而主张现代人在对经验的感受、认识的理解、观念的分析中，追问普遍的道德规则，以及在特殊的情境中具体的道德意义与价值。现代性祛魅把普遍性的东西连根拔起了，所以与其说现代人还在把普遍的道德规则当成人生指南，不如说是把它们当成引子，将理智德性始终贯穿于特殊的情境中，为自己在纷繁复杂的多元社会，通过"识恶、抑恶"的认知活动，寻找属于自己的终极性归宿牵线搭桥。

第一，思考使现代人意识到自己"内心的自由"。阿伦特认为，这种自由必然是"隐恶向善"的。① 因为思考获得自由的过程本身就是一种挣脱私欲的剧烈纠缠，从私性、私欲、私心那种时时刻刻带来的重负中解放和脱身的过程。所以思考产生的同时，理性就产生了，随之就产生了秩序，于是恶从外显进入了内隐。

第二，思考是个体在内心世界与另一个"我"的对话，这个"我"，柏拉图在《大希比阿斯篇》中将其比喻为与自己居于同一个屋檐下的同伴，实际上就是通常说的"良心"。② 所谓思考就是"我"与"我的良心"的对话。而"良心"集聚着一个人最基本、最纯真的善，因此与"良心"对话的互动过程就是个体内心最基本的、最纯真的善不断地渗透进"我"的过程，也就是"自我"内含的各种恶意、恶念在最基本、最纯真的善的渗透中，不断被瓦解、被解构并分崩离析的过程，同时各种新的善意、善念被重新建构。

第三，思考是对已有观念的审视、考察、解析，人们常常会通过思考对现存的观念、概念进行分解、破坏和解构。正是这种破坏和解构使人们从对于社会规范的不假思索的盲从中惊醒过来，重新加以分析、审查，进而会惊诧地发现，以往社会规范会有如此多的不足、错误，从而使得人们可以避免再犯这些错误，并进而超越性地改进这些错误，生成一系列富有新的善意的社会规范。

第四，思考是与言说紧密相连的一种无声的对话，也可以说，言说是有声的思考。与言说一样，思考同样需要面对他人，处于人们之中，由此形成一个公共领域。在与他人的沟通、争论、辨别中，可以修正自己的观点，改变自己的立场，矫正自己的方向，从而在公众视野的监督下，恶无处藏身，只能为善。

第五，思考体现的反思意识总是保持着一种"超验自我"的思维张

① [美] 汉娜·阿伦特. 耶路撒冷的艾希曼——伦理的现代困境 [M]. 李秋零，译. 长春：吉林人民出版社，2003：120.

② Frankish K. Dual-process and Dual-system Theories of Reasoning [J]. Philosophy Compass, 2010, 5 (10).

力。其对现实中经验自我的过去、现在、未来随时保持着审视境况，在努力使自我行为不偏离普遍道德规则的框架内，不断进行着检验、调整、修正，以远离各种可能产生邪恶的非理性诱惑，形成善的自觉的理性选择。于是，现代人通过理性的自我审查，在内心树立起了对自己抑恶扬善的敬重感，一种对自己内在善心自主压倒邪恶而充满的做人的尊严感。

可以说，对普遍规则的依托、向善判断、良知发布否定性命令，成了理智思考抵制邪恶的三道屏障。① 但是现代社会不能对善恶的最终定义怀有期望，因为现代人的道德观念是在每个人的个体化思考过程中呈现出来的，有时候这种呈现毫无章法，甚至让人啼笑皆非。比如，几个"90后"小偷偷了东西之后，在河边休息分赃，忽然河中有人喊"救命"，这几个"90后"小偷稍一犹豫，之后便纷纷跳入河中，将人救起，法院的法官一方面在判他们盗窃罪的同时，另一方面又要为他们申请见义勇为表彰。这说明现代人把普遍规则投入特殊情境时，渗透了太多个体性、个性化的自我方式。尽管如此，他们内心的恶尤其是歹毒恶会被主动掩蔽，而他们创造出来的善将使普遍的道德规则内含的善彰显出更加丰富多彩的表达方式。所以在现代社会，思考是人生最大的依靠，理智思考是最大的幸福。它能够充分解析根本恶本体的人性特质，保证歹毒恶反社会极端特质的未萌性，清醒地平抑平庸恶随时蓄势待发的必然性，不仅自己相信，也使别人相信，因为这是基于法律的普遍规则，理智思考出来的一套很有道理的"识恶辨恶"机制，以致它被赋予了现代道德真信念的地位，逐渐进入现代人的人格中。但是，仅靠理智的认识活动产生不了一个人的品质（德性），对品质进行深入的理智分析也无法转化成真理性的信念。虽然理智确实是一种有助于最大化生成现代人真信念道德，同时减少或者去除恶念的禀赋，不过这一实现过程是以实践为中介的一种意志活动，毕竟理智德性是一种实践智慧，不是一种知性智慧。

---

① 董尚文. 论阿奎那伦理学的理智主义［J］. 哲学研究，2008（7）.

（四）意志与明智

在现代社会，判断一个道德事件有两种模式：其一，用普遍规则进行一般性判断；其二，把普遍规则投入具体情境进行特殊性判断。亚里士多德称前者为哲学智慧，称后者是实践智慧。理智德性就是一种实践智慧，因此，任何道德事件的发生，理智德性不仅仅与其中普遍的道德有关，更与其中特殊的、具体的道德有关，而这特殊的、具体的道德就是理智德性追求的、苦心塑造的现代人的德性。现代社会判断一个人的道德，更加看重甚至唯一看重他在某一情境中的具体意志行为，至于他当时的所思所想并不重要，所以"恶"的德育之理智德性，本质上塑造的是"情境性的意志行为是否符合普遍道德，以及如何个性化地符合普遍道德"。比如电梯里，陌生的一男一女，男的内心深处对女的有各种各样非分甚至邪恶想法，但是在行为举止上，始终规规矩矩，没有任何过分行为，之后出了电梯走人；反过来，男的对女的内心充满善意，但是无意中的一个举动碰到了敏感部位，对方可能就不听解释认定是非礼的恶行，而认定其恶行时完全不会考虑男的过去的道德表现，只看他在电梯那个特殊情境中具体的意志行为。再比如，一个女生向一个陌生男生问路，男生很友好地指明之后，忽然发现这个女生手里拿的手机很好，于是一把抢过来，转身就跑，前一秒是天使，后一秒就成了魔鬼。现代社会某个情境的善恶行为，只在一念之间，这一念看似冲动的产物，实质就是现代人在具体社会情境的实践中是否把普遍道德规则与所处情境进行了长期、灵活的理智结合的产物。没有这种长期结合，一念之间天使变魔鬼，反之则魔鬼变天使。因此，理智思考只是理智德性产生的智识前提，是关于意志行为如何符合道德准则的思考，它必须通过实践，灵活地把普遍的道德知识、规则转化为个人的道德意志行为，由此理智德性又被称为一种"满足正当欲望的实践的真理"。

实践必然有意志的选择，这是理智德性的灵魂。而人之私欲本无善恶，理性满足的私欲就是善，非理性满足的私欲就是恶。也就是，被理性掌控的意志行为无论是否充满恶念，它都是善的；反过来，被非理性掌控的意志行为，无论是否充满善念，它都是恶的。人的自由意志无所谓善恶，其行为是否被理性掌控才有善恶。所以，只有那些基于普遍规则之上，经过反复分析、反复思考的意志选择行为，才能被称为人的善行，即"我理解到我在意欲的经理性审查的欲望"。由此可以说，意志行为的选择根据是由"我思"提供的，意志主体根据"我思"得到"善"的自我认识，一切未经"我思"的道德本体都是虚妄的，这也是现代道德哲学对道德本体的基本规定性。一个现代人想在实践中不作恶，须有两个因素：理智和意志。它遵循三个规则：一是深思熟虑；二是毫不犹豫践行理性思考；三是总把善牢记在心，这就是亚里士多德说的"意志在理智之中"。理智在深思熟虑中达到了善，意志才会坚定选择"这一个"善行为，而不选择"那一个"恶行为，唯其如此，现代人的自由意志才不至于被滥用，进而他也获得了"道德自由"，不会再受到"恶"的纠缠，毫不犹豫地践行善。因此，意志就是在理智支配下的一股坚定的，或否决，或追求，或避开的力量，是使得现代人追求值得追求的事物，避开毫无价值的事物的力量。而现代人想成为现代道德主体，就必须成为理智的意志主体，只有这时他的意志才处处遮蔽着恶、张扬着善，这时意志作为一股选择的力量，好像并不存在了，因为理智在具体实践中成了驱使现代人践行善行的直接力量，一言以蔽之，"恶"的德育之理智德性，就是"冲动理智化"。

　　理智推动下的意志选择最大的挑战就是如何处理普遍道德规则与具体情境相结合产生的复杂的具体情境。如何才能确定既符合普遍道德规则又符合具体情境内在的特殊规则，如何使当事各方，尤其是自己的主体利益不受损失，甚至获益？这就要在理智分析和意志选择中，始终贯穿明智的判断与选择。例如，当前中国，人们见一个老人摔倒在地，明智的判断是不能马上扶，要想一想，接着理智分析：扶，还是不扶？明智的选择：扶；理智分析：怎么扶？直接扶不行，是否拿出手机拍照作证，是否找旁边的众人帮忙作证，是否打110找警察，是否打120找医生，等等；明智判断后，选择意志行为：先拿手机拍照，接着招呼众人保护现场，在众人监督下打 110 找警察，打 120 找医生，再在警察监督下，众人一起扶起老人去医院等。

明智是理智德性的核心，是意志行为的催化剂。没有明智，理智德性就会退回到理性德性，那些美好的善只能永远停留在现代人的大脑里，现代人有可能成为对"善行"夸夸其谈的恶人，因为他们根本没有实现他们心中善意的任何明智举措，而不论"知"得如何清楚，都不能代替"行"。"明智"的词根 pheren 原本是心脏，古时人们把心脏看作思维器官，所以就派生出了这个专门表征思维实践方法的词，其本义"就是善于策划，并选择对自身的善以及有益之事"①。而实质上，理智就是理性和明智的整合体，包括两部分：理性分析悬想、明智判断选择。所谓无悬想，则理不明；无实行，则欲莫遂。后者是把前者完全实践化，变为意志行为的过程。由此，明智的本质就是一种存在于现代人实践活动中的理性，把现代人理性实现欲望而避免非理性恶的过程，变为现实实践中的意志行为的最直接推动力，具体包括判断、筹划、选择。它判断的是，理性分析的各种结果的善恶、损益，筹划的是，其中哪些是对自己有利的而且还是善的，最后选择实践那既对自己有利又是善的意志行为，整个过程始终贯彻的是"避恶趋善地使自己最大化受益、最小化受损"原则。也可以说，明智就是对如何进行快速判断，如何准确实施判断结果的策划、选择的思考。所以它的内容很多来自理性经验，这些经验包括规则经验、感受经验、直接经验、间接经验等。而经验是具体的，需要长时间在实践中积累形成。于是在实践活动中，常常看到一个没有多少理性知识的人，可以比有很多理性知识的人更明智，因为成熟的经验推动他的意志行为，完全符合理智，所以，现代人都把经验的努力积累、教训的深刻吸取、经历的反复反思，作为现代生活最明智的模式。在形式上看，这些确实是具体的，但是在内容上，它们是普遍的。因为它所涉及的是，每个现代人都会遇到，都可能

---

① [美] 费兰克·梯利. 伦理学导论 [M]. 何意，译. 桂林：广西师范大学出版社，2001：112-114.

遇到，甚至都必然遇到的现代生活情境，内含着五味杂陈的，或快乐，或沮丧，或懊悔，或痛恨的深切感受，所以明智又被称为现代生活的普遍感受。这种感受不是某种感官所固有的，而是通过现代生活中他人经验教训经历、自己经验教训经历慢慢培养起来的对某些社会情境普遍的理智体验，如当前中国人对摔倒的老人的感受、对食品卫生的感受、对贪官污吏的感受，等等，是一种考虑如何能快速准确地达到"避恶""扬善"的，体现着普遍的道德价值和意义的情感体验。

在"恶"的德育中，理性践行着普遍道德规则，理智践行着具体道德方法，而明智践行着具体道德做法。明智在理智德性中的做法表现为：根据理性经验形成的普遍感受，唤起理性分析，做出肯定与否定、趋与避的理智判断与筹划，选择实践"避恶""扬善"的意志行为，使整个实践活动合于中道。中道概念起于亚里士多德，但是他没有给出确切的界定，只说中道就是应当，但是应当如何做也没有明确，只是说一个善的选择就是符合于"应当"的选择，即对应当的事情以应当的方式在应当的时间和地点做出的应当的判断，善的选择就是以"应当"为标准的选择，就体现了明智做出正确判断的理智选择。① 虽然如此，在现代社会"应当"的标准不难给出，那就是法律，在现代生活的某个情境中，个人做出符合法律规则的行为，就是明智的选择，也是理智德性追求的选择：选择一个"认知之善"，必然导致选择一个"意志之善"。

（五）理解

在理智德性中，明智的意志行为必然是一个思考系统的产物。在这个系统中，有自己的利益、他人的利益、群体的利益、第三方的利益，四方进行着犬牙交错的博弈，博弈的结果肯定是避恶趋善，那么必然获得各方共赢的结果，这样就要求现代人在现代社会，必然要做一个"有理解力的人"，即在践行规则中理解他人。涂尔干认为，现代社会取代传统社会最

---

① 沈耕. 因果性、合目的性和历史决定论 [J]. 哲学研究，1988（8）.

有意义的标志，就是大量理性规则的出现。① 而现代人作为主体的过程，就是一个必须努力考虑边界的过程，就是努力考虑各种规则的守界、越界的后果，带来的责、权、利之间的利害冲突的理智过程，其中最核心的是，对各种规则守界、越界后果的责任问题。康德指出，这一过程若不进行一趟自我审判式的地狱之行，人心中基于私欲的恶随时都会爆发，开辟出向善的神化之路，完全不可能。② 那么这种自我审判式的地狱之行是什么呢？就是在理智分析中，基于对规则理解的"对他人的进入"。

"知罪德育"告诉我们，现代人理解规则是在对一系列违反法律规则的罪行带来的惩罚所产生的恐惧的经验教训中，不断地推理、分析、判断其中的前因后果、来龙去脉，由"想不通"到"似通非通"，直到"想得通"的强制过程，这是理解规则的第一阶段，是对违背规则与受惩罚之间直接因果关系的感性控制。理解规则的第二阶段，是现代人以"非意愿立场"进行的各种推想。"推想我在那种情况，不遵从规则会怎样？""推想我在那种情况，遵从部分规则会怎样？""推想我在那种情况，有人强迫我不遵从规则会怎样？"对规则的真正理解，应该在这种穷尽具体情境中与规则有关的所有情境变化的推想后才真正完成，这是对违背规则与惩罚之间间接因果关系的认知掌控。这时，现代人才真正身临其境地辨析、洞察了规则与具体情境结合后，破坏规则、违背规则的越界、破界所产生的恶行的利弊得失，生出了对于恶行的理性自决，并明智地预备使理性成为自己实践意志的充分动机。于是，恶意、恶念被隔离性压制，利己主义的既有价值观、人生观被瓦解，现代人内心深处的私性、私欲、私心被悬搁，而逐渐"呈现"或"模仿"他人的私性、私欲、私心，那种能够正确描绘他人心理图景的对他人的真正理解就开始了。

有人说，理解他人和理解自然没有本质区别。理智德性的实质就是准

---

① ［法］埃米尔·涂尔干. 社会分工论［M］. 渠东，译. 北京：生活·读书·新知三联书店，2000：135.

② ［德］康德. 道德形而上学原理［M］. 苗力田，译. 上海：上海人民出版社，2005：48.

备把理解自然的那套规则加在人身上，这在逻辑上似乎是讲得通的，"用处理人与自然的关系来处理人与人的关系"。但是处理自然的规则是一套把人当物的实验操控性系统，在被操控的人被随意操控的同时，操控者作为人，会无意识地呈现出最大的恶——歹毒恶，所以，理智德性对他人的理解绝不能等同于对自然的理解，应该等同于对他心的理解。这里的理解作为区别于单纯知识的另一类动态，真正的关注点并不在"知"，而在乎"行"，所以理解他人就是"一种对他心的行动"。但绝不是把你理解的规则直接作用于他心之上，而是非常间接地作用于他心之上，对于理解者有一种重新做人的感觉，是一种无法从第三人称视角阐明的"做人的感觉"。它必须依赖现代人的想象力，站在他者立场上敞开内心，在内心深处悬搁自己在那个即时情境中的私心杂念，隐藏起我们在母体文化中理所当然的、不证自明的文化理念及优越感，使劲挖掘并努力运用他人看待这个世界的文化理念，并从自己的文化理念中跳脱出来看到和进入"他人"，拥有与他人类似的"做人的感觉"，这就是所谓的"善解人意"。它是后天习得的，并不是天生的，是现代人长期理性思考、理智实践的产物。其最大的功能就是，会使现代人不断把自己基于私性、私欲、私心的恶性视为例外的状况排除掉，而把自己视为与他人一样的具有基于私性、私欲、私心的恶性的普通道德主体，获得可以平等对话与交流的同伴，共同搭建出一种言说—倾听的回应关系，并在其中不得不克服一些妨碍平等对话与交流的性格特征，诸如草率、武断、冷漠、粗暴等，而改造生成了另外一些有利于平等对话与交流的性格特征，诸如同情、和蔼、亲切、热情等。所以，"善解人意"作为一种理智德性的背景性德性，就是指一种宽容地解释他人善恶动机、态度与处境，而非过于草率地批评、谴责别人"善恶行为"的倾向。这一倾向不容易获得，经常是现代人在孤独的自我对话、自我省察，展开道德规则时，在深入的自我解析、自我质询和自我审判的地狱之行中，逐渐生成的会伴随隐隐出现在某种自我愧疚的道德情感，这就是罪感。所以罪感是现代人在理解他心时，理性思考、理智实践的必然产物。

　　这种倾向为现代公共生活的共存、共享奠定了德性背景，使现代人更可靠地获知了他人善恶立场的心理轮廓，也因此更能理解他人处境中的善恶选择。同时其在其中汲取到了掩蔽自己根本恶的性格因素，唤起了歹毒恶被遏制的动力，掌握了平庸恶被压制的技巧，能自觉约束不切实际的私欲，接受公共生活共存、共享的事实引导。然而这种"善解人意"只能算作对他心的一种一般性理解，比如"某人被偷了"，我们会一般性地理解他很难受、很倒霉，但是对于他具体难受到什么程度，被偷的东西的意义与价值会对他的生活造成什么影响，他未来将如何生活，等等，都不知道或者完全不关心。一般性理解他心无法获知"这一个"人的心是怎样的，所以它只是理解他心的初级阶段，它往往使现代人之间的理解流于空泛，失去对个体性的把握，更糟糕的是，对平庸恶缺乏根本性制约，恶性经常会出现情境性反弹。理解他心的高级阶段是模拟性理解他心，主张现代人对他人的理解只有通过想象的模拟。也就是说，想象自己处于他人的目标情境中，自己的心理状态会是怎样，自己在那样的情境中会怎样做，等等。这是对他人所处的事实条件反推理的结果，或者叫反事实条件推理。假如自己是那个被偷的人，内心会作何感受，生活会受到怎样的影响，等等。这是共情地进入他人所处情境的思维模式，由多重因果关系洞察事件发生、发展的来龙去脉，感受他的感受，体验他的体验，这意味着现代人获得了一种扩展性同情思考力。于是，"他人之伤害即我之伤害""他人之受损即我之受损"的共同体共情意识生成，这是一种基于每个人多样性和独特性的伙伴性共情理解关系。它使现代人构建出了既属于自己又属于共同体的善恶体验标准、价值取舍空间、人生成长定位。从此，一种自主、自觉的自组织抑恶，成了"恶"的德育追求的现代理性生活平和的常态。那种"心甘情愿"的规则遵从感，通过理性油然而生，并以"良心"的形式内化为绝对道德律令，提升为一种"不虑而感、不虑而做"的理智德性的实践直觉，"恶"的德育才真正实现了知道罪行、认清罪性、唤起罪感、抑制恶性、隐匿恶意、惩罚恶行的塑造现代羞耻感的知罪抑恶扬善过程。

（六）理智德性的生成实质

简单讲，理智德性就是现代社会的一种计算型道德习惯，其生成就是用科技理性中的数理理性来与人打交道，使现代人基于私欲的非理性恶在计算中转化为理性善。一般讲，习惯的养成有四个阶段：第一阶段，被动性行为；第二阶段，自发性行为；第三阶段，自觉性行为；第四阶段，自动行为。理智德性的生成也有四个阶段：第一阶段，被动德性；第二阶段，自发德性；第三阶段，自觉德性；第四阶段，自动德性。

中国真正进入现代化，自改革开放以来只有40余年，比起西方数百年的现代化进程差之甚远。在美国，一个普通人或投资，或装修，甚至一次搬家，都要进行严密的推理演算论证，使自己尽可能使用最经济、最高效、最有利的方式，涉及与道德、法律相关的事件更是如此。可以说，成熟的现代社会无不充斥着这种计算，这已经深入现代人的骨髓。应该说，中国理智德性的起点应是"南京彭宇事件"。一个年轻人做好事扶起一位老人，被这位老人讹诈、诬陷，吃了官司，最后法院判决年轻人败诉，道歉、赔偿。有人说这一事件使当代中国道德至少倒退了五十年，然而笔者认为也正是因此，中国传统道德开始真正进入了现代道德，传统德育真正进入了现代德育，善的德育真正进入了"恶"的德育，那种发自本性的好心、同情、热诚的道德行为将会越来越少，代之以"三思而后行"的好心，"深思熟虑"的同情，"深谋远虑"的热诚。

"南京彭宇事件"就是中国现代道德之"恶"的德育的启蒙事件。它告诉当代中国人，现代社会的一切社会情境的道德事件，都要大胆地运用自己的理性进行思考，不要被任何感性的东西所左右，要剔除一切感性成分进行理性思考，诸如不要根据他的服饰、财富、年龄、地位、荣誉等来判断他的道德水平，更不能根据他的服饰、财富、年龄、地位、荣誉等来判断他在某个社会情境中的道德水平，只根据他在这个社会情境中实际做了什么来判断他的道德水平。因为现代社会的伦理前提是"人之初，性本恶"，只要是人，他就具有根本恶的恶质与恶性，这个根本恶随时会恶化为歹毒恶，更随时会衍化为平庸恶。于是，无论他穿什么衣服、什么年龄、什么地位、有过什么荣誉，他的根本恶随时都可能转化为或歹毒恶，或平庸恶，由一个潜在的"恶人"变成一个现实的"恶人"，这就是现代德育的启蒙性，也是"恶"的德育的启蒙性。

启蒙性意味着被动德性的开始，就是被迫开始使用自己的理性做判断。它的推动力就来自法律的惩罚，具体应该是：法律的公正惩罚和法律的不公正惩罚。亚里士多德认为，成为一个理智的人不容易，成为一个明智的人更难。大多数人进行善的选择不是因为他道德高尚，而是出于对做坏事而受到惩罚的恐惧，因此现代社会必须有个东西帮助现代人进行选择，这个东西就是法律。亚里士多德进一步认为，法律就是"一个出于明智和理智的规则"，是一种带有强制性的普遍的明智选择，人违背了法律就是不理智、不明智的行为，要受到惩罚，但不一定是不道德的行为。因此，严格说来"南京彭宇事件"本身，不能算是当代中国"恶"的德育的启蒙事件，而"南京彭宇事件"的法律判决带来的不公正惩罚，才是当代中国"恶"的德育的启蒙事件。现代社会是一个以法律为代表的规则社会，许多现代道德不仅以法律规则展现，也以行业规则、公共规则展现，现代人在习惯了遵从法律规则的前提下，也开始遵守法律外规则，甚至法律外规则也在现代人心中具有了法律效力。这样，现代社会就逐渐形成了基于理智德性的规则社会，这时违背了规则就是不理智、不明智的行为，也就是不道德的行为。以法律为代表的规则，就是现代社会理智的、明智的制度化表现，遵从规则行事就是理智的、明智的选择。

当中国人听到了"彭宇事件"的不公正惩罚，从此遇到类似的道德情境，一种自发的"理智德性"油然而生，"且慢，让我想一想"将成为大多数人的第一选择。而在此之前的当代中国，全面处于低级道德时代，就是一种几乎没有理性介入的直接的、反射式的从生活传统出发的道德判断，人们看见老人摔倒，不会犹豫，直接扶起，转身走人，没有人把这个当回事。这种状况匈牙利现代哲学家赫勒（Agnes Heller）称之为"固性道德"，即在传统社会中个人与同时代的各种传统习惯建立起来的自觉关系。① 但是进入现代社会，以法律为代表的各种规则在加速发展，个人的特性也在加速发展，如果这些以法律为代表的规则是合理的，个人出于自己的特性而不遵守，那么一种取代"固性道德"的新的道德就生成发展了，这就是赫勒说的"特性道德"，即现代社会中，拥有特性的个人与同时代的各种规则建立起来的非自觉关系。② 它在个人规则与法律规则之间生成了一种不知所从的游离关系，因为现代人还没有完全意识到，每颁布一部法律，其在某一天都会严重影响他的生活，相反，人们产生了一种"心源性隔断"，潜台词是"这部法律与我何干"，即便是意识到了这部法律，也不会主动以其中的规则指导生活，更不会将其内化到自己的行动中。所以即使现代社会通行的各种规则是对的，个人也会出于自己的特性而不遵守。当前中国社会就是"特性道德"时代，它的特点是，一旦个人私性、私欲、私心与规则相冲突，它总是优先考虑个人私欲，甚至有时故意将私欲凌驾于规则之上。比如，所有商家都知道按照国家规定食品里应该放什么，不应该放什么，但是为了私利，他就要违背国家规定，故意放一些不该放的东西，轻则致病，重则丧命，平庸恶、歹毒恶源源不断地从这里滋生出来。因此，"特性道德"是一种远离现代性的"异化道德"，就是邪恶的温床，任何拥有特性道德的现代人，都蕴含着邪恶，只要遇到合适的机会，这种邪恶就会以一切与自私、贪婪、好色、损人等有关的恶动机出现。

当然，随着违背规则，被法律惩罚的社会事例越来越多，为了自己免受惩罚，现代人开始自觉地运用理智德性，将自己的行为置于规则指导之下。在具体的社会情境实践前后，有意识地前后思量、反复推敲，不断思考自己动机中的善恶立场、善恶比例、善恶构成，与相关规则的契合度，

---

① 王秀敏. 个性道德与理性秩序——赫勒道德理论研究 [M]. 哈尔滨：黑龙江大学出版社，2011：38-41.

② 王秀敏. 个性道德与理性秩序——赫勒道德理论研究 [M]. 哈尔滨：黑龙江大学出版社，2011：38-41.

等等，并学习如何理智地做出"避恶趋善"的意志行为，赫勒认为这意味着"特性道德"开始向"个性道德"转化了。"目中无人"的恶性开始转化为"目中有人"的善意，那种基于"目中无人"的恶性的道德审判主义、道德轻率主义、道德斥责主义转化为"目中有人"的善意的道德中立主义、道德慎重主义、道德接受主义。当人们意识到，按照"目中有人"的规则理智行事时，集体并没有剥夺个人的私欲，相反却在各种规则的规定中，不仅保证了个人私欲，并使之与他人私欲共存，在一种公正、民主、平等的心态中，个人因私欲被满足获得了某种独特的尊重感、价值感甚至幸福感。于是，人们开始自觉地将自己的行为置于规则指导之下，这意味着现代社会中有个性的个体以自己个性的方式行动时，自觉地与同时代的普遍规则建立起了实践关系，这就是个性道德。个性道德的确立就意味着理智德性的确立，就是理智德性的人格化、自动化。它的实质就是人在理性思考、理智实践中，使自己成为自己所是的好人，一个在公共利益面前使个人私欲自觉约束、妥协和让步的现代人。这必然唤起的是人对群体的责任感，拥有理智德性的现代人虽然也是从自身角度和立场来解释各种通行的规则，但是其中渗透着强烈的普遍立场。即我们所有人都栖居在一个共同世界中，所以我们能够彼此理解，更应该遵守我们共同的普遍规则，我们每个人在坚持以个人独特的视角进行独特的选择时，切记不能走向道德相对主义，打着道德的旗号作恶，只有这样，现代人作为人，才能自动地将自己的行为置于规则指导之下，真正完成与"类"的统一，现代人也获得了自动的理智德性，真正成为一个"临事而惧"的人，一个讲道理的人。

第五部分

现代学校"恶的德育"

第一节　现代学校德育模式与抑恶

　　自 20 世纪 80 年代以来，我国学校德育逐步掀起了"主体德育""生命德育""生态德育""公民德育"等现代学校德育模式。而一种德育模式的实施，就是形成了一种具有强大道德影响力的德育环境，它呈弥散状，弥漫在校园的角角落落，辐射到学校工作和学生生活的方方面面。而现代学校德育的实质，就是在学校设置的课程中，把学生从善的德育模式引向"恶"的德育模式，在教会学生理性满足自身私欲、释放善意的同时，必须还要教会他们正视内心各种蠢蠢欲动的私性、私欲、私心，理性地抑制他们的恶意，理智、自觉地抑恶扬善。

一、主体性德育与抑恶

　　现代学校德育是一种主体德育。所谓主体就是个体心理世界主动的、独立的、自主的全部精神面貌的总和。而学校主体德育就是使学生学会在一定道德规则范围内实现这种主动的、独立的、自主的精神面貌的实践过程。现代社会释放主体性的同时，必然是在释放私欲，以及基于私欲的各种私人化价值的随处蔓延，这构成了现代社会无所不在的恶的伦理基础。那么主体性德育就是使每个学生必须学会在现代道德规则范围内，理性地、理智地实现自身私欲，抑制恶性、发扬善性的实践过程。

现代社会体现一个人主体性最好的标志，就是基于批判、怀疑的反省思维。因此杜威（John Dewey）说，现代学校道德有两种：一种是礼仪道德，一种是反省道德。前者就是人类千百年来约定俗成的道德，类似于亚里士多德的伦理德性；后者才是现代学校德育的中心任务，培养在道德上能够反省的人，即"能知能觉"的人。① 只有这种具备道德批判、怀疑能力的能知能觉的人，才能形成基本的对于恶的内外、正反两个维度的判断机制，才有可能在现代社会成为"对社会有用的好人"，进而实现"为社会培养有用的好人"，这是现代学校主体德育的最终目的。因为现代人再也不需要从某种终极的至善价值中获取道德资源，其所凭借的只是他自己的智识，所以学校德育从传统善的德育向现代"恶"的德育转型，就是从"知道的德育"的"传授—服从—执行"的道德教化模式，向"智识的德育"的"明析—认同—智行"的道德养成模式的转型。这意味着主体德育的根本任务在于，通过正视学生作为社会情境的道德当事人、局内人、责任人的实际需要，引导他们在学习道德时操练道德，在学习义务时履行义务，在学习责任时担当责任，从而使他们在直面和解决与自己密切相关的道德困惑和价值冲突中，努力提高自身的道德感受力、认知力、判断力、选择力和执行力等道德智识能力。这样他们对自身根本恶的恶性就充满了自觉的警醒意识，进而完全可以自主地瓦解歹毒恶的任何萌芽状态，不断超越平庸恶的实用主义和利己主义，走向利他主义、美德主义、共生主义。

这必然要求"知道德育"全方位地让位于"智识德育"。前者作为学校传统善的德育，实质上是在有名无实地，甚至是误人子弟地教善劝善，而完全没有看到现代社会具体情境对个体智识的复杂要求。因为现代社会普遍合理的利己主义致使没有人知道自己的私欲表现在那种情境中到底是善还是恶。现代人都会遇到自身私欲表现在具体社会情境时的善恶判断问

---

① 张家祥，王佩雄. 教育哲学研究 ［M］. 上海：复旦大学出版社，1989：145.

题，学生更加突出。而"知道德育"简单灌输的道德知识，导致学生对学校明文规定的道德准则、教师教授的道德规范，已然形成了一种不自觉的依赖感和非理性的服从意识，无所觉察地处于懵懂状态，他们进入复杂的社会情境，往往手足无措、束手无策，佯装向善，实则不自觉地在向恶、作恶或者被恶所害。所以，主体性德育就是一种基于智识的理性德育，根本上是促进学生通过智识的思考，把道德判断的中心从依靠学校和教师转移到依靠自己的理性。在纷繁复杂的社会情境中，全方位求助于自己独立的理性思考与理智实践。在对事件持续不断的解析中辨别恶，在对事件细致缜密的洞察中主动远离恶，在对事件假设的正反比较的反馈中去抑制恶、转化恶。整个过程，学生始终处于对恶的疑惑和心智不足的纠结中不能自拔，于是不断提出疑问，投入理性思考，再提出疑问，再投入理性思考，直到做出理智判断，明智选择，于是模糊、矛盾、纷乱的社会善恶情境就转化为清晰、确定、明白的，善是善、恶是恶的社会情境。

这时，学生就以"当事人"的主动型道德人格修正了"局外人"的被动性道德人格。但是这种人格并不会抛弃传统道德，它是把传统道德切入社会具体情境后，与现代道德相融合，在理性思考中，使个人利益、他人利益、群体利益达到"最善化"中"抑恶"。因此，学校主体性德育就是促进学生在理性思考中建构"抑恶扬善"价值观的引导活动，此时"恶"的德育的本质才在学生独特的责任感中被激发，向着现代社会至善境界，确证了自我肯定、自我发展的主体诉求。

二、生命德育与抑恶

应该说，生命德育是主体性德育最基本的表现形式。从中国古代，无论是孔孟的"性善论"，还是荀子的"性恶论"，都默认德性是伴随着人的生命开始的。而在当前我国学校中，以校园暴力为代表的"恶性"事件层出不穷，表明生命德育在我国学校德育的缺失已带来了非常严重的后果。而人类生命活动就是以身体为前提，以生生不息的"生"为机制，以生成纷繁复杂的精神世界为根本的，一种对善恶矛盾服从为基础的，同时又以超越善恶矛盾为主导的自然活动。学生作为一个完整的人、发展的人来到这个世界，他们有权利体验这种自然活动，体验从出生到死亡全部的"善恶"生活历程，体验作为人的全部生命意义。孟子说，"善，人之可欲也"，善是寄寓于人的生命内部的必然机制，不仅是表明人的生命的存在形式，也是表明人的生命的存在本质，所以，道德的源头就是生命的自爱，就是对自己的充满善意。但是这种对自己的充满善意，往往自觉不自觉地伴随的是，对他人充满恶意。由此，生命德育的实质就是，对自己充满善意的同时，尽可能遏制、淡化、消除对他人的恶意，尽可能像对自己充满善意一样，对别人也充满善意。

在道德范畴里，生命德育的践行就是善与恶的践行。一方面，生命始终处于一定的关系世界中，人对与自己有关的富有善意的价值的领悟力越强，其对周围关系的善意识就越强烈，生命道德智慧就越高，其生命行为的道德性也越高；另一方面，生命主体对周围关系世界富有善意的价值判断受到遮蔽，而以有限的逻辑推理去理解无限多样的世界，结果只看到自己，以及与自己密切相关的人或物的存在价值，而忽略甚至否定他人，或者否定与自己关系不甚密切的人的存在价值，其对周围关系的恶意识就越强烈，富有恶意的价值判断会源源不断涌出，导致生命道德智慧的严重缺失，其生命行为的道德性也直线下滑。如果善是保存生命和促进生命的，恶就是阻碍和毁灭生命的，那么生命德育的第一原则就是，恶必须第一时间被泯灭掉，而善的本身无比宝贵，必须大力宣扬，不是其作为手段和工具的宝贵，而是本身就是目的的宝贵，是所有人的生命都有活下去的基本权利，都应当尊重他们的生存意愿，都同等宝贵。这反映了现代生命伦理的基本内涵，那就是只有当现代人认为所有生命，包括人的生命和一切生物的生命都神圣的时候，他才是伦理的。这促使了现代学校生命德育必须使学生摆脱自己的偏见、成见，抛弃对其他生命的疏远性，而与周围生命休戚与共。那么学校教育中，生命德育中"成人"的德育目的就达到了，而"恶"的德育才不会失去那种独特的、方向明确的、抑恶扬善的德性发展基础。

整个过程就是"心育"和"身育"的有机融合。人的生命存在不仅有其实体静态——"身"，还有其动态存在——"心"，生命德育就是"心育"和"身育"的统一，前者生命德育的主要形式是挫折教育，后者生命德育的主要形式是"死亡教育"。

"挫折教育"就是挫折耐受力教育。所谓挫折耐受力就是"个体在社会互动中，遇到各种困难障碍，能够使自己心态保持正常的能力"，而"挫折耐受力教育"就是在学校环境中培养学生这种能力的过程。应该说，人的困难和障碍无非有两种：客观的和主观的。前者更多来自周围非人为环境，如物质困难、客观条件限制，等等，不必赘言。后者更多来自他人有意无意的恶意、恶行对自己心理世界有意无意的伤害、侵害，以及其所带来的生命存在感的妨害、发展感的破坏。挫折耐受力就是对这些恶意、恶行带来的伤害、侵害，由非理性解释转化为理性解释的，由自己对生命的自爱化解这些恶意、恶行的能力，也就是尼采说的，"不必用别人的恶意来惩罚自己"的能力。而挫折耐受力教育就是在现代学校环境中，培养学生化解他人恶性产生的各种恶的主客观表征，如各种恶意、恶行，使自己生命的生存与发展保持正常的过程。其内容主要包括挫折存在感教育、自立素质培养、驾挫方法指导等。总体就是让学生对挫折内含的各种恶意、恶行的客观性有一个理性认识，坦然面对人的根本恶的社会必然性，并直面这种必然性带来的平庸恶甚至歹毒恶的挫折情境；调整自己不沉溺于"以恶报恶"的非理性情绪，淡化与隐匿"以恶制恶"的非理性意志，在解决问题、求助、忍耐等合理化的、越来越清楚的理性思考中，磨炼乃至使自身转化为一个"乐观型解释风格"的人。

而"死亡教育"在西方国家学校早已是一门正常开设的课程，并形成了传统。而我国由于风俗伦理的影响，几乎没有一所学校愿意开，或者敢开"死亡教育"课程。如果"生"是对生命保存、延续、促进最大的"善"，那么"死"就是对生命阻碍、摧毁、毁灭最大的"恶"。反过来，不深刻理解"死"的不可逆转的震惊、可怕、恐怖，绝不可能深刻理解"生"的绵绵不息的幸运、珍贵、荣耀。死亡的必然到来，也就是每个人都必然要进入的恶的极致状态——死，但是并不是每个人都知道这一点，尤其是学生。有记者在上海街头，专门找穿着校服的学生问："你觉得人死了还能复活吗?"结果非常让人震惊，竟然有 60%~70% 的学生犹犹豫豫地说："好像不能吧，咦，好像可以吧，我不知道……"这种模棱两可的答案，竟然占了 60%~70%，它让人细思极恐，"反正他或者我死了好像还能活过来，于是我就……"

孔子历来有"终始俱善，死生如一"的主张。但是，我国现代学校德育只继承了"重生教育"，完全忽视了"重死教育"。乍看死亡和德育无关，其实只有对死亡为代表的恶的透彻理解，才会使学生真正发现、理解生活中无处不在的善的价值。因此，学校死亡教育就在帮助学生探讨生死的教育历程中，推动他们对死亡这个最大的恶的识别、辨析、感悟，从而打开他们心灵深处的生死枷锁，帮他们建立起对待生死问题的平衡点，解除死亡的神秘性，赋予死亡以理性；让学生更加珍惜生命，确证善恶的生活原点，不让死亡成为走向寂灭的虚无，放纵自己恶行的借口，逐步培养学生应对死亡的基本心理承受能力以及辩证的死亡态度，来克服对未知死亡的恐惧，从而确立起"向死而生"的积极又理智的生活理念；进而唤起学生重新审视自己活着的向善意义，以及人类存在的至善价值，抓住生命中的所有时光，认清生命中的重要事物，在有限的生命中，体会谦逊与珍爱，不让自己堕入基于私性、私欲、私心的恶的幻想，利用自己的自由，创造有利于更多人生存的向善价值，最后达到体悟生命终极意义、领悟生命终极至善的境地。

三、生态德育与抑恶

如果说生命德育是人类在社会中通过珍视自己的生命而珍视别人的生命，那么生态德育就是，通过珍视别人的生命而珍视自然界的一切生命，因此，生态德育是生命德育的延续。人类社会已然经历了"自然人""道德人""经济人"阶段，目前已开始向"生态人"阶段迈进。所谓生态人，就是把人类社会共生、共存的道德关系转嫁到自然身上的现代人，努力在人与自然之间建立起共生、共存的道德关系。所以生态德育，无论是具体学科课程中的生态认识，还是投入自然的劳动、写生等，目的都在于培育有生态理性的"生态人"。生态理性的核心就是，彻底克服人对自然的那种"我—他"关系的恶性征服、攫取意识，抑制为我所用的狭隘功利主义，而以整体性、平衡性的"天人合一""我—你"关系的有机统一作为思维方式，塑造学生"物我同一"的生态智慧、生态意识和生态能力，从而践履"不对万物行恶"的生态伦理精神。

一般来讲，生态危机本质就是人性危机。误把征服自然、统治自然的根本恶当作人之本质，而把歹毒恶的肆意妄为、胡作非为、贪得无厌当作人性的文明成果，实质是人的自身异化导致的私欲泛滥的必然产物。由此，生态德育应成为一个使学生具有人性的过程，实现他们从"物的开发"向"心的开发"的转换。具体应当做的就是，不能停留在对人与自然的抽象思考上，而要在实践中思考人与自然的依存关系。让学生明白，自然的存在是人类存在的前提，应唤醒他们对自然万物的抑恶扬善意识，从内心涌现出像人际伦理关爱那样的对自然的道德义务和道德责任，逐渐洞察自然对于人类具有不可或缺的善意的"内在价值"，尊重自然善意的"内在价值"根本上就是尊重人自身，对自然的恶意侵犯就是对人类自己的恶意侵犯，自觉地基于伦理把握和处理人与自然的关系，恢复人的感性活动。因为人的感性活动就是人的自然活动的全部来源，当人充分感受到他身上无所不在的感性活动时，他也同时感受到了他是自然的一部分，有了这种体验，学生就获得了基于生态文明的善恶觉悟，使时刻避免毁灭生命、伤害生命、压制生命的善心成了最高价值，而将征服自然的深深恶意牢牢压制在了敬畏生命的生态良知感、生态正义感和生态义务感之下。这时他们对于自然的有所克制、有所收敛、有所节制就成了人生真理，一个具备生态良心的理性"生态人"就生成了。

一个学生转变为"生态人"意味着他把自觉践行的生态道德升华为隐

藏于内心深处的使命和职责，并总是不断在与自然的相互作用中，时刻警醒自己要淡化、泯灭任何对自然生命的恶意、恶念，以理智检验投向自然的每一次实践，当一件事有助于保护生物共同体的和谐、稳定和发展的时候，它就是善的，反之，它就是恶的。这种伦理价值观是站在非人类中心视域下，教会学生看待人类作为"类"存在发展的可能性与合理性，促进学生重新审视人类与自然相互作用中的各种行为的善恶价值，尤其是经济行为，彻底明白经济增长必须是经济理性和生态理性相融合的"共善"产物。要把培养学生征服自然的勇敢性自觉转化成他们与大自然共生的可持续发展品性，导引他们领悟人与自然的善恶关系就是人与其"家园"的善恶关系。由此，生态德育的根本价值就是，使学生成为"社会化的自然人"。在人与自然的共同控制下，不让任何一方内含的盲目恶念来统治对方，不仅使学生从狭隘的功利主义中跳脱出来，更从极端的人类中心主义中跳脱出来，在抵制内在私欲诱惑、消祛对自然种种恶意的占有中，"知常""知和""知足"，生成"去甚、去奢、去泰"的绿色生存观。努力趋向非人类中心主义，以最无愧于和最适合于人与自然"共善"的条件，进行人与自然的物质交换，最终实现学生的道德素养从"尽人之情"到"尽物之性"的终极提升。

这时，当他们看到葱翠草木的勃勃生机时，会对体内的那些阴暗晦涩的邪恶之念有所反思；当他们看到大山的巍峨庄严时，会感到内心那些屑小杂念的险恶之性是多么荒唐可笑；当他们看到长江大海的波澜壮阔时，会对体内的那些狭隘的顽恶之心深感愧疚……

四、公民德育与抑恶

现代生活是追求"私性"相互承认的公共生活，是一个以"公共主义"抑制恶性，发扬公共善的互动过程。现代学校的公民德育就是培养学生如何在这一过程中生存、发展，同时塑造公民道德的过程，这些道德相对于现代生活的"公共生活"和"私人生活"，被分为"公德"和"私德"，公民德育就是塑造"公德"的过程，包括宽容、尊重、责任感、公平、正义等。

首先，应帮助学生分清"私人生活"和"公共生活"的界限。现代生活特别推崇，每个公民都可以追求各自的善，而对于学生来说，各自的善很容易演变为各自的恶。因为他们非常缺乏个人与集体、个体与群体之间严格区别的情境化意识，更缺乏个人与集体、个体与群体之间严格区别的基于道德的底线立场。所以，当把个人价值观的善恶问题直接交给学生的时候，"个人善"与"公共善"很容易进入混乱状态，那种以"个人善"取代"公共善"，打着道德旗号的恶行将不可避免甚至蔓延，所以个人善与一定情境的理性相适宜才是"善的"，个人善不与一定情境的理性相适宜则是"恶的"。而且，"个人善"与"公共善"不能混淆先后顺序，前者代表了个人隐私生活的个人主义价值观，后者代表了群体公共生活的集体主义价值观，若两者顺序混淆，就是康德说的，感性原则战胜了道德原则，学生就永远无法从自己的私性、私欲、私心中超越出来，成为一个抑恶扬善的现代人。

其次，要努力帮助学生辨析、接受、践行公共善。简言之，公共善就是反映现代社会所有人之间公约利益的精神品质，又称为价值公约数，其实质就是在一系列沟通、协商中，与"他人"的共存、共享。要努力使学生深刻明白，自己并不是独一无二具有私性的人，其他人都有这样的私性。进一步让他们明白，自己这些私性转化而来恶性，会对别人产生伤害。要在此同时，别人的私性转化而来恶性，也会对自己产生伤害。帮助学生对这种相互伤害进行深入的理性分析判断，于是，别人的私性开始被纳入自己的责任视域中，"极端利己主义"逐渐转变为"合理利己主义"，共存、共享的可能公共生活变成了现实公共生活。而公共善作为价值共契的黏合剂，最大限度地把每个学生都有的公共恶压制到了他们私人生活的最小空间，成了贯穿公共生活始终的主导机制，不仅是公民德育的核心，也是学生作为公民的归宿。

最后，公共品质的生成。在帮助学生对别人负起责任的同时，必须进一步帮助他们关注他人权利的实现，也就是他人幸福的实现问题，这就使得对共同福祉的关注构成了公民德育最重要的内容。而实现每个学生对幸福的主动追求，就必须实现每个学生的自我赋权，那种与他人、与集体互动的主动参与权、处分权和决策权。因此学生必须逐渐学会：如何合理使用班集体资源；有限的班集体共同利益如何落实到每个同学；为班集体服务的各种资源如何渗透到班级日常生活中；班集体荣誉打造与维护如何更好地深入进行。等等，在这些付诸行动的基于班级公共生活的公民德育实践中，学生在根本上孕育生成了宽容、尊重、责任感、公平、正义等公德，建构出了"自省""自治""自律"的自我教育型抑恶机制。从此，一种共存、共享的人格价值覆盖在学生情感、行为等多个层面，成为他们融入现代社会，向着公共善践行的优先保证基础。

有人说，公民德育更多显现的是一种政治权利与义务的塑造，它的关键有两个：一是民主，二是自由。换句话说，公民德育是民主国家民主政治的产物，是资本主义国家特有的产物，而我国显然不适合，实际情况似乎也是如此。在中小学德育大纲里，涉及内容非常多，有基本道德行为、爱国主义、集体主义、传统伦理等，就是没有公民道德。在国外，公民德育塑造的是好公民，品德教育塑造的是好人，两者似乎完全分开了，这使得那种天使一转眼变魔鬼、魔鬼一转眼变天使的情况时有发生。而我国学校德育并没有刻意区分公民德育与品德教育，正是为了表明，任何道德的塑造随着积累都有内化的个人化过程乃至结果。公民道德积累到一定程度，必然冲击着私人生活的品德塑造，带来的也必然是私人生活的公共化趋势。这使得无论是公民道德还是私人品德，都将以自我为中介展开深入互动，其融合几乎是必然的。它将生成一种善恶中立的、有限度的、调和的价值立场，从而使基于价值最小主义的公民德育塑造的抑恶机制，充分淡化基于价值最大主义的品德教育塑造的利己机制，在学生私人领域生成一种自觉的防恶人格，这是现代社会学生最需要的一种社会人格。

第二节　课程教学教法中的抑恶

一、自然科学：课程教学教法中的抑恶

如石里克（Friedrich Albert Moritz Schlick）所言，自然科学对人类最大的意义，就是每个人对它所描画的世界图景都进行着自己的哲学解释，每个人的人生观、价值观、世界观都在这种解释中得以生成，[①] 学生更是如此。自19世纪以来，自然科学知识所具备的确定性和普遍性，是其他观察知识、语义知识、信仰知识等无法比拟的，因此，它也成了人类生活中唯一真实的、有价值的领域，并通过对物质生产领域的贡献，对意识形态领域发生了巨大影响，充分实现了从事实领域到价值领域的僭越。而学校善的德育作为一种价值观教育，不可避免受到学校自然科学课程教学教法的巨大冲击。按照孔德（Discours Sur L'esprit Positif）的实证哲学，人类可以仿照自然变化过程，从现代社会的变化中，寻求统计性的规律，继而归纳出最合乎需要的道德规则，只要遵循这些由规律而导出的规则，人类的现代道德就将越来越好，从而人类社会也将取得巨大进步。[②] 于是在学校体系中，传统善的德育不得不在从自然中总结出来的无数定理、规律中，面临重新定位乃至重新定义的处境，使作为非事实性范畴的，传统善的德育的伦理道德边缘化，成了没有价值的东西，也就是在内容、方法、过程、结果等方面，被"恶"的德育进行了颠覆性的渗透。

在内容上，科学最基本的信念就是自然规律的客观性。康德认为，在

---

① Carey, R. L., Stauss, N. G. An Analysis of the Understanding of the Nature of Science by Prospective Sec-ondary Science Teachers [J]. Science Education, 1988, 52（4）：358-363.

② [法] 奥古斯特·孔德. 论实证精神 [M]. 黄建华, 译. 北京：商务印书馆，1996：79-80.

学校必须给学生教授道德律，而道德律就是自然规律，以人类社会的"定言命令"体现。① 反过来，学生掌握科学的自然规律就是掌握了道德律合必然性、合目的性的根柢，必然推动他们按照科学的自然规律行事，就是按照道德律行事，就是自身道德行为从他律走向自律，达到一种既合人的目的，也合科学规律的自由的过程。这样在现代学校德育掌握丰富的自然科学知识就成了学生掌握现代道德成人的前提。而对自然科学知识掌握的第一原则就是对"真"的确证。海德格尔认为，"真"是作为对象的此在的无遮蔽状态，是此在最现实的存在方式，它反映了人类社会理性之真中，生存之真的原始性和规范性，是人类社会赖以无限存在的绝对善的表征方式。② 由此，教师教授牛顿定理、帕斯卡原理、笛卡尔几何等自然科学知识，就是让学生在"认识自然的美妙，感受世界稳定的实在"中，确证"真就是善"。自然科学知识被人掌握，并应用于实践中，对人有利、有益，而成为社会的内容，这便是人化了的"真"，而人的目的与理想就是，通过这"真"获得最后对象化的"善"的实现。这意味着，学生已然不自觉地感知到了科学的自然规律内含的绝对善施予人类的关爱，同时不自觉地唤起了人对自身根本恶的羞耻心与羞愧心，对歹毒恶反社会心理的排斥感与厌恶感，对平庸恶的蔑视，使一种实事求是的品德内化为做人的品质，使人进一步意识到，在自然的实实在在面前，现代人的私性、私欲、私心不仅渺小、猥琐，而且充满了恶意的苟且任性，因此，人要活得有意义、有价值，就要像自然一样堂堂正正，以正直诚实的善性，摒弃蝇营狗苟的顽恶之心，以"不自欺"的本心突破恶性的自我樊篱，达到"不欺人"的与社会共融的良知。海德格尔说，这就是"真"的无限发展性，但是"真"的存在方式是有限的，这有限的形式就是"美"。③ 如果说由自然科学内容的真，带来的抑恶扬善是渐进积累的过程，那么无数堂物理课、化学课、生物课展现的各种公式、定理、模型等的简洁美、对称美、

① 蔡蓁. 康德论根本恶和心灵的转变 [J]. 社会科学，2012（11）.
② 马琳. 海德格尔论东西方对话 [M]. 北京：中国人民大学出版社，2010：264-265.
③ 马琳. 海德格尔论东西方对话 [M]. 北京：中国人民大学出版社，2010：264-265.

和谐美，就是对恶作用于心灵的直接摈弃，对善内在意义注入的直接固化，它使学校自然科学的教学不仅严于求真，而且更追求美善。

在方法上，自然科学强调循序渐进的推理，反对任何没有根据的臆想，其方法无非两个：其一，实验；其二，聚合思维。反映在学校"恶"的德育上，就是对学生进行小处着眼、小步迈进、次第进行的一系列围绕启发展开的，关于塑造法、雕琢法、树人法的实施。它们的特点都是在学生成长道路上设立连续递进的道德发展区链条，不断针对学生生活世界的小恶，提出新的生活世界的小善，抓住学生日常生活中的恶性纹理，进行扬长避短的聚合沟通，深入鼓动其向更善的生命迈进。正如皮亚杰（Piaget J）所说，学生都是道德哲学家，即使是很小的学生，都有他们自己的善恶世界，他们与成人不同的是，其对善的标准以及呈现，对恶的领悟、确立以及规避的总体把握具有强烈的主观色彩。① 因此就要在自然科学实验中，通过自然规律实实在在、真真切切的现象，淡化、修正乃至扭转学生对科学的自然规律的主观色彩，从而坚实固化道德律的实在性、道德律内含善性的绝对客观性，使学生在鲜活的实验因果的必然性中获得道德律内含善性的必然性。正如康德强调的，唯有在理性的实实在在面前，现代人才能肩负起服从道德律"定言命令"的责任。② 因此，自然科学中，数学的严密、物理的严谨、化学的条理、生物的合理等，其内含的聚合思维中无所不在的理性，必然会成为学生抑恶扬善的道德思维源泉，顺理成章地转化为他们人生观、世界观、价值观中道德分析判断的基本模式，也是学生把普遍道德规则投入社会具体情境，分析人、事、物，判断复杂道德情境，洞察复杂善恶的基本思维方式，小到公车让座、大到人生事件，在循序渐进的理性推理、小心求证中，使学生规避现代社会的各种恶意和恶行，发扬科学规律固有的善意和善行。

---

① ［美］皮亚杰. 发生认识论［M］. 左仁侠, 李其维, 译. 上海：华东师范大学出版社, 1991：23-24.
② ［德］康德. 道德形而上学［M］. 张荣, 李秋零, 译. 北京：中国人民大学出版社, 2013：66.

　　在过程上，比如化学课讲到"氢气"内容时，在学生做了氢气在氧气中燃烧的实验后，可结合水的电解实验，向学生提出如下问题：氢气既然是一种清洁且取之不尽的高能能源，为什么在当今世界能源相当紧缺的情况下，仍然没有得到广泛的应用呢？通过反思人类能源开发使用问题，思考人类在自然生态中，应采取怎样的善恶态度来节制人类的私欲，控制人向自然的恶意索取，保证人与自然在和谐中的共存。可以说，"观察、聚焦和反思"是自然科学教学的主要过程。尤其是基于批判的反思，几乎是自然科学与生俱来的品质。要使自然科学成为人与自然中的价值理性，就必须截断自然科学与功利主义之间的通途，这是教导学生树立科学价值观前的一个清扫地基式的工作，而基于批判的反思过程，就是其中最有效的利器。在物理课、化学课中，老师刻意营造一种不独霸真理、民主纷议、共同协力追求真理的自然科学课堂，鼓励、鼓动学生在深入观察、讨论、辨析各种科学原理的支持性证据，展开小心求证的同时，深入进行"有组织的怀疑"，使学生在恢宏大气的多义性、多样性、多元化的想象空间中，达到不陷入对任何结论的轻信、盲从的境地，以承载他们反思自然真实性的自我解放之声，这时，学生主体中善恶辨析的能动意识被充分激发出来。自然科学那些不适合时代的因素才可能被挖掘出来，那些已经产生了恶性事件的科学理论才有被修正的可能，而那些打着科学旗号的恶行才会被揭穿并被动摇。这是学生深刻辨明"善之所善""恶之所恶"的根本所在，继而才有了识恶、抑恶、厌恶的批判现实意识，以及发善、扬善、爱善的超越现实的前提。

　　在结果上，新课程改革倡导一种文理结合的授课模式，尤其是提倡一种"理科教学文科化"的授课模式。教师可将物理、化学、数学历史发展中的人物趣谈、事件背景等以适当的方式穿插进课堂教学中，诸如牛顿的怀表、安培的黑板、卡文迪许的内向、爱迪生的大火等，通过科学家的人文趣事，学生不仅可以学习他们所发现的科学知识，而且可以进一步学习在他们身上彰显出的科学精神。自然科学知识的学习使学生生成的批判怀疑的问题意识、理性理智的判断力、探究好奇的求知欲，只是形成了探究自然科学的表层结构，只有当这些表层结构被学生人格化后，它们才会成为学生个性中的科学精神。科学精神包括追求真理、实事求是、从客观实际出发的人格品质的综合，在主观上，是对于科学的责任感、使命感、理想信念的整合，在客观上，是对求真、求实、求是而非求利的价值践行。在学校教学中，科学精神就是自然界绝对善在学生身上的映射，是天养万物的至善在学生心理世界的道德积淀。它在强调客观事实的真理性中，反复彰显着人类整体利益的善良意志，并在实事求是的不盲从、不附和的求智意识中，一直提醒着学生在全社会共同善的价值观面前内在恶性的反科学取向，从而使他们深刻认识到，自己的私性、私欲、私心是一件很难为情的羞耻之事，进一步理解了淡泊名利、甘于奉献的大善之美和永恒意义，逐渐摒弃了追逐蝇头小利而碌碌无为的平庸之恶。这一过程是潜移默化的，正如康德所言，假如自然科学被使用于服从道德律的求善伦理中，那么人类的恶性将会自然地被善性所取代，而且这一过程是如此自然，以至于人们完全忘记了现在的善行都是过去避之犹不及的恶行。①

在本质上，自然科学今天这样统治人类社会的根本原因是，它给人类带来了之前数千年没有过的安全感，人们因对这种安全感的痴迷，总尝试寻找与之相配套的，放之四海而皆准的道德秩序——善恶秩序，似乎也找到了这种道德秩序——理智德性。但是杜威说，自然是无止境的，自然科学肯定是无止境的，与之相配套的道德秩序也是无止境的，② 于是，善恶秩序的交替轮换更是无止境的。比如，克隆人、"安乐死"、虚拟道德、第三性等，这些都是自然科学巨大进步带来的人伦价值的内在嬗变，其中的"善""恶"界限几乎在虚无主义的状态中，渗透在学生生活世界的方方面面，并且这种无所谓"善"、无所谓"恶"的内在嬗变，完全没有停止的势头，它们继续会嬗变出更多让传统善的德育瞠目结舌的"恶"的德目来。概而言之，"恶"的德育必须放弃对基于自然科学之确定性的人类善

---

① ［德］康德. 康德道德哲学文集：注释版上卷［M］. 李秋零，译. 北京：中国人民大学出版社，2016：576.
② 张家祥，王佩雄. 教育哲学研究［M］. 上海：复旦大学出版社，1989：155.

恶体系的确定性追求，把它们一劳永逸地灌输给学生，"此之为善""彼之为恶"，而应致力于指导学生在丰富多彩、善恶交融的现代生活中，进行深入的理性思考、理智实践，这才是切实有效的。

二、社会科学：课程教学教法中的抑恶

自然科学教学与社会科学教学最大的区别是：前者是通过阐释自然，对道德价值观的间接传授；后者是通过阐释自由，对道德价值观的直接传授。自然科学解决的是"我们能够认识什么"的问题，社会科学解决的是"我们应该做什么"和"我们能够希望什么"的问题。应该说，自然科学彰显的工具理性，完全不能代替社会科学彰显的价值理性，而且工具理性在征服自然后，带来的人生价值、生命归宿、生活意义等，都需要深入阐发，这就是学校社会科学的任务，其核心就是塑造"什么人"的问题，其实质就是围绕学生展开的，在现代多元化世界中直接塑造学生价值观的过程。按照马克思主义观点，任何学科即使没有鲜明意识形态属性，也同样有为什么人服务的问题，何况是具有鲜明意识形态属性的社会科学，更有为什么人服务的问题。是为多数人利益服务，还是为少数人利益服务，甚至完全是为自己服务，是摆在我国学校社会科学，历史、语言、地理、社会等的课程教学教法中十分现实的重大课题。在现代学生"把生存的条件等同于生命，把追求生活的享受混淆于享受生活，把快感的即逝满足当成幸福本身之际"[1]，利益的重新确证是社会科学教学的核心范畴。这里的悖论是，合理的利己主义得以确证就意味着合理的恶性挥发的合理化过程在严肃的社会科学课堂打开了一条通向自私自利的"恶意"通道。

但是新中国社会科学教学最成功之处，就是在传统善的德育之"至善"与马克思主义的立场、观点和方法的统合中确立了社会主义集体主义价值观，这是我国社会科学课程教学教法贯穿始终的圭臬，已经有半个多世纪的历史。21世纪以来，我国社会科学发生了一系列转向，一般被归纳

---

[1]　颜峰. 论耻［D］. 长沙：中南大学，2012：134.

为"实践转向""生活世界转向""语言转向"，出现了民主、自由、平等等西方民主政治的公民价值观。但是引领学生超越纯经济思维走进更深层次的集体主义的道德维度，在日渐盛行的相对主义的善恶交融中，用理性分析个人和他人、个人与集体、个人和社会的价值关系、自由关系、公平关系等，始终是学校社会科学教学的时代使命，它同样在内容、方法、过程、结果等四个方面，被"恶"的德育进行了颠覆性的改造。

在内容上，社会科学始终是围绕人展开的，也就是围绕自我展开的。而现代自我又有非常丰富的精神世界，因此社会科学的教学内容是一种极其主观的多元化理论呈现，西方文化理论、宗教理论、民主自由理论、后现代理论等在此碰撞、交互融合。而且它们没有对普遍性的标准归纳，没有永恒真理的根本保证，相反，却有许多相对主义善恶观命题。尽管如此，我国社会科学教学始终以马克思主义价值观为指导，认为任何纷繁复杂的社会科学理论一定存在着共同的普遍命题，那就是基于人类生存、发展的人文关怀。任何一种社会科学理论无论多么尖酸刻薄，它只要获得了人类社会的认同，就一定内含着某种抑制人类根本恶的人文关怀。因此，我国社会科学教育又称为人文教育，它的使命就是，从马克思主义立场出发，在社会科学语境中，不只传授某种专门知识，而是使学生作为个体意识和社会意识的整合物，生成基于普遍善的人文关怀意识，让一些与人类普遍善有关的价值，如自由、平等、尊严等深入人心，成为一种信念，更成为一股社会集体性抑恶力量，从而让大多数人过幸福生活。另一方面，随着时代变迁，社会科学特殊的时代嬗变非常明显，使其价值观经常处于模糊、不确定的混沌状态。两次世界大战是可怕的，但是战争带来了科技飞速的发展，拓展了人们更多的生存空间，极大提高了人们的生活质量，该如何界定战争？种族平等是没有问题，但是一些民族、种族天性懒散，过着寄生虫样的生活，这些民族、种族值得尊重吗？安乐死在解除了病人的痛苦的同时，它毕竟是在杀人，而且是打着正义的旗号杀人，这与故意杀人罪有何区别？……社会科学在广泛的人类背景中显示的无限复杂的主观性，在课堂教学中挑动着学生最深层的善恶心理。往往在学科立论的基点处，就伴随着太多善恶交叉的边缘领域，由此它的内容显示出了更宽泛的无限可解性，摧毁、否定着传统善的德育中不合时宜的善念，超越地创造着现代新善的审美意识。所以在社会科学里面，只有一个个具体价值观，没有覆盖性的普遍价值观，这些价值观各不隶属、互不相关，所以社会科学对善的颂扬、对恶的批判具有非常大的弹性和艺术性。

在方法上，社会科学家思考社会问题的典型特点是以严密的逻辑思维为载体的思维的发散和跳跃。一方面，他们有根据地进行质疑，批判地分析每一份资料，不盲目地接受任何一种观点，另一方面，他们思维的命题，处处充满着个人化的直觉、体验和灵感，因此社会科学的方法无非两个：其一，发散性思维；其二，实践。前者导致的是，同一社会现象因果分析中的多元化归因，整个过程中的假设性推理、变通性构想远超过了对形式逻辑的严谨追求，成了社会科学一种普遍的理论倾向，这使得社会科学的突发性构想成为时尚。比如"同性恋"问题，心理学认为是人类性行为的投射，是合理的一种精神宣泄；伦理学认为是人类性行为的返祖现象，是一种幼稚的儿童行为；社会学认为是人类性行为的过渡，是合理的人类群体进化中的副产品。而且同一学科里又有很多不同解释，如心理学中行为主义认为，"同性恋"是同性之间长期强化耦合的结果；认知派认为是同性之间认知判断的结果；而精神分析认为是一种投射宣泄；等等。可知，发散性思维的致思方法使得整个社会科学没有一个共同认同的普遍善，这使学生尽情表达自己所思所想，对自我内含的私性进行解放式释放成为可能。这股私性成为他们创造自我、开拓自我的巨大向善能量，也是他们蝇营狗苟、利欲熏心、自我膨胀的巨大向恶能量。这时只有用实践规置这些能量，使之在关切时代主题、关心大众生活、关注社会热点和难点问题的真懂真信的务实中，被注入普遍善，从混沌焦灼的精神状态中摆脱出来，获得恶性消解的自觉的人文机制。

在过程上，社会科学教学总是通过营造特定的价值情境，让学生在其中不断自主地建构自己价值体系的道德人格，突出反映了一种"聚焦—联想—反思"的价值自主认同过程。我国中小学的"社会探究"综合课聚焦的话题十分广泛，心理健康、家庭社区、理财规划、法律模拟、人生哲学，等等。在人生哲学讲述"联系的多样性和客观性"时，可唤起学生展开联想人类人际关系中无限恶性发展的后果，反思人际交往中善意表达的必然性，学会向他人表达善意、化解心中恶意的良方；在讲述"矛盾的普遍性"时展开联想，让学生认识到，这个世界的善恶总是同时出现的，这不是十全十美的世界，反思人生道路总是在很多不同种类的恶的伴随中前进的，所以不可能一帆风顺。与自然科学直线式反思不同，社会科学的反思是在一个更加大开大合的教学场进行的，教师提供了更多、更复杂的认识论上的视野，以承载学生的真实生活、自我解放的向善之心，而不是去压抑它，使之成为学生心头挥之不去的"恶念"，从而进一步赋予学生反思国家、社会、民族价值意义的权利，而不是去压服它，使之成为学生内心冷漠孤傲的"恶意"。只有这样，社会科学开放的教学过程，才会作为一种解构恶之顽性的自觉的抗固化力量，推动学生的智慧、才能与力量，获得最深层次的启迪，为他们找到安身立命的价值志趣，获得真正的对恶的精神自觉省思。从此学生拥有了真正的道德自由，因为他们总是自觉地避恶向善，追求善的价值理念。

在结果上，奥斯威辛集中营的德国科学家们拥有最先进的自然科学知识，但是他们毫无人性地残杀着数以千万计的犹太人，这只能说明自然科学带给人类的善具有高度的不确定性，它和恶之间几乎没有鸿沟，一跨即过。正如韦伯说的，现代社会发展的张力，就是科技的工具理性与价值理性的对立，以及对于价值理性没完没了的阐释。① 一定要在这些阐释中，找到一个共同的平衡点，在这个平衡点上，每个学生都具有一种"全人"理念。社会科学教学的目标应是使每个学生都成为人道主义者和人文主义者，因为这是遏制他们歹毒恶的最后一道阀门。用马克思的观点，无论是从实践视角来看，还是从社会关系视角而言，"人就是人的世界""人的根本就是人本身""人是人的最高本质"。人类生存发展，全部合理性的根源

---

① ［德］马克斯·韦伯. 社会学的基本概念［M］. 顾中华，译. 桂林：广西师范大学出版社，2005：47-48.

都来自世界、国家和社会的由某些共同利益的人组合而成的团体，维护这些共同利益乃至于维护整个团体，是人成为人必不可少的社会元素。这些社会元素构成了每个学生对社会整体的依赖性，以及由此而生的对社会整体的无条件肯定性、认同性。肯定人性的基本善，是人类生存发展的前提，认同人性的合目的性的存在与合规律性的存在，也是人类生存发展的前提。由此，个人的人性才会上升到社会整体的人性，而不仅仅对自己具有人性，这时的人性就是一个人的人文素养。在一切社会科学的课程教材教法中，如语言、文学、历史、地理等，都有这种价值观彰显。用现实中民族、种族不平等、不人道甚至战争带来的伤害引发学生同情的共鸣意识；把各种论据、立场引入学生的视野，鼓励学生不隐瞒、不遮蔽，公开表达他的体验和感受，并鼓动他们尝试站在他人角度换位思考。使学生逐步理解，这是今天多元化社会中人们共同解决各种利害问题的极其重要的力量，以此促使他们批判与遏制内在恶性的繁衍，明确否定外在想当然的恶行，运用说服的方式避免暴力，争取共存、共赢。这种公开、说理、求同存异的社会科学教学成果，今天已经成为现代社会的基本素质。

应该说，相对主义价值观是现代社会科学带给现代学校教育的最大考验。它内含的伦理几乎没有善恶明确的一席之地，却在融汇古今优秀的文化传统后，形成了具有时代特色的善恶相对体系。尽管如此，尼采说，面对善恶不分的伦理，我们可以哭，也可以笑；可以追思，也可以怒骂。但是无论价值被怎样重估，善终究是善，恶终究是恶，① 绝对的东西是人类永恒追求的信仰，任何一门社会学理论终究要回到善恶分明的人伦世界，这是人存在的基本标尺，也是现代学校"恶"的德育的基本标尺。

---

① ［德］尼采. 论道德的谱系［M］. 周红，译. 北京：生活·读书·新知三联书店，1992：88.

结　语

　　"善"是人类特有的呵护自身繁衍发展的道德基础，古今中外概莫能外，它尤其是人的种生命向类生命跃迁的超越性动力。而"性本善"统治了中国上千年，"性本恶"也同时诞生了。在西方文化中"性本恶"，既有源，也有流，而且硬生生表明了"恶是历史发展的动力"，由此，西方文化很自然、很顺利地进入现代性状态。但是在中国文化中，"性本恶"只有源，没有流，自荀子以来，"恶"的德育有了缘起，却没有流变，更谈不上提炼和升华，它在善的德育的打压中，始终处于被动休眠的状态，以致今天中国的现代化转型如此艰难。

　　五四前后胡适写了一篇小品文《差不多先生》，说中国人凡事都讲"差不多"，日常言行始终渗透着"大概""似乎""好像""也许"之类模棱两可的"差不多"表述，实质这是中国上千年善的德育的必然结果。而善的德育是中华农耕文明人伦理性的必然反映，它讲究人与人之间无界限而非无原则的善恶包容，所谓在人事中是不能较真的，即"难得糊涂"。而现代社会作为有恶世界，它是现代工业文明数理理性的必然反映，面对现代生活无处不在的基于私性的"恶"，现代人每时每刻都在焦头烂额的利益算计中，不能自拔，当这种算计直接进入当前中国人的日常生活时，数理理性要求的实证、认真、确证，就与人伦理性要求的"大概""似乎""差不多"发生了激烈冲突。过去人与人之间的圆润、圆通、圆滑的通融关系，为盘算、推算、估算的利害关系所替代，大到人生发展，小到一份垃圾的倾倒，无不在理性思考、理智选择、明智判断、意志践行的筹划中伤心劳神。近日以来，上海市全面进入垃圾倾倒严格分类时期，笔者最初听此消息，就预知不可能顺利进行，甚至最后一定是无果而终。果不其然，最近的消息是，市民从刚开始的怨声，发展到了消极执行，又发展到了公开抗诉，普遍的反映是一个字"累"——"心累"。

　　用理性来抑制现代社会无处不在的基于私性的恶，西方传统文化有一个先天优势，那就是"宗教罪感"，当它与"法权罪感"联结之后，顺理成章地产生了现代道德需要的道德罪感，以及在此基础上生成的现代羞耻感。中国传统文化没有宗教信仰，有的就是基于儒家人伦关系的至善信仰，表征的是一种基于"差不多"混沌思维的人际通融关系，这里一切细致、细密、细腻的精细精神，统统被过滤掉了，人们遵循的是"待人接物、万事从宽""迎来送往、一团和气"，当越来越细化的现代法制渗透进这种人际通融关系时，人们在通融的人际关系与法制越来越细化的规则之间，感到的是，两者之间横亘着一条无法逾越的"卡夫丁峡谷"，更让中国人难以接受的是，很普通的完全不起眼的一个小错误、一个小失误，诸如插队、噪声、酒驾，怎么就和"罪"联系到了一起，因为在中国人的传统思维里，只有那些十恶不赦犯了众怒的才能称为"罪"。因此，法制所代表的规则理性、准则理性与"差不多"的混沌思维，必然陷入了科尔伯格式的道德困境，解决这一困境必然要走西方"暴力受洗"之路，让法制的暴力使现代中国人明白，你的一个很普通的完全不起眼的小错误、小失误，可能会带来更多的大多数人的工作障碍、生活障碍，甚至生存障碍，由此带来的蝴蝶效应，可能会使整个现代社会崩溃，这不是危言耸听，这是由现代社会的生产力，基于数理理性的科技理性必然带来的。所以，必须用现代法制将精细的理性思维、理智思维，全面融入现代中国人"差不多"的混沌思维中，这一过程很痛苦，涂尔干说这是一场触及灵魂的革命，康德说这是一趟地狱之行的自我审判之路，在这条路上，现代中国人必须在自我与社会之间找到平衡点，将法制规则道德化。

　　这还不够，因为让现代中国人心甘情愿地践行法制规则道德化，在漆黑的夜晚，能够在红灯面前自动地停止脚步，在内心深处生成一种自主的、自觉的、自动的纠正机制，就必须在现代中国人的灵魂深处楔入一种"宗教罪感"，这种罪感就渗透在中国传统文化的人际关系所特有集体主义中，其代表人与自我、人与他人、人与群体等社会关系是否正常，人之存在状态是否理想，一种维系整个中华民族超越世俗的神圣关系及使命感是否存有，使现代中国人从这些关系被破坏的罪行的恐惧中体悟和揣摩出罪感来，从而在人际关系中找到某种罪感自觉、责任自省、道德自查的宗教情怀，开出"恶"的德育所需要的道德罪感，乃至于现代性羞耻感，这时才真正进入了现代化状态：人的现代化。

参考文献

一、中文参考文献

著作：

［1］［德］阿利森. 康德的自由理论［M］. 陈虎平，译. 沈阳：辽宁教育出版社，2001.

［2］［英］奥古斯丁. 论自由意志——奥古斯丁对话录 二篇［M］. 成官泯，译. 上海：上海世纪出版集团，2010.

［3］［英］鲍曼. 通过社会学去思考［M］. 北京：社会科学文献出版社，2002.

［4］［德］鲍曼. 道德的市场［M］. 肖君，等译. 北京：中国社会科学出版社，2003.

［5］［美］保罗·蒂利希. 存在的勇气［M］. 钱雪松，译. 北京：中国轻工业出版社，2009.

［6］陈迺臣. 教育哲学［M］. 新北：心理出版社，1990.

［7］［法］埃米尔·涂尔干. 道德教育［M］. 陈光金，沈杰，朱谐汉，译. 上海：上海人民出版社，2001.

［8］［法］埃米尔·涂尔干. 宗教生活的基本形式［M］. 渠东，汲喆，译. 上海：上海人民出版社，1999.

［9］［法］埃米尔·涂尔干. 孟德斯鸠与卢梭［M］. 李鲁宁，等译.

上海：上海人民出版社，2003.

[10] [法] 埃米尔·涂尔干. 社会分工论 [M]. 渠东，译. 北京：生活·读书·新知三联书店，2000.

[11] 樊浩. 中国伦理精神的现代建构 [M]. 南京：江苏人民出版社，1997.

[12] 冯友兰. 中国哲学和未来的世界哲学 [M] //冯友兰. 三松堂全集：第11卷. 郑州：河南人民出版社，2001.

[13] [美] 费兰克·梯利. 伦理学导论 [M]. 何意，译. 桂林：广西师范大学出版社，2001.

[14] [德] 富勒. 法律的道德性 [M]. 郑戈，译. 北京：商务印书馆，2005.

[15] 洪谦. 现代西方哲学论著选集（上册）[M]. 北京：商务印书馆，1993.

[16] [英] 霍布斯. 利维坦 [M]. 黎思复，等译. 北京：商务印书馆，1985.

[17] [德] 黑格尔. 精神现象学（下卷）[M]. 贺麟，王玖兴，译. 北京：商务印书馆，1995.

[18] [美] 汉娜·阿伦特. 耶路撒冷的艾希曼——伦理的现代困境 [M]. 李秋零，译. 长春：吉林人民出版社，2003.

[19] [德] 哈贝马斯. 作为"意识形态"的技术与科学 [M]. 李黎，译. 上海：学林出版社，1999.

[20] [德] 黑格尔. 精神现象学（下卷）[M]. 贺麟，王玖兴，译. 北京：商务印书馆，1979.

[21] [美] 汉娜·阿伦特. 极权主义的起源 [M]. 林骧华，译. 北京：生活·读书·新知三联书店，2008.

[22] [美] 汉娜·阿伦特. 反抗平庸之恶（责任与判断）（修订版）[M]. 陈联营，译. 上海：上海人民出版社，2014.

[23] [英] 霍布斯. 论公民 [M]. 北京：中国政法大学出版社，2003.

[24] [德] 霍尔盖特. 黑格尔导读：自由、真理与历史 [M]. 丁三东，译. 北京：商务印书馆，1990.

[25] [美] 胡克. 历史中的英雄 [M]. 王清彬，等译. 上海：上海人民出版社，1964.

[26] [德] 克里斯托弗·博姆. 道德的起源：美德、利他、羞耻的演化 [M]. 贾拥民，译. 杭州：浙江大学出版社，2015.

[27] [德] 康德. 法的形而上学原理 [M]. 北京：商务印书馆，1991.

[28] [德] 康德. 历史理性批判文集 [M]. 北京：商务印书馆，1990.

[29] [德] 康德. 康德道德哲学文集：注释版上卷 [M]. 李秋零，译. 北京：中国人民大学出版社，2016.

[30] [德] 康德. 道德形而上学 [M]. 张荣，李秋零，译. 北京：中国人民大学出版社，2013.

[31] [德] 克尔恺郭尔. 畏惧与颤栗 恐惧的概念 致死的疾病 [M]. 京不特，译. 北京：中国社会科学出版社，2013.

[32] [美] 理查德·伯恩斯坦. 根本恶 [M]. 王钦，朱康，译. 南京：译林出版社，2015.

[33] 李桂花. 科技的人化——对人与科技的哲学反思 [M]. 长春：吉林人民出版社，2004.

[34] 刘少杰. 当代中国意识形态变迁 [M]. 北京：中央编译出版社，2012.

[35] [英] 利文斯顿. 现代基督教思想 [M]. 何光沪，译. 成都：四川人民出版社，1999.

[36] 刘小枫. 罪与欠 [M]. 北京：华夏出版社，2009.

[37] 吕世伦. 西方法律思潮源流论 [M]. 北京：中国人民大学出版

社，2008.

[38] [德] 罗·庞德. 通过法律的社会控制 [M]. 北京：商务印书馆，1984.

[39] [美] 罗尔斯. 正义论 [M]. 何怀从，等译. 北京：中国社会科学出版社，1999.

[40] [美] 拉什沃思·M. 基德尔. 道德勇气：如何面对道德困境 [M]. 邵士恒，译. 北京：北京时代华文书局，2016.

[41] 李泽厚. 中国古代思想史论 [M]. 天津：天津社会科学出版社，2004.

[42] [美] 洛西. 科学哲学历史导论 [M]. 邱仁宗，等译. 武汉：华中工学院出版社，1982.

[43] [美] M. 莱因. 西方文化中的数学 [M]. 张祖贵，译. 上海：复旦大学出版社，2005.

[44] [法] 米歇尔·福柯. 规训与惩罚 [M]. 刘北成，杨远婴，译. 北京：生活·读书·新知三联书店，1999.

[45] [苏联] 马卡连柯. 论共产主义教育 [M]. 刘长松，杨慕之，译. 北京：人民教育出版社，1981.

[46] [美] 马斯洛. 人类动机的理论 [M]. 许金声，等译. 北京：中国人民大学出版社，2007.

[47] [德] 马克斯·韦伯. 社会学的基本概念 [M]. 顾中华，译. 广西师范大学出版社，2005.

[48] 马克思恩格斯选集·第四卷 [M]. 北京：人民出版社，1972.

[49] [德] 马尔库塞. 单向度的人 [M]. 刘继，译. 上海：上海译文出版社，1989.

[50] 马克思，恩格斯. 德意志意识形态 [M]. 北京：人民出版社，2003.

[51] [德] 马丁·布伯. 我与你 [M]. 陈维纲，译. 北京：生活·读

书·新知三联书店，2002.

[52] 马克斯·韦伯. 新教伦理与资本主义精神 [M]. 西安：陕西师范大学出版社，2002.

[53] [英] 齐格蒙·鲍曼. 生活在碎片之中 [M]. 郁建兴，等译. 上海：学林出版社，2002.

[54] 钱穆. 孟子研究 [M]. 天津：开明书店，1948.

[55] 沈宗灵. 现代西方法理学 [M]. 北京：北京大学出版社，1992.

[56] 萨维尼. 论当代立法和法理学的使命 [M]. 许章润，译. 北京：中国法制出版社，2001.

[57] [美] 斯蒂芬·平克. 人性中的善良天使——暴力为什么会减少？[M]. 安雯，译. 北京：中信出版社，2015.

[58] 孙培青. 中国教育思想史：第 2 卷 [M]. 上海：华东师范大学出版社，1995.

[59] 涂文娟. 政治及其公共性：阿伦特政治伦理研究 [M]. 北京：中国社会科学出版社，2009.

[60] [美] T. 丹齐. 数科学的语言 [M]. 苏仲湘，译. 北京：商务印书馆，1995.

[61] 王宝贵. 个人主义在中国的道德境遇 [M]. 兰州：甘肃人民出版社，2014.

[62] 邬昆如. 人生哲学 [M]. 北京：中国人民大学出版社，2005.

[63] [法] 伍德. 黑格尔的伦理思想 [M]. 黄涛，译. 北京：知识产权出版社，2016.

[64] 王秀敏. 个性道德与理性秩序——赫勒道德理论研究 [M]. 哈尔滨：黑龙江大学出版社，2011.

[65] 王海明. 伦理学导论 [M]. 上海：复旦大学出版社，2009.

[66] 夏纬瑛. 管子 [M]. 地员篇校释. 北京：中华书局，1958.

[67] [英] 约翰·麦奎利. 基督教神学原理 [M]. 何光沪，译. 香

港：道风书社，1998.

[68] [英] 约瑟夫·拉兹. 法律的权威：法律与道德论文集 [M]. 朱峰，译. 北京：法律出版社，2005.

[69] 中国大百科全书（哲学） [M]. 北京：中国大百科全书出版社，1987.

[70] 张岱年. 中国哲学大纲 [M]. 南京：江苏教育出版社，2005.

[71] 周辅成. 从文艺复兴到十九世纪资产阶级哲学家政治思想家有关人道主义人性论言论选辑 [M]. 北京：商务印书馆，1966.

[72] 张颐. 黑格尔与宗教 [M]. 见张颐. 论黑格尔 [M] //侯成亚，等编译. 成都：四川大学出版社，2000.

[73] 周辅. 西方伦理学名著选辑：上卷 [M]. 北京：商务印书馆，1996.

[74] 张文显. 二十世纪西方法哲学思潮研究 [M]. 北京：法律出版社，1996.

[75] 张灏. 幽暗意识与民主传统 [M]. 北京：新星出版社，2010.

[76] [英] 詹姆斯·施密特. 启蒙运动与现代性 [M]. 徐向东，卢华萍，译. 上海：上海人民出版社，2005.

[77] 张家祥，王佩雄. 教育哲学研究 [M]. 上海：复旦大学出版社，1989.

[78] [美] 詹姆斯·多布森. 给孩子一生的自信，全世界将为他让路 [M]. 王红柳，译. 广州：广东经济出版社，2012.

论文：

[1] 蔡蓁. 康德论根本恶和心灵的转变 [J]. 社会科学，2012 (11).

[2] 崔永杰. “科学技术即意识形态”——从霍克海默到马尔库塞再到哈贝马斯 [J]. 山东师范大学学报（人文社会科学版），2007 (6).

[3] 陈浩. 从国家向市民社会的复归——黑格尔哲学视野下的《论犹太人问题》[J]. 清华大学学报（哲学社会科学版），2017 (4).

［4］陈智. 哈贝马斯科学技术意识形态论探析［J］. 自然辩证法研究，2006（11）.

［5］丁大同. 论国家对道德生活的干预［J］. 天津社会科学，2002（2）.

［6］董尚文. 论阿奎那伦理学的理智主义［J］. 哲学研究，2008（7）.

［7］邓俊英. 关于教育市场化的哲学思考［J］. 哲学研究，2003（2）.

［8］邓晓芒. 西方伦理中的善［J］. 社会科学战线，2001（5）.

［9］冯铁山，栗洪武. 论先秦儒家的诗意德育［J］. 教育研究，2009（8）.

［10］符海平. 论马克思的道德批判及其伦理旨趣［J］. 云南师范大学学报（哲学社会科学版），2018（7）.

［11］耿步健. 论正确理解《共产党宣言》中的消灭私有制思想［J］. 马克思主义与现实，2009（6）.

［12］高春花，刘俊娥. 论耻感的道德价值——以中国传统道德文化为例［J］. 河北大学学报（哲学社会科学版），2007（4）.

［13］高兆明. 耻感与存在［J］. 伦理学研究，2006（5）.

［14］龚群. 西方社会转型期社会道德状况及其对策研究［J］. 西北师大学报（社会科学版），2012（1）.

［15］郭聪惠. 论中国传统耻感文化的当代道德教育价值［J］. 河南大学学报（社会科学版），2008（6）.

［16］郝苑. 理智德性与认知视角——论欧内斯特·索萨的德性知识论［J］. 自然辩证法研究，2011（4）.

［17］何兰芳. 罪感的起源与生命的解放——尼采对希腊悲剧精神与基督教原罪意识的比较剖析［J］. 江汉大学学报（人文科学版），2008（4）.

［18］胡作玄. 现代数学的巨人［J］. 自然辩证法，1982（2）.

［19］韩喜平，王立新. 马克思主义"经济道德"何以可能——基于康德理性主义道德学原理的论证［J］. 南京师范大学学报（社会科学版），

2015（2）.

[20] 何向东，等. 中西哲学因果关系研究的回顾及其启示 [J]. 哲学研究，2010（2）.

[21] 贾玉洁. 中西方古代“性善论”比较研究 [J]. 管子学刊，2009（4）.

[22] 蒋凌申. 新加坡鞭刑制度争议的实质及启示——以刑罚基本立场为视角的分析 [J]. 云南大学学报法学版，2016（5）.

[23] [英] 克莱因. 现代理性主义 [J]. 科学文化评论，2014（3）.

[24] 孔新峰. 霍布斯论恐惧：由自然之人走向公民 [J]. 政治思想史，2011（4）.

[25] 孔文清. 理智德性辨 [J]. 道德与文明，2010（5）.

[26] 李海龙. 耻感文化：我国法治建设不可或缺的伦理支撑 [J]. 内蒙古农业大学学报（社会科学版），2009（4）.

[27] 刘同舫，黄漫. 科学技术的发展与人类解放的进程——基于恩格斯《自然辩证法》的新思考 [J]. 华南师范大学学报（社会科学版），2009（6）.

[28] 李宏利，张雷. 进化观点下的幸福研究 [J]. 心理科学进展，2010（7）.

[29] 李玉娟，曹清波. 黑格尔的“恶动力说”正解 [J]. 前沿，2005（6）.

[30] 刘静. 我们为什么彼此负有义务？——陌生人伦理的规范性来源及其当代建构 [J]. 东北师大学报（哲学社会科学版），2019（3）.

[31] 刘长海. 法国中小学生管理新规解读 [J]. 比较教育研究，2015（3）.

[32] 梁涛. 教育性惩罚和未成年人保护和请社会建设与青少年权益保护 [R]. 中国青少年保护研讨会会议论文，2014年6月。

[33] 马琳. 海德格尔论现代性纪元中科学与技术逆转的关系 [J]. 学

术月刊, 2006 (1).

[34] 渠敬东. 涂尔干的遗产——现代社会及其可能性 [J]. 社会学研究, 1999 (1).

[35] 秦裕华. 科学技术与人的主体解放 [J]. 自然辩证法研究, 2001 (9).

[36] 史彤彪. "天赋人权"论简析 [J]. 中国人民大学学报, 1992 (3).

[37] 任宇宁, 刘艳敏. 犯罪·集体意识·惩罚——涂尔干法社会学的三个核心概念 [J]. 东南学术, 2014 (5).

[38] 沈耕. 因果性、合目的性和历史决定论 [J]. 哲学研究, 1988 (8).

[39] 沈顺福. 论恶的本质 [J]. 中山大学学报 (社会科学版), 2010 (6).

[40] 单振涛, 孙廷兰. 论中国传统儒家德育中的人文精神及其启示 [J]. 教育理论与实践, 1996 (6).

[41] 汤德森, 江丽. 哈贝马斯科学技术生产力观的现代审视 [J]. 马克思主义研究, 2010 (2).

[42] 吾淳, 马克斯·韦伯. 比较儒教与犹太教: 未彻底祛魅的理性主义与彻底祛魅的理性主义 [J]. 现代哲学, 2018 (6).

[43] 王佳鹏. 羞耻、自我与现代社会——从齐美尔到埃利亚斯、戈夫曼 [J]. 社会学研究, 2017 (4).

[44] 王腾. "主体性""自由"与"理性": 笛卡尔道德哲学形态的建构逻辑 [J]. 深圳大学学报 (人文社会科学版), 2014 (6).

[45] 王强. 论伪善: 从"宗教罪"到"道德恶" [J]. 道德与文明, 2011 (4).

[46] 王元明. 中西性恶论比较及其现代意义 [J]. 天津师范大学学报 (社会科学版), 2008 (4).

[47] [美] 威廉·麦克布莱德. 马克思哲学论恶 [J]. 华中师范大学

学报（人文社会科学版），2015（4）.

[48] 王华英. 历史发生学视域下的马克思技术思想 [J]. 自然辩证法研究，2008（2）.

[49] 王义，罗玲玲. 阿伦特"根本的恶"的困境及其政治哲学意义 [J]. 东北大学学报（社会科学版），2011（4）.

[50] 闻骏. 论施莱尔马赫对基督教原罪教义的反思与重释 [J]. 武汉科技大学报（社会科学版），2012（6）.

[51] 徐瑾. 康德"人性中的根本恶"与荀子"人性恶"之比较 [J]. 伦理学研究，2013（5）.

[52] 薛秀军. 分工与自由：马克思分工理论的逻辑进路初探 [J]. 哲学研究，2013（4）.

[53] 胥博. 康德：启蒙与理性的公共运用 [J]. 浙江社会科学，2014（6）.

[54] 颜峰. 论耻 [D]. 长沙：中南大学，2012年5月。

[55] 易红郡. 自治·自由·责任：马克斯·韦伯的大学观 [J]. 高等教育研究，2007（3）.

[56] 杨桂森. 古希腊理智主义与生命本体论 [J]. 社会科学，2002（6）.

[57] 张自慧. 论耻感与耻感教育 [J]. 辽宁大学学报（哲学社会科学版），2008（6）.

[58] 庄严. 罪感文化与耻感文化的差异——《菊与刀——日本文化类型》读后 [J]. 黑龙江社会科学，2005

[59] 张鹏. 马克思关于"现代性"的批判与超越 [D]. 长春：吉林大学，2018年5月。

[60] 庄穆，王丹. 人性的生态复归、科技生态化与环境问题的消解 [J]. 自然辩证法研究，2012（11）.

[61] 张彦，孙帅. 论有机马克思主义的"共同善" [J]. 贵州社会科

学，2017（1）.

［62］占茂华. 自然法观念的变迁［D］. 上海：华东政法学院，2005.

［63］张盾，王华. 在道德与法之间——现代性反思的主客观二维之争及其解决［J］. 江苏社会科学，2011（1）.

［64］张志伟. 西方哲学视野下的因果问题［J］. 宗教研究，2016（8）.

［65］杨光富. 美英韩泰四国教育体罚现象透视［J］. 外国教育，2003（9）.

［66］周采，黄河. 用新制度经济学的观点看教育的市场化趋势［J］. 教育与经济，2001（3）.

二、外文参考文献

著作：

［1］ARENDT H. Lectures in Kant´s Political Philosophy［M］. Chicago：University of Chicago Press，1982.

［2］BOCHENSKI I M. A history of formal logic［M］. Indiana：Notre Dame Press，1961.

［3］MARCO G，MCCORKINDALE C. Hannah Arendtand the Law［M］. Oxford：Hart publishing，2012.

［4］FREGE G. Concept script，a formal language of pure thought modeled upon that of arithmetic［M］. Cambridge：harvard university press，1967.

［5］KANT I. The Metaphysics of Morals［M］. GREGOR M，trans and eds. New York：Cambridge University Press，1966.

［6］KOHLER L，SANER H. Hannah Arendt - Karl Jaspers Correspondence 1926—1969［M］. New York：Mariner Books，1992.

［7］REARDON B M G. Kant as Philosophical Theologian［M］. New Jersey：Barnes and Noble Books，1988.

[8] RICHARD A. Houfue: Public Intellectuals: A Study of Decline [M]. Harvard University Press, 2001.

[9] ROBERTS R, WOOD W J. Intellectual Virtues: An Essay in Regulative Epistemology [M]. New York: Oxford University Press, 2007.

[10] KU H M. The spirit of the Chinese People Foreign Language [M]. Beijing: Foreign Language Teaching and Research Press, 1988.

论文:

[1] JENKINS A. Shame Realisation and Restitution The Ethics of Restorative Practice [J]. Australian and New Zealand Journal of Family Therapy, 2006, 27 (3).

[2] Corporal punishment is a thing of the past in most districts [J/OL]. Cambridge Journals Online. 07/23/2008.

[3] GORE E J, HARVEY O J. A Factor analysis of a scale of shame and guilt dimensions of conscience questionnaire [J]. Personality and individual differences, 1995, 19 (5).

[4] FRANKISH K. Dual-process and Dual-system Theories of Reasoning [J]. Philosophy Compass, 2010, 5 (10).

[5] Michael J. Proeve . Effects of. remorse and shame and criminal justice Experienceon judgements about as ex offender [J]. Psychology, 2006 (2).

[6] HARVEY O J, FRANK H, et al. Relationship of belief system to shame and guilt [J]. Personality and individual differences, 1998 (25).

[7] RUSSAC R J, GATLIFF C, REECE M, et al. Death Anxiety across the Adult Years: An Examination of Age and Gender Effects [J]. Death Studies, 2007 (6).

[8] TANGNEY J P. Recent Advances in the Empirical Study of Shame and Guilt [J]. American Behavioral Scientists, 1995 (8).

[9] TANGNEY J P, WAGNER P E, GRAMSON R. Proneness to shame, proneness to guilt, and psychopathology [J]. Journal of Abnormal Psychology, 1992 (3).

后 记

　　本来"恶"与"德育"是完全不能匹配在一起的，因为"养子使做善谓之育"，"育"本身就有教善、养善之意，与恶放在一起显得不伦不类，很滑稽，笔者把它们放在一起基于以下考虑。

　　第一，作为传统善的德育的对立面，恶也应该有它自己的规置范畴，即德育范畴。

　　第二，直接扬善、间接抑恶是谓善的德育，那么直接抑恶、间接扬善也可谓"恶"的德育。

　　第三，恶与善的历史更替无所不在，善即是已经实现了的恶，恶即是即将实现的恶，从这一点说"恶"的德育就是善的德育，是善的德育特殊的历史表征。

　　拙作是笔者在高校数年教授德育论的产物，有感于现行学校德育，无论是中小学德育还是大学德育，并没有随着时代，从传统善的德育那种"知道的德育"的"传授—服从—执行"的道德教化模式中与时俱进，正如一些中小学德育工作者所说的，"社会在奉行着狼的法则，我们却还在教学生羊的生存之道"，每每内心有误人子弟的不安感。于是，笔者觉得有责任将西方数百年走过的现代化转型之路进行深入的挖掘梳理，结合我国丰厚的传统道德文化以及当前学校德育现状，试图找到我国现代德育的发展脉络，探索一条我国社会德育、学校德育的社会主义特色之路，为中国四个现代化的延续，第五个现代化——人的现代化抛砖引玉。全书起笔仓促，思考多有不严谨深入之处，恳请同行大方雅正，不胜感激。